Preiser · Freizeit und Spiel

Siegfried Preiser

Freizeit und Spiel, Arbeit und Arbeitslosigkeit aus pädagogisch-psychologischer Sicht

Ein Literaturhandbuch

Unter Mitarbeit von:
Martin Dürk, Uta Knoch, Agnes Barth,
Hermann Maier, Peter Rich und Almud Veidt

Beltz Verlag · Weinheim und Basel 1984

Siegfried Preiser, Jahrgang 1943, Dr. phil., Dipl.-Psych.,
Professor für Pädagogische Psychologie am Fachbereich
Psychologie der Universität Frankfurt/M. Arbeitsschwerpunkte:
Kreativität, soziales Handeln, politisches Lernen und
politische Partizipation.

CIP-Kurztitelaufnahme der Deutschen Bibliothek

Preiser, Siegfried:
Freizeit und Spiel, Arbeit und Arbeitslosigkeit aus
pädagogisch-psychologischer Sicht : e. Literaturhandbuch /
Siegfried Preiser. Unter Mitarb. von: Martin
Dürk ... – Weinheim ; Basel : Beltz, 1984.
(Beltz-Forschungsberichte)
ISBN 3-407-58228-5
NE: HST

Druck nach Typoskript

Alle Rechte, insbesondere das Recht der Vervielfältigung
und Verbreitung sowie der Übersetzung, vorbehalten. Kein
Teil des Werkes darf in irgendeiner Form (durch
Photokopie, Mikrofilm oder ein anderes Verfahren) ohne
schriftliche Genehmigung des Verlages reproduziert oder
unter Verwendung elektronischer Systeme verarbeitet,
vervielfältigt oder verbreitet werden.

© 1984 Beltz Verlag · Weinheim und Basel
Seriengestaltung des Umschlags: G. Stiller, Taunusstein
Printed in Germany

ISBN 3 407 58228 5

INHALT

	Seite
I. EINFÜHRUNG	7
1. Zielsetzung	7
2. Vorgehensweise	10
3. Zum Aufbau des Literaturhandbuchs	12
4. Zur Systematik und Nutzung der Register	13
5. Hinweise auf Bibliographien	20
II. LITERATURDOKUMENTATION	21
III. REGISTERTEIL	228
1. Alters- und Zielgruppenregister	228
2. Lern-, Lehr-, Erziehungs- bzw. Lebenszielregister	233
3. Methodenregister	238
4. Institutionenregister	242
5. Register der Rahmenbedingungen	247
6. Autorenregister	249
7. Stichwortregister	253

I. EINFÜHRUNG

1. Zielsetzung

Die gegenwärtige Diskussion über die Arbeitszeitproblematik macht deutlich, was soziologische und politologische Prognosen seit längerer Zeit postulieren: Die Lebensarbeitszeit wird sich in den nächsten Jahren erheblich umstrukturieren und verringern; an Bedeutung zunehmen werden dafür die Bereiche Aus- und Weiterbildung, Kommunikation, Familie und Freizeit, möglicherweise auch politische Partizipation und Religion. So begrüßenswert diese Entwicklung auf den ersten Blick erscheint, so bringt sie doch erhebliche Probleme mit sich - und ist von gravierenden Problemen begleitet wie beispielsweise dem der Arbeitslosigkeit als einem Motor der gegenwärtigen öffentlichen Diskussionen. Die arbeitstechnischen und -organisatorischen Schwierigkeiten der Arbeitszeitumstrukturierung werden sich - so meine ich - mit etwas kreativer Phantasie sicherlich lösen lassen; die psychologischen, pädagogischen und gesellschaftlichen Probleme erscheinen mir derzeit noch schwerwiegender:
- Die medizinischen, psychologischen und sozialen Implikationen, die mit der rechnerischen Verteilung der Gesamtarbeit auf Lebens-, Jahres-, Wochen- und Tagesarbeitszeit einhergehen, werden bei der vorwiegend mit ökonomischen Argumenten geführten Debatte bisher nicht genügend berücksichtigt.
- Streß-Schäden in Schule und Beruf lassen die Verkürzung der Arbeitszeit nicht als zusätzliche Bereicherung des Lebens erscheinen, sondern vielfach als eine zum Überleben notwendige Kompensation einer ständig überfordernden Arbeitssituation. Wer bedenkt, daß die Verkürzung der Lebensarbeitszeit bisher in erheblichem Umfang durch berufs- und krankheitsbedingte Kuren und aufgrund von vorzeitiger Berufs- oder Erwerbsunfähigkeit erfolgt, wird angeregt, nach humaneren Möglichkeiten zu suchen.
- Starke Kontraste zwischen Arbeit und Freizeit, die Beto-

nung der sinn- und selbstwertstiftenden Funktion von Arbeit sowie eine fast ausschließliche Lebensvorbereitung auf den beruflichen Bereich lassen für viele Menschen in der Freizeit ein Vakuum entstehen, das sie nicht sinnvoll nutzen können.

- Die von allen wirklich demokratischen Kräften unseres Landes gewünschte Zunahme gesellschaftlicher und politischer Verantwortlichkeit und Partizipation in der Gesamtbevölkerung und insbesondere bei der Jugend wird sich zunächst vorwiegend im Freizeitsektor fördern lassen.

- Die Diskussion um die Humanisierung des Arbeitslebens macht deutlich - übrigens ebenso wie das Phänomen der Arbeitslosigkeit und seiner psychosozialen Folgen -, daß die Bedeutung der menschlichen Arbeit für die soziale und persönliche Identität und die Lebensqualität trotz Arbeitszeitverkürzung im Zunehmen begriffen ist.

- Schließlich kann eine Diskussion über Arbeit und Freizeit nicht an dem bedrückenden Problem der erzwungenen Dauer-"Freizeit" oder - ohne Beschönigung formuliert - der Arbeitslosigkeit vorübergehen.

Angesichts der zunehmenden Bedeutung der Freizeit für die moderne Lebenswelt, angesichts der mit dem Ausmaß der arbeitsfreien Zeit zunehmenden psychischen und sozialen Probleme und angesichts der Notwendigkeit einer pädagogischen Aufarbeitung der Freizeitprobleme hat der Herausgeber des vorliegenden Literaturhandbuchs seit 1977 begonnen, fachwissenschaftliche, praktisch-pädagogische und gesellschaftspolitische Beiträge zu den Themenbereichen Freizeit, Spiel, Erholung, Arbeit und Arbeitslosigkeit für Ausbildungszwecke und für praktisch-pädagogisches Arbeiten zu erschließen.

Die Literaturdokumentation ist als Informations- und Arbeitsmaterial gedacht, und zwar insbesondere für folgende Zielgruppen und Zielsetzungen:
- Wissenschaftler und Studierende können über dieses Material einen Einstieg in den aktuellen Diskussionsstand erhalten. Die Aufbereitung der Literatur in einer Kurzbesprechung

und einer systematischen Erschließung erleichtert die Einarbeitung und reduziert unsystematisches Suchen.
- Praktiker aus den Freizeitberufen, der Sozialpädagogik, der Schulpädagogik und der Erwachsenenbildung können sich über die hier verarbeitete Literatur Anregungen für ihre praktische Arbeit und die notwendige theoretische Vertiefung holen.
- Hochschullehrern kann die Dokumentation als Arbeitshilfe bei der Planung, Vorbereitung und Gestaltung von Lehrangeboten dienen. Die pädagogisch-psychologischen Aspekte von Arbeit, Freizeit und Spiel können eine Ergänzung der Ausbildung in den klassischen Freizeitberufen darstellen, die bereits an mehreren Fachhochschulen und Universitäten betrieben wird. Darüberhinaus scheint es mir sinnvoll, Aus- und Weiterbildungsangebote zusammenzustellen, welche Zusatzqualifikationen für Lehrer, Sozialpädagogen, Diplom-Pädagogen und Diplom-Psychologen vermitteln. Solche Zusatzqualifikationen könnten den Absolventen der genannten Studiengänge zusätzliche Arbeitsmöglichkeiten eröffnen, für die auch ein gesellschaftlicher Bedarf zu erwarten ist. Mit der Erweiterung der beruflichen Qualifikationen und der Erhöhung der beruflichen Flexibilität können Studiengänge einen Schritt in Richtung "Polyvalenz" machen; das bedeutet, daß sie nicht mehr nur eine einzige, genau festgelegte berufliche Tätigkeit determinieren, was sich gerade in den Lehrerstudiengängen als sehr problematisch erwiesen hat.
- Freizeitpädagogische und -psychologische Zusatzqualifikationen erscheinen mir jedoch auch für Lehrer nützlich, die innerhalb des traditionellen Schulsystems arbeiten (und somit auch keine Konkurrenz für die klassischen Freizeitberufe darstellen): Pädagogisch-psychologische Aspekte von Arbeit, Spiel und Freizeit sind nämlich auch bedeutsam
(1) bei der didaktischen Anreicherung des Unterrichts durch spielerische und sonstige unkonventionelle Arbeitsformen;
(2) bei der Lern- und Arbeitsorganisation, bei der Planung und Gestaltung von Freizeit und freizeitähnlichen Situationen in der Schule (Minipausen im Unterricht, Pausen-

und Pausenhofgestaltung, Hobbykurse, Wandertage, Klassen- und Schulfeste);
(3) bei der Durchführung von Unterrichtseinheiten zum Thema Freizeit, welche den Schülern die Erarbeitung von selbstbestimmten Lebenshilfen für ihre aktuelle und ihre zukünftige Freizeit ermöglichen sollen;
(4) bei der Vorbereitung der Schüler auf die psychosozialen Probleme des Berufslebens und etwaiger Arbeitslosigkeit.

2. Vorgehensweise

Die Literaturdokumentation, die aus einer kurzen Inhaltsangabe und einer systematischen Aufbereitung besteht, wurde in Zusammenarbeit mit insgesamt sechs pädagogischen Mitarbeitern erstellt, deren Finanzierung über Arbeitsbeschaffungsmaßnahmen (ABM) erfolgte. Diesen Mitarbeitern, dem Geldgeber, der Universitätsverwaltung der Johann Wolfgang Goethe-Universität Frankfurt am Main sowie der den Druck finanzierenden Deutschen Forschungsgemeinschaft sei an dieser Stelle herzlich gedankt.

Die Dokumentation umfaßt 168 gesonderte Literaturbesprechungen, überwiegend Monographien und Sammelwerke, teilweise auch Einzelbeiträge aus Sammelwerken. Weitere 133 Arbeiten wurden im Zusammenhang von Sammelwerken besprochen und dort einzeln aufgeführt, sodaß sich insgesamt eine Zahl von 301 dokumentierten Publikationen ergibt. Ein Zwischenbericht mit 134 Titeln wurde bereits 1978 in kleiner Auflage als Institutsbericht veröffentlicht: Siegfried Preiser unter Mitarbeit von Martin Dürk und Uta Knoch; Literaturdokumentation: Pädagogisch-psychologische Aspekte von Freizeit und Spiel; Frankfurt am Main, Institut für Pädagogische Psychologie.

Natürlich kann dieses Material nicht vollständig sein. Allein für die Jahre 1965 - 1975 hat die Deutsche Gesellschaft für Freizeit e.V. eine - immer noch unvollständige - Bibliographie zur Freizeitliteratur mit etwa 1000 deutschsprachigen Titeln zusammengestellt. Auf weitere relevante Bibliographien wird am Ende des Einführungsteils hingewiesen. Unser Literaturhandbuch erhebt dennoch den Anspruch, für die oben genannten Zielsetzungen ein inhaltlich breitgestreutes und für die verschiedenen Benutzergruppen brauchbares Material zusammenzutragen. Als Basis für die Literaturauswahl dienten zunächst die Frankfurter Bibliothekseinrichtungen (Universitätsbibliothek, Fachbereichsbibliotheken, Deutsche Bibliothek), zweitens verschiedene Bibliographien und Kataloge, drittens eine gezielte Suche nach Literatur, die in den "Psychological Abstracts" erschlossen ist, über die Zentralstelle für Psychologische Information und Dokumentation in Trier.

Die aufgenommene Literatur umfaßt ein breites Spektrum: von einer konservativen Anpassungspädagogik an bestehende Verhältnisse über fortschrittliche, demokratisch-emanzipatorische Ansätze bis hin zu einer "progressiven" Anpassungspädagogik an bestehende Ideologien. Das Spektrum reicht von wissenschaftlich-theoretischen, über empirisch-beschreibende und über zielorientierte pädagogische Konzepte bis hin zu agitatorischen, pamphletartigen Aufrufen.

Man wird vermutlich feststellen können, daß wir einige wichtige Arbeiten einfach übersehen haben; man wird feststellen, daß wir zu manchen Themen eine nahezu willkürlich erscheinende Auswahl aus der Literatur treffen mußten. Aber einen Vorwurf wird man uns kaum machen können: Daß wir bewußt oder unbewußt bestimmte Richtungen der Literatur per "Zensur" ausgeklammert hätten. Natürlich haben die insgesamt sieben Bearbeiter jeweils unterschiedliche Schwerpunkte gesetzt, entsprechend ihrer pädagogischen - und wohl auch politischen - Ausrichtung. Dies läßt sich nicht bestreiten und auch nicht verhindern. Was wir aber versucht haben, ist folgendes: Dem Benutzer durch unsere Darstellung klarzumachen, welche Art Literatur ihn erwartet. So wird ihm auch zugemutet, selbst zu entscheiden, mit welchen Beiträgen er sich näher auseinandersetzen möchte und welche er von vornherein ausklammert.

Durch die Vielzahl der Bearbeiter ließen sich auch kleinere Uneinheitlichkeiten der sprachlichen Darstellung nicht völlig vermeiden; manchmal erfolgt die Beschreibung in Schlagworten, manchmal in ganzen Sätzen. Nach meiner Überzeugung tut dies der Lesbarkeit und Benutzbarkeit aber keinen Abbruch.

Weitere Hinweise auf unsere Arbeitsweise ergeben sich aus den folgenden Abschnitten.

3. Zum Aufbau des Literaturhandbuches

Nach dem Einführungsteil mit Benutzerhinweisen folgt als Hauptteil die Literaturdokumentation mit insgesamt 168 gesonderten Literaturbesprechungen. Jede Besprechung, meist im Umfang von 1 - 2 Seiten, besteht aus bibliographischen Angaben incl. Umfang, aus einer kurzen zusammenfassenden, ggf. auch bereits kommentierenden Inhaltsangabe, sowie einer systematischen Darstellung nach folgenden Kriterien:

A: Alters- bzw. Zielgruppe der Arbeit,
L: Lern- bzw. Lehrziele, Erziehungs- oder Lebensziele, die mit bestimmten erörterten Aktivitäten oder Maßnahmen verbunden sind,
M: Methoden und ggf. Medien der pädagogischen Arbeit,
I: Institutionen, in denen pädagogische oder gesellschaftspolitische Maßnahmen stattfinden bzw. Lernprozesse ablaufen,
R: Rahmenbedingungen.

Diese Kriterien werden auch in den systematischen Registern wieder aufgenommen. Ziffern-Codes verweisen auf spezifische Positionen der einzelnen Register.

Sammelwerke wurden teilweise im Zusammenhang besprochen, teilweise durch Aneinanderreihung einzelner Kurzbesprechungen. Je nach Bedeutung für unsere Zielsetzung wurden einzelne Beiträge aus Sammelwerken ggf. auch in gesonderten Besprechungen dargestellt.

Der Registerteil enthält die bereits erwähnten fünf systematischen Register A, L, M, I und R, zusätzlich ein Autoren- sowie ein alphabetisches Stichwortregister. Der Verweis von den Registern auf den Dokumentationsteil erfolgt mittels einer Code-Bezeichnung. Jede Literaturbesprechung wurde mit einem Buchstaben-Ziffern-Code gekennzeichnet. Die drei Buchstaben wurden aus dem Namen des ersten Autors oder Herausgebers gebildet, die zwei Ziffern kennzeichnen das Erscheinungsjahr (z.B.: Lüd 72 = Lüdtke 1972; Scr 81 = Schmitz-Scherzer 1981). Diese Codierung soll eine fortlaufende Ergänzung der Literaturdokumentation ermöglichen, ohne daß die Register jeweils völlig neu erstellt werden müssen. Im Dokumentationsteil sind die Literaturbesprechungen alphabetisch nach der Codebezeichnung angeordnet, d.h. in der Regel auch alphabetisch nach dem ersten Autorennamen.

4. Zur Systematik und Nutzung der Register

Die Register sollen das gezielte Aufsuchen von Literatur zu bestimmten Themenkreisen ermöglichen. Sie sind an einem handlungs- und zielorientierten pädagogischen Konzept ausgerichtet; wir gehen davon aus, daß durch Freizeit- und Spielpädagogik sowie durch die Arbeitsgestaltung bei bestimmten Alters- und Zielgruppen mittels bestimmter Methoden innerhalb bestimmter Institutionen oder Lebensbereiche unter bestimmten Rahmenbedingungen ganz bestimmte Erziehungs-, Lern- oder Lebensziele erreicht werden sollen. Dieser Konzeption folgen die systematischen Register.

Je nach aktueller Zielsetzung wird man über einzelne Register oder deren Kombination die Codebezeichnungen von potentiell relevanter Literatur heraussuchen und dann mit Hilfe der Literaturbesprechung entscheiden, ob die jeweilige Publikation vermutlich von Bedeutung für die eigene Arbeit ist, und sich dieselbe ggf. beschaffen.

Zu den einzelnen Registern sollen einige kurze Erläuterungen gegeben werden:

A: Alters- und Zielgruppenregister sind kombiniert. Die Alterseinteilung orientiert sich an institutionell vorgegebenen Zielgruppenansprachen. Innerhalb jeder Altersgruppe werden - soweit relevant - qualitative Zielgruppen unterschieden. Deren Klassifikation orientiert sich an mehreren, sich überlappenden Unterscheidungskriterien, nämlich an der Stellung im Arbeitsprozeß (Berufstätige und Nicht-Berufstätige), an der Stellung in der Gesellschaft (Behinderte, Verhaltensauffällige, soziale Randgruppen) sowie an der sozialen Lebenssituation (Eltern und Erzieher, Alleinstehende, Familien).

L: Das Lern-, Lehr-, Erziehungs- bzw. Lebenszielregister ergänzt die klassischen Lernzielbereiche (kognitive, sozioemotionale, pragmatische, körperbezogene Ziele) um den Bereich der weltanschaulichen und gesellschaftspolitischen Ziele.

M: Im Methodenregister läßt sich der Einfluß bekannter Spielklassifikationen, die ja Grundformen menschlichen Handelns beinhalten, erkennen (z.B. Funktions-, Fiktions-, Rezeptions- und Konstruktionsspiel nach Charlotte Bühler: Kindheit und Jugend; Leipzig, Hirzel, 1928): Einübung und Ausführung von Funktionen und Fähigkeiten, symbolisches Handeln, Aufnahme und Verarbeitung von Umwelt, Gestaltung von materieller und sozialer Umwelt. Ergänzt wird diese Aufstellung um die Kategorie der indirekten Methoden (z.B. Erzieherarbeit, Freizeitplanung und -beratung). Mit dieser Methodenklassifikation sollte auch deutlich werden, daß wir innerhalb der Freizeitpädagogik keine Orientierung an fremdbestimmten didaktischen Modellen für sinnvoll halten, sondern eine Ausrichtung an selbstbestimmten Handlungssituationen, wie sie für das Spiel charakteristisch sind.

I: Im Institutionenregister finden sich einerseits Lebensbereiche (Wohn- und Lebensbereich, Schule, Arbeitsbereich), andererseits spezielle pädagogische oder therapeutische Einrichtungen (Freizeitstätten, kulturelle und therapeutische Einrichtungen).

R: Bei den Rahmenbedingungen sind schließlich folgende Kategorien vertreten: Finanzierungsprobleme, juristische Probleme, soziokulturelle Schranken, gesellschaftliche und politische Bedingungen, ökologische und sozioökonomische Kontextbedingungen, Freizeitforschung sowie sonstige Rahmenbedingungen.

AR: Das Autorenregister beinhaltet alle Autoren und Herausgeber sowie die herausgebenden Institutionen, die in der Literaturdokumentation genannt sind.

SR: Das Stichwortregister bietet in alphabetischer Ordnung Querverweise auf die systematischen Register (durch Angabe von deren Code, z.B. L 2, I 4.11, A /11). Außerdem berücksichtigt es weitere Schlagworte, die nicht in der Systematik enthalten sind, durch direkten Verweis auf die entsprechenden Literaturbesprechungen.

Es folgt eine Übersicht über die Kategorisierungen der systematischen Register. Diese Kategorisierungen sind bei der Zielgruppensystematik teilweise etwas ausführlicher als später im Registerteil. Dort wurden wegen manchmal sehr seltener Nennungen bisweilen mehrere Unterkategorien zusammengefaßt, während hier noch die bei der Registererstellung konzipierte größere Differenziertheit beibehalten wird.

ALTERS- UND ZIELGRUPPENSYSTEMATIK

0/ Keine bestimmte Altersgruppe
1/ Kleinkinder/ Vorschulkinder (0 - 6 Jahre)
2/ Schulkinder (6 - 12 Jahre)
3/ Jugendliche (11 - 16 Jahre)
4/ Heranwachsende (16 - 25 Jahre)
5/ Erwachsene (25 - 65 Jahre)
6/ Senioren (ab 55 Jahren)

/1 Berufstätige
   /11 Arbeiter/ Lohnabhängige
   /12 Selbständige/ Führungskräfte
   /13 Hausfrauen

/2 Nicht-Berufstätige
   /21 In Ausbildung
   /22 Arbeitslose
   /23 Rentner/ Pensionäre

/3 Behinderte
   /31 Körperbehinderte
   /32 Sinnesbehinderte
   /33 Geistig Behinderte

/4 Verhaltensauffällige
   /41 Lern- und Leistungsgestörte
   /42 Psychisch Gestörte
   /43 Drogenabhängige
   /44 Verwahrloste/ Kriminelle

/5 Soziale Randgruppen
   /51 Diskriminierte Frauen
   /52 Ausländer
   /53 Zigeuner
   /54 Nicht-Seßhafte

/6 Eltern und Erzieher
   /61 Mütter
   /62 Väter
   /63 Außerfamiliäre Erzieher

/7 Alleinstehende

/8 Familie

LERN-, LEHR-, ERZIEHUNGS- BZW. LEBENSZIELSYSTEMATIK

1. Kognitive Ziele
   1.1 Wahrnehmungsfähigkeit, Gedächtnis
   1.2 Logisches Denken
   1.3 Schöpferisches Denken, produktives Gestalten
   1.4 Bewertung und Kritikfähigkeit
2. Sozio-emotionale Ziele
   2.1 Persönliche Lebensqualität
      2.11 Zufriedenheit
      2.12 Selbstbild/ Identität
      2.13 Selbstverwirklichung, Emanzipation
      2.14 Frustrations- und Konflikttoleranz
      2.15 Angstbewältigung
      2.16 Spielfähigkeit
   2.2 Soziale Sensibilität
   2.3 Kommunikationsfähigkeit
      2.31 Verbale Kommunikation
      2.32 Nonverbale Kommunikation
   2.4 Kooperation
      2.41 Hilfsbereitschaft
      2.42 Solidarität
      2.43 Soziale Toleranz
      2.44 Aggressionsbewältigung
   2.5 Lernbereitschaft, Neugier, Interessen
3. Pragmatische Ziele
   3.1 Motorische Fertigkeiten
   3.2 Sensorische Fertigkeiten
   3.3 Psychomotorische Fertigkeiten
   3.4 Sprachliche Fertigkeiten
4. Körperbezogene Ziele
   4.1 Aktivierung
   4.2 Entspannung
   4.3 Physische Leistung
      4.31 Gesunderhaltung
      4.32 Steigerung der Leistungsfähigkeit
      4.33 Kompensation von Behinderung
5. Weltanschauliche/ gesellschaftspolitische Ziele
   5.1 Gesellschaftliche Emanzipation
   5.2 Demokratisches Verhalten
   5.3 Religiöse Orientierung/ Sinnfindung

INSTITUTIONENSYSTEMATIK

1. Wohn- und Lebensbereich
   1.1 Familie, Wohngemeinschaft
   1.2 Heim
      1.21 Kinderheim
      1.22 Jugendheim
      1.23 Altersheim
   1.3 Kindergarten, -tagesstätte
   1.4 Straße
2. Schule
   2.1 Vorschule
   2.2 Grundschule
   2.3 Haupt- und Realschule
   2.4 Gesamtschule
   2.5 Gymnasium
   2.6 Hochschule
   2.7 Ganztagsschule/ Hort
   2.8 Sonderschule
   2.9 Berufsschule
3. Arbeitsbereich
   3.1 Betrieb
      3.11 Überbetriebliche Ausbildungsstätte
      3.12 Betriebliche Freizeit-/ Erholungsstätte
   3.2 Gewerkschaft
      3.21 Gewerkschaftliche Ausbildungsstätte
      3.22 Gewerkschaftliche Freizeitstätte
4. Freizeitstätten/ Kulturelle Einrichtungen
   4.1 Spielplatz
      4.11 Abenteuerspielplatz
   4.2 Gemeinde- und Bürgerhaus, Gemeinschaftszentrum
      4.21 Jugendfreizeitstätte
      4.22 Familienfreizeitstätte
      4.23 Altenfreizeitstätte
   4.3 Vereine und Verbände
      4.31 Sportvereine
      4.32 Musische Vereine
   4.4 Kulturelle Stätten
      4.41 Museum/ Ausstellung
      4.42 Theater/ Konzertsaal
      4.43 Kino
   4.5 Öffentliche Konsumeinrichtungen
      4.51 Diskotheken
      4.52 Kneipen
   4.6 Tourismus
   4.7 Weiterbildungseinrichtungen
      4.71 Volkshochschule
5. Therapeutische Einrichtungen
   5.1 Beratungsstellen
   5.2 Psychologische Therapie
   5.3 Heilpädagogische Einrichtungen
   5.4 Krankenhäuser

METHODENSYSTEMATIK

1. Einübung und Ausführung von Funktionen und Fähigkeiten
   1.1 Funktionsspiel und Sport
   1.2 Projekt
2. Symbolisches Handeln
   2.1 Traum, Phantasie
   2.2 Gespräch, Diskussion
   2.3 Symbolspiel
      2.31 Spontanes Rollenspiel
      2.32 Freies Rollenspiel
      2.33 Strukturiertes Rollenspiel (auch Psychodrama, Soziodrama)
      2.34 Puppenspiel
      2.35 Simulationsspiel
3. Aufnahme und Verarbeitung von Umwelt
   3.1 Direkte Rezeption
      3.11 Musikveranstaltung
      3.12 Szenische Darstellung
      3.13 Verbale Darstellung
   3.2 Indirekte Rezeption (über Medien)
      3.21 Musik in Rundfunk und Fernsehen
      3.22 Filme (z.B. Kino und TV)
      3.23 Nachrichten und Berichte
   3.3 Konservierte Medien
      3.31 Tonträger wie Tonband, Video, Schallplatte
      3.32 Literatur
4. Gestaltung von materieller und sozialer Umwelt
   4.1 Werken
   4.2 Malen
   4.3 Musizieren
   4.4 Tanzen
   4.5 Texten
   4.6 Szenisches Gestalten
   4.7 Dokumentation erstellen
   4.8 Aktive Medienarbeit
5. Indirekte Methoden
   5.1 Erzieherarbeit
   5.2 Freizeitplanung
   5.3 Freizeitberatung
   5.4 Supervision
   5.5 Aus- und Fortbildung von Freizeitpädagogen
   5.6 Empirische Untersuchungsmethoden

SYSTEMATIK DER RAHMENBEDINGUNGEN

1. Finanzierungsprobleme
2. Gesetzliche Bestimmungen, juristische Probleme
3. Soziokulturelle Bedingungen (z.B. Leistungs-, Konkurrenzdenken, Tabus)
4. Politische Realitäten und gesellschaftliche Bedingungen
5. Ökologische und sozioökonomische Kontextbedingungen
6. Freizeitforschung
7. Sonstige Rahmenbedingungen

5. Hinweise auf Bibliographien

Braun, Frank & Gravalas, Brigitte: Bibliographie Jugendarbeitslosigkeit und Ausbildungskrise, 2 Bd. München: Deutsches Jugendinstitut, 1980.
Broich, Josef: Rollenspiele mit Erwachsenen. Anleitungen und Beispiele für Erwachsenenbildung, Sozialarbeit, Schule. Mit Bibliographie zur Spielpädagogik. Reinbek: Rowohlt, 1980.
Broich, Josef (Bearb.): Bibliographie Spiel- und Theaterpädagogik. Köln: Kultur und Bildung, 1983.
Deutsche Gesellschaft für Freizeit (Hrsg.): Bibliographie zur Freizeitliteratur 1965-1975. Edition Freizeit, Bd. 16, 1976.
von Hase, Dietrich & Möller, Pit: Thema Spielplatz. Eine kommentierte Bibliographie. München: Juventa, 1976.
Hoyer, Klaus: Literaturbericht zur Freizeit in der Schule. In: Klaus Hoyer & Margit Kennedy (Hrsg.): Freizeit und Schule. Braunschweig: Westermann, 1978, 284-326.
Informationszentrum Sozialwissenschaften (Hrsg.): Freizeitforschung 1979-1980. Dokumentation. Bonn, 1981.
Informationszentrum Sozialwissenschaften (Hrsg.): Freizeitpädagogik, jährliche Standardprofile (seit 1980).
Kluge, Norbert (Hrsg.): Spielpädagogik. Neuere Beiträge zur Spielforschung und Spielerziehung. Mit Bibliographie. Bad Heilbrunn: Klinkhardt, 1980.
Kochan, Barbara: Kommentierte Bibliographie zur Pädagogik und Didaktik des sozialen Rollenspiels. In: Barbara Kochan (Hrsg.): Rollenspiel als Methode sozialen Lernens. Ein Reader. Königstein: Athenäum, 1981, 255-270.
Schröder, Brigitte: Kinderspiel und Spiel mit Kindern. Eine Dokumentation. München: Deutsches Jugendinstitut, 1980.
Ziegenspeck, Jörg: Spielen in der Schule. Sachstandsbericht und systematischer Literaturnachweis 1974-1978. Verlag für Pädagogische Dokumentation, Duisburg, 1980 (Beiheft zum BIB-Report 13. Interaktionspädagogik, Bd. 1).

II. LITERATURDOKUMENTATION

Agricola, Sigurd; Schmettow, Bernhard Graf von:

PLANUNG UND VERWIRKLICHUNG VON FREIZEITANGEBOTEN
Möglichkeiten und Formen der Partizipation

München: Karger, 1976   74 Seiten

Versuch, unter verschiedenen Aspekten die Voraussetzungen zu beschreiben, die dem Bürger die direkte Teilnahme (Partizipation) am öffentlichen Geschehen ermöglichen. Schilderung, wie Partizipation praktisch geschieht. Überlegungen und Erfahrungen zur Wegweisung für Parzipation. Bibliographie.

Alters-/Zielgruppe: A: O/	Bevölkerung der Bundesrepublik Deutschland.
Lern-/Erziehungsziele: L: 2.13 2.4 5.2	Partizipation bei Freizeitangeboten. Individuelle Emanzipation. Mitbestimmung. Sebsttätigkeit. Soziale Verantwortlichkeit.
Methoden: M: 1.2 3.1 3.2 5.2 5.3	Bedarfsfeststellung, Planung, Information, Freizeitberatung. Freizeitaktivitäten, Einzelveranstaltungen, Sport, Kurse, Geselligkeit, Spiel- und Kulturaktionen.
Institutionen: I: 4	Freizeitstätten.
Rahmenbedingungen: R: 3 4 5	Soziale Umwelt und ihre Hindernisse für Partizipation.

Baacke, Dieter:

JUGEND UND SUBKULTUR

München: Juventa, 1972   205 Seiten

Der Autor versucht, die Zusammenhänge zwischen einer von spontanen Aktionen, von Rock- und Beatmusik und neuen Lebens- und Gestaltungsstilen bestimmten Jugendbewegung und einer von ihr als "alt" empfundenen Gesellschaft aufzuzeigen. Phänomene wie "Subkultur", "Gegenkultur" werden in diesem Buch weniger als Jugendproblem diagnostiziert, sondern als eines der Gesellschaft. Die Beiträge blicken vor allem auf die Szene in den USA, da sie - nach Meinung des Autors - ein "Modell für Problemkonstellationen" darstellt. Der erste Beitrag stellt eine Art Einführung und Übersicht dar. Er versucht, die zeitliche Struktur der Identitätsfindung aufzuzeigen, deren Schwierigkeiten Erwachsene wie Heranwachsende gleicherweise betreffen. Die drei mittleren Beiträge behandeln spezifische Aspekte der zeitgenössischen jugendlichen Subkultur: Beat, Rock und Pop-Musik sowie versuchten Protest; neue Formen jugendlichen Narzißmus'; die radikalste Alternative des Untergrundes. Im abschließenden Beitrag wird versucht, eine Einführung in die Subkultur-Debatte zu geben, die mit bedeutenden Aspekten dieses Buches verknüpft wird. Der Autor schlägt am Ende des Buches einen theoretischen Gesichtspunkt vor, der die Heterogenität der Phänomene binden könnte (Rollentheorie).

Alters-/Zielgruppe: Jugendliche.
A: 3

Lern-/Erziehungsziele: Die technisch-industrielle Entfrem-
L: 2   dung in systemrationalen Kalkülen
   5.1   überwinden; Probehandeln im Rollen-
   5.2   spiel, das die Frage nach einem
                           aufgeklärten Glück des Menschen
                           neu stellt und beantworten hilft.

Methoden: Informationen, Beschreibungen, In-
M: terpretationen, Schlußfolgerungen =
                           Phänomenologie.

Institutionen: Straße, Parks, Diskotheken, Pop-Fe-
I: 1.4   stivals, "Underground".
   4.51

Rahmenbedingungen: Internationaler Widerspruch der Ju-
R: 4   gend gegen eine als statisch emp-
                           fundene Gesellschaftsordnung Ende
                           der 60er und Anfang der 70er Jahre.

Schlagwörter: Phänomenologie, Untergrund.

Backhaus-Starost, Antje; Backhaus, Erhard:

FREIZEITAKTIVITÄTEN VON ARBEITERJUGENDLICHEN

Frankfurt: Jugend und Politik, 1975   104 Seiten

Untersuchung der wichtigsten Freizeitaktivitäten von Arbeiterjugendlichen auf die darin zum Ausdruck kommenden Bedürfnisse, Hoffnungen, Fähigkeiten.
Darstellung der Lebens- und Arbeitsbedingungen.
Analyse von Freizeitaktivitäten von Arbeiterjugendlichen auf die Ambivalenz von Unterordnung und Aufbegehren hin.
Aufspüren der Potenzen für individuelle Entwicklung, die in dem beobachtbaren Freizeitverhalten liegen und Andeutung der Möglichkeiten ihrer Weiterentfaltung.

Alters-/Zielgruppen: Arbeiterjugendliche
A: 3/11

Lern-/Erziehungsziele: Selbstverwirklichung, Identität,
L: 1.3   Stärkung des Selbstvertrauens, Fe-
   1.4   stigung des Selbstwertgefühls, In-
   2   teressen erkennen und durchsetzen.
   4.1   Kollektives Handeln zur Befriedigung
   4.2   von Bedürfnissen. Soziale Kompetenz
   5.1   in der Handhabung von Medien.

Methoden: Sport, Rollenspiel, Video, Film,
M: 1   Drucken, Feste, Basteln.
   2.2
   2.3
   3.3
   4.8

Institutionen: Freizeitbereich, Freizeitheime, Dis-
I: 1.4   kothek, Kneipe
   4.21
   4.5

Rahmenbedingungen: Durch kapitalistische Produktions-
R: 4   weise erzeugte Frustationen. Normen
   5   der bürgerlichen Gesellschaft.

Bittner, Günther; Schäfer, Gerd; Strobel, Heidi; Behrens, Silke; Götz, Jochen; Harder, Uwe; Siegle, Volker:

SPIELGRUPPEN ALS SOZIALE LERNFELDER
Pädagogische und therapeutische Aspekte.

München: Juventa, 1973   143 Seiten

Ausgehend von der Diskussion über die Sozialerziehung in der Schule und der besonderen Problemlage verhaltensgestörter Kinder wird der hier vorgestellte Versuch neuer methodischer Ansätze der Spielgruppenarbeit entwickelt. Unter Bezugnahme auf die wichtigsten Positionen der Schulkritik und auf neue gruppendynamisch orientierte Ansätze wird die Position der Autoren aufgebaut, welche die Grundlage der sozialpädagogischen Gruppenarbeit bildet. Inhalt und Gestaltung der Spielgruppenarbeit werden durch Berichte und Protokollauszüge dargestellt. Auch spezielle Probleme der Beziehung zwischen Gruppenleitern und Kindern werden erörtert.

Alters-/Zielgruppe:
A: 2/4
   3/4

Verhaltensgestörte Kinder und Jugendliche.

Lern-/Erziehungsziele:
L: 1
   2.1
   2.14
   2.4
   2.5

Leistungssteigerung im Sinn von kognitiven Lernprozessen; positive Beziehungen zu anderen Kindern und Erwachsenen aufbauen; lernen, andere mit ihrer Störung zu akzeptieren (Erweiterung der Frustrationstoleranz); befriedigende Konfliktlösungen im sozialen Bereich erfahren; Triebverzicht zugunsten der Erreichung eines von der Gemeinschaft angestrebten Ziels; Erweiterung der Umwelt der einzelnen Mitglieder; realitätsangepaßteres Verhalten; Kompensation.

Methoden:
M: 1.2
   2.3

Sozialtherapeutische Gruppenarbeit, Spieltherapie, Projekte.

Institutionen:
I: 1.2
   2

Heim, Schule.

Schlagwörter: Spieltherapie.

Böhnisch, Lothar (Hrsg.):

JUGENDARBEIT IN DER DISKUSSION
Pädagogische und politische Perspektiven

München: Piper, 1973 363 Seiten

Sammlung von Diskussionsbeiträgen und Praxisentwicklungen zur Neuorientierung und zur Bestimmung des gesellschaftspolitischen und pädagogischen "Standorts" der Jugendarbeit in der Bundesrepublik Deutschland. Jugendarbeit soll als historisches Produkt gesellschaftlicher und politischer Entwicklungen betrachtet, nicht auf wertfreie Ziel-Mittel-Erfolg-Zusammenhänge reduziert werden. Ein Beitrag aus den Niederlanden schildert Formen gesellschaftspolitisch "aggressiver" und veränderungsorientierter Jugendarbeit, die öffentlich akzeptiert und gefördert werden.

Alters-/Zielgruppen: Jugendliche, Heranwachsende
A: 3/
4/

Lern-/Erziehungsziele: Soziales Lernen, solidarisches Verhalten, Selbsterfahrung, Selbststeuerung, Emanzipation, Konfliktfähigkeit, Partizipation, gesellschaftliche Integration.
L: 2
5

Methoden: Projektarbeit, Gruppenarbeit, Gruppendynamik, Gemeinwesenarbeit, politische Bildung, Einzelberatung, Freizeitberatung.
M: 1.2
2.2
3
5.3

Institutionen: Jugendamt, Jugendhilfe, Jugendverbände, Jugendclubs, Jugendfreizeitheime, Jugendzentren, Lehrlingszentren, Jugendbildungsstätten, Selbstorganisierte Initiativgruppen, Gewerkschaft, Familie, Schule, Straße.
I: 1.1
1.4
2
3.2
4.21
4.7
5.1

Rahmenbedingungen: Konservatives Beharren des "Establishments" gegenüber Innovationsbestrebungen der Jugend.
R: 3
4

Böhnisch, Lothar; Schmitz, Enno (Redaktion):

JUGEND OHNE ILLUSION. Wie Arbeitslosigkeit erfahren wird.
in: betrifft: erziehung, Heft 9/1978

Weinheim, Basel: Beltz   Seite 44 - 65

Das Thema Jugendarbeitslosigkeit bildet den Schwerpunkt dieses B:E-Heftes. Mit Berichten aus der praktischen Arbeit mit arbeitslosen Jugendlichen wird versucht, die subjektiven Auswirkungen der Arbeitslosigkeit zu ergründen.

Böhnische, Lothar; Schmitz, Enno:
JUGENDARBEITSLOSIGKEIT HEUTE: SOZIALPOLITISCH VERSCHOBEN?
(S. 46 - 50)
Die Verfasser stellen dar, wie Jugendarbeitslosigkeit als dauerhaftes soziales Problem für die nächste Zukunft politisch eingeplant wird. Arbeitslose Jugendliche als Randgruppe sollen pädagogisch bearbeitbar und institutionell verwaltbar gemacht werden.

Reim, Dagmar:
"DAS IST NUN MAL SO...." Ein Erfahrungsbericht.
(S. 51 - 52)
Über Beobachtungen im Vorfeld Schule, Hilflosigkeit von arbeitslosen Jugendlichen bei der Stellensuche, die Familiensituation von arbeitslosen Jugendlichen, Freundschaft, Clique und Geld, die besondere Situation der Mädchen, Anti-Gefühle gegenüber Gastarbeitern, Realschülern und Gymnasiasten, Enttäuschung gegenüber Politikern, Selbsthilfegruppen.

Burger, Angelika; Seidenspinner, Gerlinde:
BERUF UND ZUKUNFT. Das Dilemma der Hauptschüler.
(S. 53 - 56)
Basierend auf Gesprächen und Diskussionen mit Hauptschülern der 8. und 9. Klasse berichten die Autorinnen über Faktoren, die deren Berufswahl bestimmen.

Faulstich-Wieland, Hannelore:
SCHULDHAFT UND UNERLAUBT. Arbeitslose Jugendliche und Berufsberatung.   (S. 57 - 59)
Aufgrund einer Befragung von Beratern in Beratungsstellen für arbeitslose Jugendliche werden Reaktionen von Jugendlichen auf ihre Arbeitslosigkeit hinsichtlich des zentralen Aspekts der Einstellung zu Arbeit und Beruf und deren Veränderung skizziert.

Savier, Monika:
IM WARTEZIMMER DER EHE. Mädchen neben dem Arbeitsmarkt.
(S. 60 - 62)
Aufgrund von Interviews mit Mädchen in Berliner Freizeitheimen (Hauptschülerinnen nach dem Schulabgang) werden die

subjektiven Auswirkungen der Arbeitslosigkeit und deren Konsequenzen beschrieben: Abhängigkeit durch Konformität (Arbeit im Haushalt der Familie) oder Abhängigkeit durch Non-Konformität (Drogen, Prostitution, Straftaten, Heim, Psychiatrie).

Krüger, Winfried:
KONKRETE ERFAHRUNGEN ANSTELLE VON ETIKETTEN   (S. 63 - 65)
Literatur zur Alltagsrealität arbeitsloser Jugendlicher.

Alters-/Zielgruppe: Arbeitslose Jugendliche.
A: 3/22

Institutionen: Hauptschule, Berufsberatung, Frei-
I: 2.3   zeitheim.
   4.21
   5.1

Rahmenbedingungen: Mangelnde Ausbildungs- und Arbeits-
R: 3   möglichkeiten, gesellschaftliche
   5   Werte, Etikettierung.

Böttcher, Hans:

ERHOLUNG IN DER INDUSTRIELLEN GESELLSCHAFT ALS SOZIALER-
ZIEHERISCHES PROBLEM
Reihe Erziehung und Gesellschaft, herausgegeben von Ernst
Bornemann.

Wuppertal: Henn, 1969   341 Seiten

Skizzierung des geschichtlichen Wandels des Arbeits- und Er-
holungsverhaltens. Darstellung von Grundlagen sozialerzieherischen Handelns in Bezug auf Hilfe zu "erholungsgerech-
ter Lebensführung". Vorstellung von empirischen Befunden zum
Gesundheits- und Erholungsproblem aus Medizin, Psychologie,
Soziologie. Zusammenfassung einer sozialerzieherischen Theorie der Erholung.

Alters-/Zielgruppen: Bevölkerung der Bundesrepublik
A: 0/   Deutschland (Industriebürger).

Lern-/Erziehungsziele: Personentfaltung, Weckung sozialer
L: 2.1   Mitverantwortung. Förderung humaner
   4.2   Regeneration (Regeneration körper-
   4.31   licher Kräfte und Funktionen, Re-
   5.3   harmonisierung seelischer Befind-
                        lichkeiten, Rekreation geistiger
                        Existenz). Erholungsgerechte Lebens-
                        führung. Erholungsgerechte Arbeits-
                        gestaltung. Förderung des kulturel-
                        len Fortgangs der Gesellschaft.

Methoden: "Orthologie" der Erholung. Gesund-
M: 5   heitserziehung. Erziehung zur er-
                        holungsgerechten Lebensführung. So-
                        zialerziehung. Schaffung günstiger
                        "innerer" und "äußerer" Bedingungen
                        für "Entlastungserlebnisse" (Auto-
                        nomie-, Einsamkeits-, Kontakt-,
                        Heim-, Natur-Erlebnis, religiöses
                        Erleben). Musische Erziehung, Ju-
                        gendtourismus, "Bildung" der frei-
                        zeit- und erholungsrelevanten Beru-
                        fe.

Institutionen: Familie, Erziehungsberatungsstellen,
I: 1.1   Touristikunternehmen, Schule, Frei-
   2   zeitheime.
   4
   5.1

Rahmenbedingungen: Wandel von der Agrar- zur Industrie-
R: 3   gesellschaft. Verhältnis von Ar-
   4   beits- und Erholungsleben, Kultur-
   5   kritik
   6

Buchhofer, Bernd; Friedrichs, Jürgen; Lüdtke, Hartmut:

MUSIK UND SOZIALSTRUKTUR
Theoretische Rahmenstudie und Forschungspläne.
Eine Veröffentlichung des Staatlichen Institutes für Musikforschung. Preußischer Kulturbesitz Berlin.

Köln: Volk, 1974 — 330 Seiten

In der Rahmenstudie wird versucht, einen theoretischen Rahmen zu liefern, innerhalb dessen sich die Verflechtungen der Musikkultur analysieren lassen, und methodische Möglichkeiten anzudeuten, durch die der komplexe Ansatz in effektive, praktische Forschung umgesetzt werden kann. Abgeleitet aus dem theoretischen Bezugsrahmen werden eine Vielzahl von einzelnen Forschungsprojekten und mögliche Kriterien, die die Auswahl und Reihenfolge der Projekte leiten könnten, beschrieben. Der zu analysierende Forschungsgegenstand ist hier nicht "die Musik" als ästhetischer Bereich für sich oder ein nach immanenten Kriterien strukturierter Bereich künstlerischer Kreativität, sondern die bedeutsamen Komponenten der Verwirklichung musikorientierter und -begleitender Einstellungen und Verhaltensweisen der verschiedensten Art einschließlich ihrer ökonomischen, sozialen, psychischen und ökologisch-regionalen Determinanten, sowie die Beziehungen zwischen ihnen.

Alters-/Zielgruppe:
A: 0/

Alle Personen, die Töne produzieren, vermitteln, speichern.

Lern-/Erziehungsziele:
L: 2.1
2.14
2.3
2.41

Durch künstlerische Betätigung Überdruß in Verbindung mit menschlischer Leere bannen; Musik als Teil der für das menschliche Leben absolut unabdingbaren Kommunikationen, in denen das Individuum ein Feld der Betätigung und Befähigung findet; Befähigung des Einzelnen, durch musikalische Lebensgestaltung Problemen, Aggressionen und Entfremdung entgegentreten zu können; Integration von ästhetischen Zielen in alltägliches Verhalten.

Methoden:
M: 4.3
5.1

Entwicklung zuverlässiger Verfahren zur Messung musikalischer Begabungen; Beobachtung und Analyse des musikerzieherischen Feldes; Veränderung der Ausbildung der Musiklehrer; Entwicklung, Erprobung und Optimierung von methodisch-didaktischen Modellen des Musikunterrichts.

Rahmenbedingungen:
R: 5

Ökologische und sozioökonomische Kontextbedingungen

Bühler, Henriette; Fey-Kornau, Franziska; Kluge, Karl-Josef:
SPIELGRUPPENPÄDAGOGIK
Eine praxisbezogene Einführung

München: Kösel, 1978   156 Seiten

Die Autoren stellen psychologische, soziologische und pädagogische Aspekte des Spiels theoretisch dar. Sie zeigen Möglichkeiten und Grenzen vom Spiel als Kompensationshilfe und als Maßnahme zur Prophylaxe von Störungen und Behinderungen im Lern- und Verhaltensbereich auf, auf dem Hintergrund von Ergebnissen der Lern- und Motivationsforschung und auf der Grundlage der Analyse von Spielprozessen. Spielsituationen werden als pädagogische Situationen gesehen, in denen sich Erziehung und Bildung durch Spielen unter personalen (spielende und mitspielende Personen), materialen (Spielmittel) und funktionalen (Spielgeschehen) Gegebenheiten ereignen.
In Anlehnung an die Ergebnisse von Tausch halten die Autoren einen sozialintegrativen Führungsstil auch in Spielsituationen für notwendig, um sozial positives Verhalten bei Kindern zu fördern. Ein wesentlicher Bestandteil des Buches sind konkrete Anleitungen für Eltern und Erzieher zu pädagogisch effektivem Spielleiterverhalten in Spielsituationen.

Alters-/Zielgruppe: A: 1/ 2/	Kinder bis zu 10 Jahren
Lernziele: L: 1 2	Erweiterung und Verbesserung von kognitiven, emotionalen und sozialen Leistungen. Prophylaxe und Kompensation von Lern- und Verhaltensstörungen.

Methoden:
 M: 1
    2
    4
    5
	Spiel, sozial-integratives Spielleiterverhalten, Spielanleitung.

Institutionen:
 I: 1.1
    1.3
    2.1
    2.2
	Elternhaus, Kindergarten, Vorschule, Grundschule

Rahmenbedingungen: R: 7	Personale, materiale und funktionale Gegebenheiten, soziale Schicht.
Schlagwörter:	Spielleiterverhalten

Büschel, Günter:

DAS SPIEL IN DER SONDERSCHULE FÜR LERNBEHINDERTE
Erfahrungen mit dem Unterrichtsspiel und Psychodrama

Berlin: C. Marhold, 1972   124 Seiten

Kurze theoretische Erörterungen zum "Spiel des Kindes" und zum "Spiel in der Sonderschule". Zusammenstellung von Spielen, die in vielen Schulversuchen im täglichen Unterricht mit lernbehinderten Schülern erprobt wurden. Die Spielbereiche Leibeserziehung, Musik und Werken blieben unberücksichtigt.

Alters-/Zielgruppe:
A: 2/41
3/41

Lernbehinderte Schüler aller Klassen bzw. Leistungsstufen.

Lern-/Erziehungsziele:
L: 1
2

Integration in Gemeinschaft durch soziales Lernen (d.h. Regeln anerkennen, sich mit jemandem einigen, Angewohnheiten in Frage stellen, eigene Interessen zugunsten eines gemeinsamen Zieles zurückstellen). Befreiung von Hemmungen und Aggressionen, um Lernfähigkeit herzustellen. Anregung von Denken und Sprache durch Anknüpfen an der Wirklichkeit des täglichen Lebens. Vermittlung der Fähigkeit, neue Situationen selbständig und sinnvoll zu bewältigen.

Methoden:
M: 2.3
3.12
4.6

Unterrichtsspiel (Handpuppenspiel, Schattenspiel, bauendes Spiel), Stegreifspiel, Szenisches Spiel, Aufführungsspiel, Gesellschaftsspiel, Geduldsspiele, Lernspiel, Psychodrama.

Institutionen:
I: 2.8

Sonderschule.

Büt 76

Büttner, Christian:

SPIELE GEGEN STREIT, ANGST UND NOT.
Über Spielversuche zum sozialen Lernen.

Frankfurt am Main: Hessische Stiftung Friedens- und Konfliktforschung. Arbeitspapier 8/1976
25 Seiten
Auch in: Neue Praxis 2/1977 S. 132-143

Psychische Störungen wie Angst, Aggression, Gewalt und Apathie sind Erscheinungsformen der zunehmenden Schwierigkeiten von Kindern, sich in dieser Welt zurechtzufinden. Anhand von Beispielen aus der Vor- und Grundschule hinterfragt der Autor organisiertes Kinderspiel, und zwar: Konkurrenzspiele, Kooperationsspiele, Konfliktspiele und freies Rollenspiel bezüglich ihrer Hilfsmöglichkeiten bei den oben genannten Störungen.

Alters-/Zielgruppe: A: 1/ 2/	Kinder von ca. 5 - 9 Jahren.

Lern-/Erziehungsziele:
L: 1.4
   2.14
   2.4
   2.44
	Soziales Lernen, insbesondere Konfliktverarbeitung, Umgehen von Konflikten und Kooperation.

Methoden: M: 2.3 2.32	Organisiertes Spiel, freies Rollenspiel (als diagnostische Methode).
Institutionen: I: 2.1 2.2	Vorschule, Grundschule.

Rahmenbedingungen:
R: 3
   4
   6
	Schulische Situation (der Leistungsdruck widerspricht der Zielvorstellung von kooperativem Verhalten); Verhältnis Erwachsener-Kind (als Bedingung von Konfliktsituationen in der Gesellschaft); Biographie des Kindes; Erzieherverhalten.

Schlagwörter:	Konkurrenzspiele, Kooperationsspiele, Konfliktspiele.

Büttner, Christian; Koester, Ulrike:

SPIELGRUPPEN AN GRUNDSCHULEN.
Die Einrichtung eines therapeutischen Modells für Kinder und Lehrer.

Frankfurt/M: Hessische Stiftung Friedens- und Konfliktforschung, Arbeitspapier 5/1978   81 Seiten

---

Die Verfasser und Leiter des dargestellten Spielgruppenprojekts an einer Grundschule in Offenbach am Main berichten sehr persönlich über die Entstehung und den Verlauf des Projekts (organisatorische Vorbereitungen, Einrichtung der Spielgruppen, Vorbereitung der ersten Stunde, Erfahrungen in der ersten Phase von März bis zu den Sommerferien 1978). Es solle die Verbindung von zwei Ansätzen versucht werden: die Sensibilisierung von Lehrern durch Fortbildungsseminare und Supervision und das Angebot therapeutischer Hilfe außerhalb des Unterrichts, aber innerhalb der Grundschule (Grundlage ist ein psychoanalytisches Spielgruppenmodell von Schiffer und Mortimer). Die Verfasser berichten abschließend über ein Fortbildungsseminar von Lehrern zum sozialen Lernen und stellen ein Fortbildungskonzept zum Spielgruppenleiter vor.

Alters-/Zielgruppe:
A: 2/4
   2/41

Grundschüler mit Auffälligkeiten im Sozialverhalten und im emotionalen Bereich sowie mit Störungen im Leistungsverhalten.

Lern-/Erziehungsziele:
L: 2
   2.2
   2.44
   2.5

Integration von emotional gestörten Kindern in die Klasse. Verringerung von psychisch bedingten Blockaden im Lernprozeß.

Methoden:
M: 2
   2.3
   5.1

Freies Spiel, symbolisches Handeln, Lehrerfortbildung, Spieltherapie.

Institutionen:
I: 2.2

Grundschule.

Schlagwörter:

Spielleiterverhalten.

Siehe auch:
Büttner, Christian; Koester, Ulrike: Spielstunden im Unterricht.
- Schüler sind auch Kinder.
Arbeitspapier 1/1978 der Hessischen Stiftung Friedens- und Konfliktforschung, 21 Seiten. In gekürzter Fassung ist der Artikel erschienen in Grundschule Heft 8/1979, S. 336-359.

Bundesarbeitsgemeinschaft "Hilfe für Behinderte" e.V.(Hrsg.):
URLAUB - FERIEN - FREIZEIT - KUREN UND ERHOLUNG FÜR FAMILIEN
MIT BEHINDERTEN ODER KRANKEN KINDERN UND JUGENDLICHEN
Schriftenreihe Band 2

Bonn-Bad Godesberg: Rehabilitationsverlag, 1973   271 Seiten

Ratgeber für Eltern, Erzieher, Pflegepersonen, Pädagogen, Ärzte, Behandlungspersonal, sowie für sämtliche Rehabilitationseinrichtungen und Behörden, die sich mit der Rehabilitation und Betreuung behinderter und kranker Kinder befassen.

Alters-/Zielgruppe:
A: 1.3
   2.3
   3.3
	Behinderte und/oder kranke Kinder und Jugendliche

Lern-/Erziehungsziele:
L: 2.1
   4.2
   4.31
	Erholung, Ausgleich zum belastenden Alltag, Stärkung der Gesundheit, Vermittlung von Lebensfreude.

Methoden: M: 5.2 5.3	Erfahrungsberichte betroffener Kinder und Ratschläge zur Urlaubs- und Ferienvorbereitung, zu Urlaub und Ferien in Heimen, Familiendörfern, Gruppenreisen, zur Wahl von Urlaubsorten, zu Kuren und Erholungsmaßnahmen (Beihilfe), zur Freizeitgestaltung.
Institutionen: I: 4.6 5.3	Familie, Heim, Familiendörfer, Gruppenreisen von Verbänden, Kirchen, Kreisverwaltungen, touristische Einrichtungen (Campingplätze, Pensionen, Ferienhäuser), Kurstätten.

Burger, Angelika; Seidenspinner, Gerlinde:

JUGEND UNTER DEM DRUCK DER ARBEITSLOSIGKEIT

München: Juventa, 1977   174 Seiten

Untersuchung der Auswirkungen von Jugendarbeitslosigkeit auf die verschiedenen Lebensbereiche. Untersuchung der subjektiven Verarbeitung der Problemlage. Versuch, sichtbar zu machen, daß hinter Zahlenübersichten und Modellrechnungen menschliche Schicksale, enttäuschte Hoffnungen, Resignation, zerstörte Lebensperspektiven stehen. Unzulänglichkeiten bisheriger Hilfsmaßnahmen und Ansatzpunkte alternativer Lösungsversuche werden aufgezeigt.

Alters-/Zielgruppe:
A: 3/21
3/22
4/11
4/21
4/22

Arbeitslose Jugendliche, Hauptschulabgänger, Lehrlinge, Jungarbeiter, benachteiligte Mädchen.

Lern-/Erziehungsziele:
L: 1.4
2.12
2.15
2.2
2.3
2.5

Erfahrung, daß jeder seine spezifischen Möglichkeiten hat und daß Lernen und Über-Wissen-Verfügen Spaß machen kann. Abbau von Selbstverschuldungstendenzen. Bewußtmachen, daß das Interesse an konkreter Arbeit ein berechtigtes Interesse ist. Bewußtwerden der Gemeinsamkeit von Erfahrungen, Interessen und Wünschen Jugendlicher. Identitätsentwicklung. Abbau von Isolation. Soziale Stabilisierung, politische Bildung.

Methoden:
M: 1.2
2.2
3.2

Offene Kommunikationsformen; Beschaffung von Informationen, die zur Umsetzung von Wünschen nötig sind; Differenzierte Angebote für unterschiedliche Zielgruppen nach jeweiligen Erfahrungen und individuellen Voraussetzungen; Ausrichtung der Angebote entsprechend den Gegebenheiten der jeweiligen Wirtschaftsregion; Berücksichtigung der bestehenden sozialen Bezugssysteme (z.B. Gleichaltrigengruppe), beispielsweise durch Einrichtung von gemischten Gruppen (z.B. arbeitslose und arbeitende Jugendliche); Bezug der Angebote auf den Wohnbereich der Jugendlichen. Stabilisierung der Eigenverantwortlichkeit.

Institutionen:
I: 3.11
   3.21
   4.7

Träger von Maßnahmen gegen die Jugendarbeitslosigkeit.

Rahmenbedingungen:
R: 3

Schaffung einer gesellschaftlich anerkannten Plattform der Problemdefinition für die Betroffenen.

Butler, Carl J. von:

MODELLE IM FREIZEITBEREICH
Schriftenreihe des Bundesministers für Jugend, Familie und
Gesundheit, Band 112

Stuttgart: Kohlhammer, 1976   110 Seiten

Beitrag zur Verbesserung des Überblicks über funktionale,
soziale, wirtschaftliche und organisatorische Aspekte modellartiger Einrichtungen und zur Operationalisierung der
Modellbewertung und Modellförderung. Schwerpunkt auf empirischen Untersuchungen und Analysen von öffentlichen Freizeitangeboten. Modellinhalte - wie Angebotsart, Angebotskombination und -form; Information, Ansprache der Zielgruppen und Bürgernähe; Trägerschaft, Leitung und personelle
Betreuung; Kosten und Finanzierung; Organisation und
Planung; Personelle und materielle Infrastruktur - sollen
sich an den Schwerpunkten orientieren, die gegenwärtig die
Freizeitpolitik des Bundes kennzeichnen. Durch Kombinationen von Freizeitangeboten mit sozialen Dienstleistungen wie
Gesundheitsberatung, Psychotherapie, Rechts-, Wohnungs- und
Familienberatung lassen sich sozialpolitische Zielsetzungen
mit freizeitpolitischen Zielvorstellungen verbinden.

Alters-/Zielgruppe: Gesamte Öffentlichkeit (breite Bevöl-
A: 0/   kerungsschichten), benachteiligte
                        Gruppen: Alte, Ausländer, Hausfrauen,
                        Jugendliche, Kinder, sozial Schwache.

Lern-/Erziehungsziele: Gemeinsames Planen, Gestalten und
L: 2   Mitbestimmen der Benutzer von Frei-
   4   zeiteinrichtungen. Aktivierung sozi-
                        al benachteiligter Gruppen. Dies soll
                        durch gezieltes, systematisches Ein-
                        gehen auf spezielle Probleme und Be-
                        dürfnisse, sowie durch intensive In-
                        formation erreicht werden.

Methoden: Kommunikation, Kultur, Freizeitbil-
M: 1   dung, Spiel, Sport, Grünerholung,
   3   Werken, Malen, Musizieren, Produzie-
   4   ren.
   5.2
   5.3

Institutionen: Staatliche und freie Träger von Frei-
I: 1.4   zeiteinrichtungen mit Modellansätzen.
   2
   3.12
   4

Rahmenbedingungen: Kostendeckung, Trägerschaft, Über-
R: 1   windung der Schwellenangst.
   3

Cha 76

Chateau, Jean:

DAS SPIEL DES KINDES
Natur und Disziplin des Spielens nach dem dritten Lebensjahr.

Paderborn: Schöningh, 1976   421 Seiten

Darstellung des kindlichen Spiels unter drei Hauptgesichtspunkten: Die Triebkraft des Spieles - Die Spieldisziplin - Die Spiele in der Zeit und in dem Raum. Differenzierung nach etwa folgenden Bereichen: Vergnügen und Ernst im Spiel; Die Auseinandersetzung mit Älteren/Erwachsenen; Regeln und Normen; Irrtümer und Widerstandgeben; Regulierung und Disziplin; Spielrhythmen und -perioden; Entwicklung und Zuordnung des Spiels; Zusammenstellung und Vergleich von Spielen; Funktionen und pädagogischer Wert des Spiels.

<u>Alters-/Zielgruppe:</u>　　　Kinder im Alter von 3 - 10 Jahren
A: 1/
　 2/

<u>Lern-/Erziehungsziele:</u>　Ich-Entwicklung, Disziplin, Selbst-
L: 1　　　　　　　　　　　　　Entdeckung, Übung, motorische Ge-
　 2　　　　　　　　　　　　　schicklichkeit, Differenzierungs-
　 3　　　　　　　　　　　　　fähigkeit, soziales Verhalten, In-
　　　　　　　　　　　　　　　teressenentwicklung.

<u>Methoden:</u>　　　　　　　　Nicht geregelte Spiele wie Spiele
M: 1　　　　　　　　　　　　　der konkreten Intelligenz (funktio-
　 2　　　　　　　　　　　　　nale Spiele, hedonistische Spiele,
　 4　　　　　　　　　　　　　Erforschspiele, Manipulationsspiele);
　　　　　　　　　　　　　　　Spiele der inneren Selbstbehauptung
　　　　　　　　　　　　　　　(Zerstörspiele, Unordnungsspiele,
　　　　　　　　　　　　　　　Aufbrausspiele). Geregelte Spiele:
　　　　　　　　　　　　　　　Figurative Spiele (Nachahmspiele,
　　　　　　　　　　　　　　　Illusionsspiele); Objektive Spiele
　　　　　　　　　　　　　　　(Bauspiele, Arbeitsspiele); Abstrak-
　　　　　　　　　　　　　　　te Spiele (Spiele mit willkürlicher
　　　　　　　　　　　　　　　Regel, Heldentaten, Wettkampfspiele);
　　　　　　　　　　　　　　　Kooperative Wettspiele; Spiele mit
　　　　　　　　　　　　　　　strenger Regulierung (Tänze, Zere-
　　　　　　　　　　　　　　　monien).

<u>Institutionen:</u>　　　　　Familie, Vor- und Grundschule
I: 1.1
　 2.1
　 2.2

<u>Rahmenbedingungen:</u>　　　Verschiedene Erziehungs-Theorien,
R: 3　　　　　　　　　　　　　menschliche Stammesgeschichte
　 7

Christiansen, Gerhard; Lehmann, Klaus-Dieter:

CHANCENUNGLEICHHEIT IN DER FREIZEIT
Eine Sekundäranalyse von Umfragedaten.
Schriftenreihe des Bundesministers für Jugend, Familie und
Gesundheit, Band 101

Stuttgart: Kohlhammer, 1976 — 105 Seiten

Absichten der Autoren: Identifizierung der sozialen Gruppen (Problemgruppen), die im Freizeitbereich im Verhältnis zu anderen gesellschaftlichen Gruppen relativ benachteiligt sind. Benennen von Aspekten der sozialen Situation, die Chancenungleichheit in der Freizeit beschreiben. Die Interpretation der Daten soll Hinweise darauf ergeben, durch welche Hindernisse die Freizeitmöglichkeiten der verschiedenen Problemgruppen eingeschränkt sind.

Alters-/Zielgruppe: A: 4/ 5/ 6/	Bevölkerungsgruppen der BRD unter den Aspekten der beruflichen Situation, Stellung in der Familie, Position im Lebenszyklus.
Lernzielbereiche: L: 4 5	Verbesserung der Freizeitsituation durch langfristige gesellschaftspolitische Zielsetzung. Verbesserung der Arbeitssituation durch den Abbau von körperlichen und psychischen Belastungen sowie Förderung von Kontaktmöglichkeiten. Bereitstellung eines wohnungsnahen Freizeitangebots, das sich an der Lebenssituation der Problemgruppen orientiert.
Institutionen: I: 1.1 3 4	Familien, Vereine, Bürgerinitiativen, Gewerkschaften, Parteien, Kirchen, Medien, Betriebe, kulturelle Stätten, Bildungseinrichtungen.

Claus, Jörg; Heckmann, Wolfgang; Schmidt-Ott, Julia:

SPIEL IM VORSCHULALTER
Möglichkeiten der Erziehung zu Kollektivität und Solidarität.

Frankfurt a.M.: Europäische Verlagsanstalt, 1973
Basis Arbeitsergebnisse   259 Seiten

Die Autoren setzen sich mit dialektisch- und historisch-materialistischen Grundlagen für eine Erziehungstheorie auseinander. Zur Begriffsbestimmung des Spiels werden erst bürgerliche Spieltheorien kritisch dargestellt und dann die historisch-materialistische Analyse der Entwicklung des Spiels versucht. Die Wesensbestimmung des Spiels hat nach den Autoren beim Verhältnis von Spiel- und Arbeitstätigkeit anzusetzen, da sich das Spiel als historisch und gesellschaftlich determinierte Erscheinung auf einer bestimmten Stufe der Entwicklung der Produktivverhältnisse und -kräfte von der Arbeit getrennt hat. Spielen dient der Vorbereitung des Kindes auf gesellschaftliche Tätigkeiten des Erwachsenen. Spiel ist inhaltlich bestimmt als Reproduktion der gesellschaftlichen Tätigkeit. Als wesentliche Entwicklungsstufe der Spieltätigkeit des Kindes wird die Vorschulzeit gesehen, wobei das Rollenspiel die eigentliche und wesentliche Spielform darstellt, neben dem Regel- und Kollektivspiel. Es wird der Bedeutung des Rollenspiels beim Übergang vom Kleinkind- zum Vorschulalter aufgezeigt und die kindliche Entwicklung unter dem Aspekt der Verinnerlichung und Veränderung der Motive betrachtet. Die Autoren schreiben dem Spiel einen Stellenwert innerhalb einer revolutionären Strategie zu. Spiel ist neben der Sprache eine bedeutende Methode zur Einstellungsbildung und -änderung. Die Umsetzung von sozialistischen Produktionsmerkmalen, die die sozialistische Persönlichkeit prägen, auf kapitalistische Verhältnisse ist über das Spiel möglich, wobei die kollektive Arbeit zentrales Element ist. Als Konsequenz betrachten die Autoren die Konzeption eines durch Regeln fixierten Rollenspiels mit dem Spielinhalt des ökonomischen Systems des Sozialismus, welches in einem Produktionsbeispiel dargestellt ist.

Alters-/Zielgruppe: Kinder im Vorschulalter.
A: 1/

Lern-/Erziehungsziele: Kollektivität (aufeinander Rück-
L: 2.41   sicht nehmen, voneinander fordern,
   2.42   Wert des Einzelnen für das Kollek-
   2.43   tiv und des Kollektivs für den Ein-
                         zelnen erkennen, sich aufeinander
                         verlassen, einander helfen); Soli-
                         darität (entsteht auf der Grund-
                         lage der Kollektivität); Disziplin
                         und Hilfsbereitschaft. Diese Merk-

male machen nach Meinung der Autoren die sozialistische Persönlichkeit aus.

Methoden:
M: 1.1
   2.3
   2.33
   4

Rollenspiel, Regelspiel, Kollektivspiel, Produktionsspiel, Arbeitstätigkeit.

Institutionen:
I: 2.1

Vorschule.

Rahmenbedingungen:
R: 4

Gesellschaftliche (Produktions-)Verhältnisse.

Schlagwörter:

Kollektivspiel.

Cob 77

Coburn-Staege, Ursula:

LERNEN DURCH ROLLENSPIEL
Theorie und Praxis für die Schule

Frankfurt: Fischer, 1977   172 Seiten

Das didaktische Mittel "Rollenspiel" wird mit anthropologischen, soziologischen, kommunikationstheoretischen, psychologischen, spiel-theoretischen und pädagogischen Frageansätzen analysiert. Nachweise der Verwendbarkeit von Rollenspiel als konstitutiver Bestandteil des Unterrichtes. Anleitungen, Anregungen und Erläuterungen für die Schulpraxis. Einweisung in die didaktischen Möglichkeiten von Interaktionsspielen, Berufsrollenspiel, Kindertheater, Stegreifspielen, Planspielen, Psychodrama, Soziodrama usw. Zusammenfassende These: "Rollenspiel im Unterricht fördert soziales Handeln, weil die Realität durch Abbilden im Spiel erkannt und im Kontakt mit der Gruppe "auf Probe" verändert werden kann und darf" (S. 6)

Alters-/Zielgruppe: Schul-Kinder, Jugendliche, in Aus-
A: 2   bildung befindliche Heranwachsende.
   3
   4

Lern-/Erziehungsziele: Förderung der Entwicklung sozialer
L: 1   Kompetenz bei Kindern. Bewußtmachen
   2   der sozialen Beziehungen, die weit-
   3.4   gehend Bedingungsfaktoren für Lern-
                       prozesse wie z.B. für den Erwerb von
                       Motivationen, Einstellungen, Haltun-
                       gen und Verhaltensweisen sind. Ler-
                       nen, eigene Erfahrungen zu reflek-
                       tieren, Probleme zu artikulieren, zu
                       durchdenken und zu lösen. Entwicklung
                       von Selbst- und Kollektivbewußtsein.
                       Sensibilisierung für den zwischen-
                       menschlichen Bereich. Verständiges
                       Leben in Gruppen.

Methoden: Rollenspiel als Simulationsverfahren
M: 2.3   und Handlungstechnik (vom reinen Si-
                      mulationsspiel bis zum Soziodrama)
                      unter Zuhilfenahme verschiedener
                      Spielmaterialien.

Institutionen: Schulen und andere Ausbildungsstät-
I: 2   ten.

Rahmenbedingungen: Die Schule als Sozialisationsinstanz
R: 3   beschränkt sich in der Regel auf die
                      Vermittlung kognitiver Fähigkeiten.

Croissier, Sigrun; Heß, Gabriele; Köstlin-Gloger, Gabriele:

ELEMENTARSPIELE ZUM SOZIALEN LERNEN
Vorschläge und Anregungen für Kindergarten und Vorschule

Weinheim, Basel: Beltz, 1979   168 Seiten

Das Buch beinhaltet ein aus 55 Spieltiteln bestehendes Spielprogramm zum sozialen Lernen mit allgemeinen Informationen und der Anleitung für Vorschulerzieher und Grundschullehrer.

Alters-/Zielgruppe: A: 1 2	Das Spieleprogramm ist mit 5-6jährigen Vorschulkindern erprobt worden. Es kann aber nach eventuellen kleineren Abänderungen auch mit jüngeren Kindern und in den ersten Grundschulklassen angewandt werden.

Lernziele:
L: 1.1
  1.4
  2.2
	Ziel des Spieleprogrammes ist die gezielte und planmäßige Förderung kognitiver Grundlagen des Sozialverhaltens (soziales Verstehen). Dazu gehören: Wahrnehmen, Unterscheiden und Bezeichnen einzelner Merkmale bei sich selbst, bei Mitgliedern der eigenen Gruppe und bei anderen Menschen. Erfassen von Handlungsabläufen, ihren Bedingungen und möglichen Zielrichtungen und Bewerten von Handlungsergebnissen im Hinblick auf die beteiligten Handlungspartner. Daneben werden mit den Spielen auch emotionales Lernen (Erfassen und Akzeptieren von Gefühlen) und soziale Handlungsfähigkeit angesprochen.

Methoden:
M: 2.2
  2.33
  5.1
	Gruppenspiele, Anleitung des Erziehers

Institutionen:
I: 1.3
  2.1
  2.2
	Kindergarten, Vorschule, Grundschule (erste Klassen)

Rahmenbedingungen: R: 7	Gruppengröße, Erzieherverhalten.
Schlagwörter:	Curriculum

Das von einer Projektgruppe erstellte Spieleprogramm umfaßt neben den Spielanleitungen in diesem Buch einen Materialkasten mit Foto- und Bilderserien.(Weinheim, Basel: Beltz,1979)

Czerwenka-Wenkstetten, Gertraud:

FREIZEITPÄDAGOGIK

In: Walter Spiel (Hrsg.):
KONSEQUENZEN FÜR DIE PÄDAGOGIK (2). Die Psychologie des 20.
Jahrhunderts, Bd. 12.

Zürich: Kindler, 1980   Seite 12 - 36

Freizeit wird historisch und begrifflich knapp umrissen und als subjektiv frei von erzwungenem Zeit- und Verantwortungsdruck erlebte Zeit definiert. Da ein großer Teil der familiären Erziehungsaufgaben -bedingt durch die zunehmende Frauenerwerbstätigkeit- an öffentliche Erziehungsinstitutionen abgegeben wurde, steht die Freizeitpädagogik unter großem Handlungszwang. Nach Auffassung der Verfasserin kann effektive Freizeitpädagogik, die eine Hilfe aus einer "soziokulturellen Energiekrise" sein soll, nur in Verbindung aus Praktiken und Theorien der Medizin, Pädagogik, Sozialarbeit, Umweltschutz-Wissenschaften, politischer Ökomomie, kreativer Methoden u.a. wirksam werden. Untersuchungen über das Ausmaß und die Inhalte der Freizeit schließen sich an; Inhalte, Aufgaben, Zielgruppen der Freizeitpädagogik werden angeführt. Im zweiten Teil des Artikels wird auf die Animation eingegangen, die in unserer kontaktmüden, informationstauben, offenbarungshungrigen Zeit benötigt wird, um zum intensiven Erleben anzuregen. Sie wird als eine sozio-kulturelle Entwicklungshilfe im Interesse des Individuums, für die Gemeinschaft dargestellt.

Alters-/Zielgruppe:	Gesamtbevölkerung mit besonderer Berücksichtigung von Kindheit und Jugend, sozial vermindert partizipationsfähige Gruppen (Kinder, alte Menschen, Behinderte, in Rehabilitation Befindliche, berufstätige Hausfrauen, Ausländer usw.).
A: 0	
0/13	
0/3	
0/52	
1	
2	
3	
6	

Lern-/Erziehungsziele:	Reflexion der eigenen Wahrnehmungsfähigkeit; kreatives Verhalten gegenüber Rollenfixierungen und Teilnahmslosigkeit; kritisch-aktiver Umgang mit Lebens- und Lernmöglichkeiten; soziales Verhalten gegenüber Privatisierung und apolitischem Rückzugsverhalten; kommunikatives Verhalten gegenüber Isolation und Desintegration; Sinnfindung und Bahnung von Wegen zum sinnerfüllten Leben.
L: 1.1	
1.3	
1.4	
2.1	
2.3	

Methoden:
M: 5.1
   5.2
   5.5

Freizeitpädagogik als wissenschaftliche Nahtstelle interdisziplinärer Forschung; Planung, Durchführung, Koordination und Effizienzkontrolle von freizeitbezogenen Initiativen und Projekten; rechtzeitiger Rückzug des Freizeitpädagogen; Ausbildung zur Fachkraft nach fertiger Berufsausbildung; Animation.

Institutionen:
I: 1.21
   4.11
   4.2
   4.21
   4.4
   5.1

Kinderhort, Tagesheim; Robinson- oder Abenteuerspielplatz; Freizeitanlagen, Gemeinschaftszentren; Jugendhäuser, Jugendclubs; Freizeitwerkstätten, Bibliotheken; Beratungsdienststellen für Planunug und Betrieb von Freizeiteinrichtungen; Jugendherbergen; Feriendörfer, Campingplätze, Siedlungen.

Damm, Diethelm:

DIE PRAXIS BEDÜRFNISORIENTIERTER JUGENDARBEIT
Projekte und Anregungen.
Reihe Deutsches Jugendinstitut - aktuell.

München: Juventa, 1980   227 Seiten

Darstellung praktischer Jugendarbeit (Erfahrungen, Methoden, Spiele, Projekte), die sensibel ist für die Probleme Jugendlicher. Beschreibung von acht auf Alltag und Lebenswelt der Jugendlichen bezogenen Projekten einer Jugendgruppe. Darstellung der angewandten Methoden. Kritische Auswertung der bei den Projekten gewonnenen Erfahrungen. Anregungen zur Praxis einer bedürfnisorientierten Jugendarbeit.

Alters-/Zielgruppe:
A: 3/
  4/
  5/
	Jugendliche (Haupt- und Realschüler, Lehrlinge) und Erwachsene, die Interesse an einer bedürfnisorientierten Jugendarbeit haben.

Lern-/Erziehungsziele:
L: 1.4
  2.1
  2.2
  2.4
  2.5
  5.1
  5.2
	Motivation, eigene und Gruppeninteressen genauer zu bestimmen und durchzusetzen. Motivation, neue Erfahrungen zu machen und eigene Formen politischen Engagements zu entwickeln.

Methoden:
M: 1
  2.2
  2.32
  3.2
  3.3
  4.1
  4.5
  4.6
  4.7
  4.8
	Prinzipien bedürfnisorientierter Jugendarbeit; aufgabenorientierte Spiele; Brainstorming; Collagen; Comics, Kurzgeschichten, Zeitung; Film und Video; Freizeit; Interviews; Politische Kundschaft; Thematisierung von Problemen; Projekte; Rollenspiel; Seminare politischer Bildung; Spiele zur Thematisierung von Bedürfnissen.

Institutionen: I: 4.3	Jugendgruppen in Verbänden und Vereinen.
Rahmenbedingungen: R: 3	Auseinandersetzung mit überkommenen Strukturen und Werten.

Daublebsky, Benita:

SPIELEN IN DER SCHULE
Vorschläge und Begründungen für ein Spielcurriculum. Mit Beiträgen von: Edelstein, Wolfgang; Krappmann, Lothar; Calliess, Elke; Keller, Monika; Hopf, Diether.

Stuttgart: Klett, 1973   302 Seiten

Aufgrund der Sozialisationsdefekte vieler Schüler und der Tatsache, daß Spielen bei Kindern lange Zeit die Basis für Lernen überhaupt bildet, plädieren die Autoren dafür, daß Spielen zu einem Bestandteil des Curriculums der Grundstufe und der ersten Jahre der Sekundarstufe wird. Die dargestellten 167 Spielangebote, die B. Daublebsky in ihrer Praxis in der Schule erprobt hat, werden kommentiert. Das Buch geht auf pragmatische Ziele ein und gibt dazu Hinweise für das Spielleiterverhalten und die Planung von Spielstunden. Im zweiten Teil des Buches wird die beschriebene Spielpraxis theoretisch reflektiert.

Edelstein, Wolfgang:	PRODUKTIVES LERNEN UND BEFREITES SPIEL (Seite 180 - 189).
Krappmann, Lothar:	SOZIALE KOMMUNIKATION UND KOOPERATION IM SPIEL UND IHRE AUSWIRKUNGEN AUF DAS LERNEN (Seite 190 - 226).
Calliess, Elke:	SPIELEN IN DER SCHULE - MOTIVATIONALE ASPEKTE (Seite 227 - 251).
Keller, Monika:	SPIEL UND KOGNITIVES LERNEN? EIN WIDERSPRUCH? (Seite 252 - 283).
Hopf, Diether:	ANALYSE UND AUSWERTUNG VON SPIELSTUNDEN (Seite 284 - 301).

<u>Alters-/Zielgruppe:</u>   Kinder im Vorschul- und Schulalter.
A: 1/
   2/

<u>Lern-/Erziehungsziele:</u>   Spielen in der Schule hat soziale,
L: 1   motivationale und kognitive Ziele:
   2.15   sich auf andere einstellen und in
   2.2   andere hineinversetzen; Kooperation;
   2.3   Fairneß; gegenseitiges Helfen; Kommunikationsfähigkeit;
   2.4   Abbau von Konkurrenzverhalten; Bereitschaft, Pro-
   2.5   bleme zu sehen und eine Veränderung
   3.1   anzustreben; Förderung von Aufmerksamkeit, Wahrnehmung und Beobachtungsfähigkeit; Einsicht in die Struktur von Regeln; Erfassen der Gruppensituation; Flexibilität; Spontaneität; Eigeninitiative; kreatives Denken; Ausdrucksfähigkeit; motorische Geschicklichkeit; Konzentration; Abbau von Ängsten und Hem-

Dau 73/2

mungen; Umgang mit Aggressionen.

Methoden:
M: 2.3
2.35
4.6

Spiele in der Gruppe im Rahmen eingeplanter Spielstunden; Rollenspiel; Kindertheater.

Institutionen:
I: 2.1
2.2
2.3

Vorschule, Schule (Grundschule und erste Jahre der Sekundarstufe I)

Rahmenbedingungen:
R: 2

Schulische Curricula.

Schlagwörter:

Curriculum, Spielleiterverhalten.

Denker, Rolf; Ballstaedt, Steffen-Peter:

AGGRESSION IM SPIEL
Mit Anleitungen zu Gruppen- und Gesellschaftsspielen.

Stuttgart: Kohlhammer, 1976   159 Seiten

Die Absicht der Autoren ist, mit einem spielorientierten Projekt vor allem die Aggression in Gruppen zum deutlicheren Vorschein zu bringen, um sie durch vermehrte Einsicht unschädlich und womöglich günstig strategisch nutzbar zu machen. Der erste -theoretische- Teil des Buches beinhaltet zwei Ansätze einer Spielkonzeption. 1. Die Betrachtung von Aggression in Gruppen und Spielgruppen von der Psychoanalyse aus. Es werden die Spieltheorien von Freud und Piaget diskutiert und die spielthemenzentrierte interaktionelle Gruppenmethode beschrieben. 2. Ein interaktionistischer Ansatz zur Beschreibung von Spielsituationen und der in ihnen ablaufenden Interaktionsprozesse in Anlehnung an die Sozialpsychologie Goffmans. Anhand bekannter Gesellschaftsspiele wie Schach, Halma, Kartenspielen, sportlichen Wettkämpfen usw. werden Spielsituationen definiert, Interaktionen im Spiel verdeutlicht (strategische und sozioemotionale Interaktion) und Aggressionen im Spiel dargestellt. Der zweite Teil des Buches enthält 20 Spielvorschläge, die eine Serie bilden. Die ersten Spiele dienen dem schrittweisen Kennenlernen, die weiteren sind gruppendynamisch komplexe Spiele. Zur systematischen Auswertung und wechselseitigem Feed-Back stellen die Autoren einen Auswertungsfragebogen vor.

Alters-/Zielgruppe: A: 0/	Kein bestimmtes Alter. Die Spiele wurden mit Studenten entwickelt und erprobt.
Lern-/Erziehungsziele: L: 1.3 2.2 2.3 2.4	Zielvorstellungen der dargestellten Spiele sind: Kooperation; näheres Kennenlernen in der Gruppe; Abbau von Spannungen in der Gruppe; Gruppenprozesse (Entscheidungsprozesse und Durchsetzungsstrategien) erkennen und wahrnehmen; Probleme und Konflikte erkennen; kreative Entfaltung.
Methoden: M: 2.33	Spielthemenzentrierte interaktionelle Gruppenmethode; Gruppenspiel: Kennenlernspiele und Gruppendynamisches Spiel (mit Nachbesprechung).
Institutionen: I: 2 4	Die Spiele sollen einsetzbar sein in Schule, Freizeit- und Spielgruppen.
Schlagwörter:	Kennenlernspiele.

Deutsche Gesellschaft für Freizeit (Hrsg.):

FREIZEIT WOZU?
Ringvorlesung der Universität Innsbruck.

Düsseldorf: Deutsche Gesellschaft für Freizeit, 1973
160 Seiten

In diesem Sammelband wird die einsemestrige Ringvorlesung der Universität Innsbruck über das Thema "Freizeit - wozu?" dargestellt. Das Problemfeld Freizeit wird aus ökonomischer, philosophischer, medizinischer, psychologischer, soziologischer Sicht erörtert.

Alters-/Zielgruppe: A: 5/1	Berufstätige Menschen.
Lern-/Erziehungsziele: L: 2.1 2.3 4.3 5.3	Das Leben selbst in die Hand nehmen und gestalten. Freie Kommunikation miteinander. Optimale Entwicklung menschlicher Motorik. Prozeß der menschlichen Begegnung, Öffnung zum Absoluten hin. Vom Menschen frei geschaffene Gesetzmäßigkeiten, an die der spielende, religiöse, kontemplative Mensch sich aus eigenem Willen bindet. Aus Selbstentfremdung befreien. Mitmenschliche Beziehungen anknüpfen. Entspannung. Erfüllung des Menschen durch den Glauben an den Sinn des Lebens und durch entsprechendes Handeln.
Methoden: M:	Aufklärung, Bildung, Erziehung.
Institutionen: I: 1	Die verschiedenen Lebensräume der Zielgruppen.
Rahmenbedingungen: R: 3 4	Freizeitbeschäftigungen, Freizeitverhalten, Sport als Freizeitfaktor, Zukunftsalternativen zum Freizeitproblem.

INHALTSVERZEICHNIS

Andreae, Clemens-August: DIE FINANZIERUNG DES FREIZEITANGEBOTS (S. 7 - 19)

Marlet, Michael Fr. J.: FREIZEIT IM LICHTE EINER PHILOSOPHIE DER ARBEIT (S. 21 - 28)

Clement, Werner: ÖKONOMISCHE ZUKUNFTSALTERNATIVEN ZUM FREIZEITPROBLEM (S. 29 - 46)

Fetz, Friedrich: SPORT ALS FREIZEITFAKTOR (S. 47 - 66)

Grünewald, Eduard: ZUR PSYCHOHYGIENE DER FREIZEIT (S. 67 - 87)

Hittmair, Anton: FREIZEIT AUS DER SICHT DES ARZTES
(S. 89 - 101)

Toman, Walter: FREIZEIT VERSUS ARBEIT IN PSYCHOLOGISCHER SICHT   (S. 103 - 114)

Morel, Julius: DIE EISERNEN GESETZE DER FREIEN ZEIT - SOZIOLOGISCHE ASPEKTE DER FREIZEIT   (S. 115 - 138)

Rotter, Hans: FREIZEIT UND SINNFRAGE   (S. 139 - 150)

Deu 75

Deutsche Gesellschaft für Freizeit (Hrsg.):

FREIZEITPOLITIK IN BUND, LÄNDERN UND GEMEINDEN
Dokumentation des deutschen Freizeit-Kongresses 1974 in
Garmisch-Partenkirchen.

Düsseldorf: Freizeit Verlags-Gesellschaft, 1975. 352 Seiten

Reden, Referate, Diskussionsergebnisse, Anregungen, Empfehlungen, Forderungen unter dem Leitthema Verantwortlichkeiten von Bund, Ländern und Gemeinden; ausführliches Sachregister zu: Raumordnung und Planung; Wohnungs- und Städtebau; Natur und Landschaft; Freizeitwissenschaften; Sport, Spiel, Erholung; Staat und Verwaltung; Freizeitpraxis; Kultur.

Alters-/Zielgruppe:
A: 0/11
   0/13
   0/21
   1/
   2/
   3/
   6/

Lern-/Erziehungsziele:
L: 1
   2
   3
   4
   5

Benutzer kommunaler, regionaler Freizeiteinrichtungen; Betroffene von Stadt- und Regionalplanung; Urlauber; vor allem eindeutig benachteiligte Gruppen wie Kinder, Jugendliche, berufstätige Hausfrauen, alte Menschen, Schichtarbeiter.

Humanisierung der Arbeitswelt; Kompensation bzw. Abbau von Benachteiligungen; Gleichberechtigung von rekreativer, konsumorientierter Freizeitverwendung und kompensatorischer, bildungsorientierter Freizeitverwendung; Verbesserung von Bildung, Wohnung, Wohnumgebung als Voraussetzung für sinnvolle Freizeitnutzung; Schaffung von Informationsmöglichkeiten und Motivation, daß Frei(zeit)räume nicht nur Konsumräume werden, sondern Möglichkeiten der Bildung und Emanzipation erfassen.
OPASCHOWSKI: Rekreation, Kompensation (Ablenkung, Zerstreuung), Edukation, Kontemplation, Kommunikation, Partizipation, Integration, Enkulturation (kulturelle Selbstentfaltung, Kreativität).
NAHRSTEDT: Produktion: Hauswirtschaft, Kindererziehung; Rekreation: Erholungstechniken; Kompensation: Sport, Konsum, Unterhaltung, Massenmedien; Emanzipation: Meditation, Information, Kommunikation, Bildung, künstlerische Kreativität,

soziale und politische Beteiligung.
AXT: Ohne Zwang soziales Verhalten lernen; sich beruflich und persönlich weiterbilden; Demokratische Mitverantwortung übernehmen; besseres gegenseitiges Verstehen der einzelnen Altersgruppen; genießen lernen; nichts tun, sich ausruhen, faulenzen.

Methoden:
M: 5

Bildung, Beratung, sozialpolitische Maßnahmen, ressortübergreifende Verwaltung auf Bundes-, Landes- und kommunaler Ebene.

Institutionen:
I: 2
   4

Staatliche und freie Träger von Freizeiteinrichtungen, Schulen aller Art.

Rahmenbedingungen:
R: 1
   2

Kommunale Kooperation aus Finanzgründen; Einsatz von Bundes- und Landesmitteln; Versicherungsschutz für Benutzer von Freizeiteinrichtungen.

Diel, Alex (Hrsg.):

KRITISCHE MEDIENPRAXIS.
Ziele, Methoden, Mittel.

Köln: M. DuMont Schauberg, 1974   300 Seiten

Untersuchungen über den pädagogischen Einsatz moderner Medien in den Bereichen Schule, Berufsausbildung, Jugendfreizeitgestaltung und politische Erwachsenenbildung. Sechs Thesen, die die Ziele der dargestellten Medienkritik und der praktizierten Medienarbeit bestimmen:"1. Mittels der Massenmedien wird Macht ausgeübt. Die Macht haben diejenigen, die über das Bewußtsein der Massen verfügen. 2. Bewußtseinsänderungen sind durch Sensibilität und kritische Vernunft möglich. 3. Zur Darstellung der eigenen Interessen und zur Entwicklung eines veränderten Bewußtseins braucht man die Verfügungsgewalt über Produktionsmittel. 4. Kritische Theorie und engagierte Praxis sind Voraussetzungen zur Emanzipation. 5. Emanzipatorisches Lernen findet dadurch statt, daß gesellschaftliche Widersprüche erkannt und durch autonomes und politisches Handeln aufgelöst werden. 6. Die eigene Theorie und Praxis ist ein Beitrag zu einer neuen kritischen Mediendidaktik." (S. 10)

Alters-/Zielgruppe: Kinder, Jugendliche, Erwachsene.
A: 2/
   3/
   4/
   5/

Lern-/Erziehungsziele: Emanzipatorisches Lernen durch eine
L: 1   veränderte unterrichtliche und frei-
   2.3   zeitliche Medienpraxis. Rollenver-
   2.5   änderung vom machtlos Rezipierenden
   5.1   zum wirkungsvoll Produzierenden.
                          Erarbeitung emanzipativer Formen des
                          Mediengebrauchs wie kollektive Pro-
                          duktion, Kontrolle durch Selbstorga-
                          nisation, Artikulation von Interes-
                          sen und Bedürfnissen, politische
                          Lernprozesse.

Methoden: Medienkritik und Medienpraxis un-
M: 2.33   ter Zuhilfenahme von Film, Video,
   3.2   Anzeigenwerbung in Illustrierten,
   3.3   Planspiel.
   5.6

Institutionen: Schule, Freizeitheim, Erwachsenen-
I: 2   bildung.
   4.21
   4.7

Rahmenbedingungen: Massenmedien als Herrschaftsmittel.
R: 4

Diem, Liselott; Winkler, Joachim; Bollermann, Gerd; Müller, Siegfried; Schöttler, Bärbel; Schöttler, Karl-Otto:

BERUFSBILD, BERUFSPRAXIS UND BERUFSAUSBILDUNG VON "FREI-ZEITBERUFEN"
Eine Untersuchung vorhandener beruflicher Tätigkeiten im Freizeitbereich und ihre Aus- und Fortbildungswege. Schriftenreihe des Bundesministers für Jugend, Familie und Gesundheit, Band 109

Stuttgart: Kohlhammer, 1976   356 Seiten

Im Rahmen eines Forschungsauftrages sollen erste praktische und wissenschaftliche Ansätze im derzeitigen Freizeitbereich in den Gebieten der Ausbildung, Fortbildung und des Studiums kritisch analysiert und in Beratung mit Wissenschaftlern und Praktikern bis zu einer alternativen Empfehlung konkretisiert werden. Freizeit wird in dieser Untersuchung als das verstanden, was die Individuen in ihrer Freizeit auch wirklich tun oder zu tun wünschen. Der Freizeitberuf wird von einem nur direkt betreuenden und beratenden Beruf auf die administrative, organisatorische, planerische, Management- und wissenschaftliche Ebene erweitert. Praxisfelder für Freizeitberufe - wie Spielplätze und Jugendheime - unterschiedlichsten Typs sind weiterhin Gegenstand der Analyse. Daran schließt sich die nähere Untersuchung der Ausbildungen und Studiengänge vorhandener "Freizeitberufe" an. Das Beispiel der USA bringt eine neue Perspektive in die vorliegende Studie, da dort bereits ein Entwicklungsstand dieses Bereiches erreicht war, der in den letzten Jahrzehnten zu einer spezifischen Ausbildung von Freizeitberufen geführt hat, was in einem solchen Ausmaß in der Bundesrepublik Deutschland nicht der Fall ist.

Alters-/Zielgruppe: Personen, die von Freizeitleitern,
A: 0   Freizeitlehrern, Freizeitreferenten,
                     Freizeitplanern, Freizeitwissenschaftlern betreut werden.

Lernzielbereiche: Entwicklung von Selbstbewußtsein, Kri-
L: 1   tikfähigkeit und Bewußtseinsbildung,
   1.3   Förderung von Kreativität und Phanta-
   1.4   sie. Solidarität. Kooperationsfähig-
   2.12   keit. Rekreation. Kompensation. Eman-
   2.4   zipatorisches Lernen. Lernen demokra-
   2.42   tischer Verhaltensweisen. Lernen sinn-
   4.2   voller Freizeitbeschäftigung.
   5.1
   5.2

Methoden: Aus-, Fort- und Weiterbildung
M: 5.5

Institutionen: Stätten der Aus-, Fort- und Weiterbil-
I: 2   dung, Spielplätze, Jugendzentren, Ak-
   4   tionsfelder, auf denen Freizeitaktivi-
   4.1   täten vor sich gehen, die geplant, ver-
   4.21   waltet, beaufsichtigt und gepflegt wer-
   4.7   den müssen.

Rahmenbedingungen: Freizeitforschung
R: 6

Dillenburger, Helmut:

MEHR RAUM FÜR WILDE SPIELE

Stuttgart: Spectrum, 1975   219 Seiten

Ausgehend von der Annahme, daß Spielplätze so notwendig sind wie Kindergärten und Schulen und Kinder zu eigenem Tun anregen, gibt der Autor Anregungen und Hilfen für Eltern, Erzieher und sonstige Initiatoren zur Planung, Initiierung, Organisation und Gestaltung von Aktivspielplätzen; er gibt Informationen zur Vereinsgründung, praktische Anregungen für die Spielplatzgestaltung und den Betrieb, die Betreuung sowie für die Bewältigung von Umweltproblemen und Schwierigkeiten auf dem Platz, er gibt weiter Argumentations- und Formulierungshilfen gegenüber Behörden.

Alters-/Zielgruppe: Kinder (ca. 3 - 15 Jahre).
A: 1/
   2/
   3/

Lern-/Erziehungsziele: Kinder brauchen Freiraum und Anregungen zum Erfahren und Entfalten der eigenen Kräfte, zur Auseinandersetzung mit den anderen. Dabei lernen sie: Geschicklichkeit, Auffassungsgabe, Problembewußtsein, geistige Beweglichkeit, Rücksichtnahme, Durchsetzungsvermögen, Selbsterkenntnis, Einfügen in die Gemeinschaft, Achtung vor den Interessen anderer.
L: 1.3
   2.12
   2.13
   2.2
   2.3
   2.4

Methoden: Spielplatzgestaltung. Aktives Spiel (Möglichkeit zu freiem Spiel schaffen). Kinderversammlung, Selbstverwaltung des Spielplatzes (Eltern, Erzieher, Kinder).
M: 2.2
   2.3
   4
   5.2

Institutionen: Aktivspielplätze: Bolz-, Bau-, Robinson-, Abenteuerspielplätze; Jugendfarm; Fördervereine.
I: 4.1
   4.11

Rahmenbedingungen: Behörden.
R: 1
   2

Ebert, Helme; Paris, Volkhard:

WARUM IST BEI SCHULZES KRACH?
Kindertheater Märkisches Viertel, Rollenspiel, Politisches
Lernen, Teil 1 + 2.

Berlin: Basis Verlag, 1976
     (Basis Unterricht 6 und 7)   343 Seiten

Mit der Beschreibung ihrer siebenjährigen Arbeit im Märkischen Viertel in Berlin wollen die Verfasser zeigen, wie politisches Lernen bei Arbeiterkindern geschehen kann. Die Entwicklung des Kindertheaters, dessen Grundlagen die Lebensbedingungen der Kinder und Jugendlichen, der Kontakt der Verfasser zu den Eltern und die politischen Aktivitäten im Stadtteil bildeten, verlief in drei Phasen, wobei aus Mißerfolgen und auch aus positiven Erfahrungen jeweils neue Ansätze entwickelt wurden. Nach dem Endkonzept mußten die Lebens- und Lernbedingungen der Kinder in Familie, Schule und Umwelt Ausgangspunkt der inhaltlichen Arbeit sein; das Lernen sollte für die Kinder zu ihrer eigenen Sache werden. Eine entsprechende Anleitung sollte die Kinder befähigen, selbständig nach den Ursachen erfahrener gesellschaftlicher Widersprüche zu forschen, gemeinsam mit der Gruppe Schlußfolgerungen anzustellen, um gemeinsam in der Realität aktiv zu werden. Die Verfasser geben mit ihrer Praxis-Beschreibung Anregungen zum Umgang mit Rollenspiel und Theaterarbeit.

Alters-/Zielgruppe: A: 2/ 3/	Arbeiterkinder, das Alter ist nicht genau abgegrenzt. Die Verfasser erwähnen Kinder von ca 6 - 15 Jahren.

Lern-/Erziehungsziele:
L: 1.4
    2.12
    2.42
	Ziel politischen Lernens bei Arbeiterkindern ist ihr Selbstbewußtsein als Arbeiterkinder sowie die Stärkung von Widerstandskraft und Kollektivbewußtsein (zur Veränderung der gesellschaftlichen Bedingungen). Nahziele dazu sind: Begreifen der eigenen Lebensbedingungen, Widerstandsfähigkeit gegenüber alltäglichen Einschränkungen und Formen der Unterdrückung, Handeln in der Wiklichkeit.

Methoden:
M: 2.31
    2.33
    4.6
	Kindertheater und Rollenspiel in festen Gruppen.

Institutionen: I: 4.21	Die Kindertheaterarbeit fand überwiegend in einem Freizeitheim im Märkischen Viertel statt (als behördliche Kinderarbeit)

Rahmenbedingungen:
R: 3
   5

Schlagwörter:

Lebenssituation der Arbeiterkinder im Märkischen Viertel (Belastung der Eltern, enge Wohnverhältnisse usw.).

Arbeiterkinder.

Els 73

Elschenbroich, Donata:

SPIEL UND SPIELZEUG.

In: H. M. Enzensberger & K. M. Michel (Hrsg.):
KURSBUCH 34

Berlin: Kursbuch, 1973   25 Seiten

Der Beitrag geht von der Fragestellung aus, welche Bedeutung die vom Kind vorgefundenen Spielgegenstände für seine psychische Entwicklung haben oder -anders ausgedrückt- welche Affektbindungen im Umgang mit Spielgegenständen gelernt werden. Dazu wird zuerst eine Gegenüberstellung von kommerziellem Spielzeug und didaktischen Spielmaterialien vorgenommen, auf die Produktionsbedingungen und den Vertrieb von Spielwaren eingegangen und die unterschiedliche Bewertung von Spielzeug von der Kinder- und der Erwachsenenperspektive aus angesprochen. Die Autorin stellt die geschichtliche Bewertung des Spielzeugs dar. Sie verdeutlicht, daß die akademische Psychologie und Erziehungswissenschaft das Problem der Spielgegenstände bisher weitgehend ignoriert haben. Im weiteren stellt sie Aspekte einer allgemeinen Theorie des Spiels vor, ebenso den Spielbegriff, der der psychoanalytischen Spieltherapie zugrunde liegt, sowie die sowjetische Theorie des Spiels.

Alters-/Zielgruppe: Kleinkinder/Vorschulkinder.
A: 1

Lern-/Erziehungsziele: Kommunikation zwischen Kind und Er-
L: 2.13   wachsenen über Gegenstände. Lösung
   2.16   von Fixierungen und Angstreduktion
   2.3   durch Spieltherapie. Förderung von
   2.32   Spielfähigkeit.
   2.44
   2.5

Methode: Spieltherapie. Vergleichbarer Er-
M: 2.3   fahrungshintergrund von Therapeut
                            und Kind in der Spieltherapie.

Institutionen: Privaträume, Therapie.
I: 1.1

Rahmenbedingungen: Klassenspezifische Unterstützung der
R: 4   Erwachsenen für die Kinder.
   5

Schlagwörter: Spielzeug, Spieltherapie.

Esser, Josef:

WERKEN UND WERKSTATTARBEIT IN SCHULEN FÜR BEHINDERTE.

Ravensburg: Maier, 1977   160 Seiten

Praktische Anregungen zur Arbeit mit Geistig- und anderen Behinderten, orientiert an Richtlinien und Bildungsplänen verschiedener Bundesländer.

Alters-/Zielgruppe:
A: 3/3
   4/3

Geistig- und mehrfachbehinderte Jugendliche und Heranwachsende.

Lern-/Erziehungsziele:
L: 1
   1.1
   2.12
   2.15
   2.32
   2.4
   4
   5

Materialerfahrung, Material- und Werkzeugkunde, Planungsfähigkeit, Hinführung zur Kreativität und zum Erfassen der Umwelt (Persönlichkeitsentwicklung, Lebensbewältigung), Vorbereitung von Behinderten auf die Arbeitswelt, Sozialbeziehungen zwischen den Geschlechtern, Schulung der Arbeitshaltung (Ausdauer, Geschicklichkeit, Ordnungssinn), (Arbeits-) Therapie, Integration von Behinderten in die Gesellschaft.

Methoden:
M: 1.2
   2.2
   3.1
   4.1

Werken, aktionsbegleitendes Sprechen.

Institutionen:
I: 2.8

Werkstufen und Werkstätten von Schulen und Tagesbildungsstätten für Behinderte.

Rahmenbedingungen:
R: 1
   2
   5

Austattungs- und Materialkosten, Richtlinien und Bildungspläne; der industriellen Arbeitswelt vergleichbare Lernsituationen.

Fleischhauer, K. (Projektleiter):

FREIZEITMÖGLICHKEITEN DER BEVÖLKERUNG IM LÄNDLICHEN RAUM.
Schriftenreihe des Bundesministers für Jugend, Familie und
Gesundheit, Band 113.

Stuttgart: Kohlhammer, 1978   183 Seiten

Das Buch enthält die Darstellung und die Ergebnisse einer
bundesweit repräsentativen Untersuchung zur Freizeitsituation im ländlichen Raum der Bundesrepublik Deutschland,
die sich auf die Einstellung zur Freizeit, das Ausmaß an
freier Zeit, Freizeitangebote, die Nutzung von vorhandenen
Freizeitangeboten sowie Verbesserungswünsche und -vorschläge bezieht. Kapitel 4 (S. 114-130) beinhaltet die psychologische Betrachtung der Freizeitsituation. Zum Schluß werden
Vorschläge zu einer Verbesserung der Freizeitsituation der
ländlichen Bevölkerung dargestellt.

<u>Alters-/Zielgruppe:</u> A: 0/	Gesamte ländliche Bevölkerung von Kindern bis zu alten Menschen.
<u>Lern-/Erziehungsziele:</u> L: 2.1 2.4 4.2	Von der Bevölkerung wurden als Ziele von freier Zeit angegeben: Ausruhen, Aussparmen; Erleben bzw. Förderung von Geselligkeit und Vergnügen. Geforderte Ziele: verbesserte Freizeitmöglichkeiten, Emanzipation der ländlichen Bevölkerung zu mehr Mitbestimmung, mehr Freiheit.
<u>Methoden:</u> M: 1.1 3.1 3.2 4.4	An Sportveranstaltungen teilnehmen und zusehen. Feste von Vereinen, Kirche, Familie, Tanzveranstaltung (bes. Jugendliche), Fernsehen.
<u>Institutionen:</u> I: 1.1 4.3 4.52	Familie, Vereine, Kirche, Gaststätten (Kirche wurde seltener, von Frauen, zu informellen Treffs erwähnt).
<u>Rahmenbedingungen:</u> R: 3 5 6	Dörfliche Situation (der gute Ruf ist wichtig, den geltenden Normen und Werten kann man sich kaum entziehen); weniger freie Zeit vorhanden als in Städten.
<u>Schlagwörter:</u>	Landbevölkerung.

Flitner, Andreas:
SPIELEN - LERNEN.
Praxis und Deutung des Kinderspiels.

München: Piper, 1972   137 Seiten

Das Buch berichtet über Forschungen und Theorien, die sich
mit der Deutung des Spiels befassen. Verschiedene Spieltheorien vor dem Aufkommen der neuen Psychologie im 19. Jahrhundert werden kurz angedeutet, ebenso der Einfluß dieser
neuen Psychologie auf die weitere Entwicklung der Theorien.
Um die Vielfalt wissenschaftlicher und methodischer Ansätze
zu gruppieren, werden vier Hauptrichtungen hervorgehoben:
1. die phänomenologisch orientierte Betrachtungsweise, 2.
der Ansatz der Entwicklungspsychologie und der Lernforschung, insbesondere die Theorie der kognitiven Entwicklung,
3. die psychoanalytische Spieltheorie und 4. die Sozialpsychologie und Gruppenforschung, die die Sozialformen des
Spiels untersucht. Die Darstellung dieser Spieltheorien
soll einen Überblick über das Phänomen "Spiel" ermöglichen.
Während die Forschungen aber meistens von <u>einem</u> Ansatz oder
theoretischen System ausgehend den Zugang <u>zur</u> gesamten
Spielproblematik suchen, versucht der Autor aus der skizzierten mehrdimensionalen Spieltheorie Überlegungen über
den Nutzen und die praktische Förderung des Kinderspiels
(am Beispiel von Rollenspiel und Kindertheater) abzuleiten.

<u>Alters-/Zielgruppe:</u>   In erster Linie Kinder.
A: 1/
   2/

<u>Lern-/Erziehungsziele:</u> Spielen als eine eigenständige, natürliche Tendenz zur Betätigung.
L: 1
   2
   3
   4

<u>Methode:</u>   Rollenspiel, Kindertheater, freies
M: 2.3   Spielen, Spieltherapie.
   2.32
   2.35
   3.12
   4

<u>Rahmenbedingungen:</u>   Bisher ist die wichtige Rolle von
R: 6   Spielen noch zu wenig bewußt.
   7

<u>Schlagwörter:</u>   Phänomenologie des Spiels, Spielmilieu, Spieltherapie.

Fli 73

Flitner, Andreas (Hrsg.):

DAS KINDERSPIEL. Texte.

München: Piper, 1973, 1978[4]　　　　　318 Seiten

Zusammenstellung von Äußerungen aus verschiedenen Wissenschaften und Praxisrichtungen zur Deutung und Erforschung des Kinderspiels. Belebung des Spiels als einen Interessenschwerpunkt der Erzieher und als einen Gegenstand der Ausbildung. Eröffnung von Perspektiven und Möglichkeiten der Erfahrung bezogen auf Spiel.

Alters-/Zielgruppe:　　Kinder von 3 - 10 Jahren.
A: 1/
　　2/

Lern-/Erziehungsziele:　Emanzipation; Umwelterfahrung; Kreativität; Probehandeln; Rollenverhalten und Rollenveränderung; Angstabbau; Konfliktbewältigung; Förderung von psychomotorischen und sozialen Fähigkeiten; Intensivierung der Wahrnehmungsbereitschaft und -fähigkeit; Sensibilisierung der Aufnahmefähigkeit; Erweiterung der Interaktionsmöglichkeiten.
L: 1
　2
　3.3

Methoden:　　　　　　Spieltherapie, Spiele: Freispiel,
M: 1.1　　　　　　　Rollenspiel, Regelspiel u.a.
　　2.3

Institutionen:　　　　Familie, Kindergarten, Grundschule,
I: 1.1　　　　　　　Therapie.
　　1.3
　　2.2
　　5.2
　　5.3

Rahmenbedingungen:　Zusammenhänge zwischen gesellschaftlichen Strukturen sowie kulturellen Zuständen einerseits und möglichen sowie praktizierten Spielen andererseits.
R: 3

Schlagwörter:　　　　Regelspiele, Freispiele, Spieltherapie

Flitner, A.; Kamper, D.; Orff, G.; Portmann, A.; Thomas, C.; Vonessen, F.; Van der Waerden, B.L.:

DER MENSCH UND DAS SPIEL IN DER VERPLANTEN WELT. Herausgegeben von der Bayrischen Akademie der Schönen Künste. München: Deutscher Taschenbuchverlag, 1976   148 Seiten

---

Die Bedeutung des Spielens für die Entwicklung und Entfaltung der menschlichen Persönlichkeit wird schon lange betont. Der spielende Mensch, der Homo ludens, wird als der eigentlich Schöpferische, Kulturschaffende hervorgehoben, der ein Bollwerk errichtet gegen Öde, Stumpfheit und Mechanisierung einer total verplanten und organisierten Umwelt. In diesem Buch wird die Bedeutung des Spiels aus der Sicht verschiedener Wissenschaften dargestellt.

Vonessen, Franz: VOM ERNST DES SPIELS   (S. 9 - 47)
    Philosophische Betrachtung von Spiel und Ernst.

Van der Waerden, B.L.: DIE THEORIE DER GESELLSCHAFTSSPIELE.
                                                (S. 48 - 57)
    Die Begriffe "Zufall" und "Wahrscheinlichkeit" werden mathematisch untersucht.

Portmann, Adolf: DAS SPIEL ALS GESTALTETE ZEIT (S. 58 - 72)
    Ausgehend von Tierbetrachtungen sieht der Autor als Biologe das Spiel als freien Umgang mit der Zeit, als lustvolle, von Erhaltungssorge freie, aber sinnerfüllte Zeit.

Flitner, Andreas: DAS KINDERSPIEL - SEINE FÖRDERUNG UND SEIN MISSBRAUCH DURCH DIE PÄDAGOGIK.   (S. 73 - 92)
    Die pädagogische Bedeutung des Kinderspiels wird aufgezeigt und der Sinn der Spielpädagogik in unserer Zeit dargestellt.

Thomas, Claus: WIRKEN UND HEILEN DURCH MUSIK. (S. 93 - 109)
    Der Autor (Arzt und Musiktherapeut) beschreibt die geschichtliche Verbindung von Musik und Heilkunde. Es werden Wirkungen musikalischen Spiels im Rahmen einer Therapie aufgezeigt.

Orff, Gertrud: SPIELGESCHEHEN ALS HEILFAKTOR - MUSIKTHERAPEUTISCHE ERFAHRUNGEN.   (S. 110 - 129)
    Die Autorin berichtet aus ihrer musiktherapeutischen Praxis vom Einsatz des Spiels in der Musiktherapie bei Kranken und behinderten Kindern.

Kamper, Dietmar: SPIEL ALS METAPHER DES LEBENS. (S. 130 - 145)
    Philosophische Ausführungen zu der These, daß die menschliche Wirklichkeit im Spiel verwurzelt ist und daß die Menschen sich für ihren Fortbestand diesen Ursprung immer wieder spielend vergegenwärtigen müssen.

<u>Alters-/Zielgruppe:</u>   Es geht allgemein um den Menschen.
A: O/

<u>Schlagwörter:</u>   Musiktherapie, Spielfähigkeit.

Frenzel, Udo; Fischer, Dieter:

PERSONALBESTAND UND BEDARF AN "FREIZEITBERUFEN".
Schriftenreihe des Bundesministers für Familie, Jugend und
Gesundheit, Band 110.

Stuttgart: Kohlhammer, 1976   129 Seiten

Die Aufgabenstellung dieser Analyse umfaßt: Welche Berufe
und Berufsgruppen können in die Kategorie "Freizeitberufe"
eingeordnet werden? -Wieviel Personen arbeiten heute in einem "Freizeitberuf" und wieviel werden künftig darin arbeiten? -Welche freizeitrelevanten Einsatzbereiche stehen heute und künftig für diese Berufe im Vordergrund? Der Begriff
"Freizeitberufe" wird geklärt, vorhandenes sekundärstatistisches sowie zugängliches empirisches Material analysiert.
Schriftliche Befragungen von Institutionen und Unternehmen,
die in Freizeitberufen ausbilden, bzw. derart Ausgebildete
beschäftigen, werden angeführt, 25 Fachgespräche in Form
von Fallstudien in ausgewählten Institutionen, die Personen
in Freizeitberufen ausbilden bzw. beschäftigen, durchgeführt. Die Auswertung der schriftlichen Befragung erfolgt
mit dem Ziel der Vorausschätzung des zukünftigen Personalbedarfs in Freizeitberufen unter Berücksichtigung der Gesamtentwicklung auf dem Arbeitsmarkt.

Alters-/Zielgruppe: Kinder, Jugendliche, Erwachsene, Alte.
A: 2/
   3/
   5/
   6/

Lern-/Erziehungsziele: Kreative Eigentätigkeit und kommunikatives Handeln, soziales Engagement und gesellschaftliche Partizipation, Freiheit, Solidarität und Verantwortung. Erziehung und Weiterbildung von Kindern und Jugendlichen zu großer "Freizeitmündigkeit" und "Freizeittüchtigkeit".
L: 1.3
   2.2
   2.3
   2.4
   2.42
   5.1

Methoden: Sport, Spiel, Bewegung, Weiterbildung, Fortbildung; handwerkliche und technische Aktivitäten; kreatives Gestalten in Bild und Form, musikalische Aktivitäten.
M: 1.1
   2.3
   4.1
   4.3
   5.1

Institutionen: Spielplätze, Kinderheime, Kinderhorte, Jugendfreizeitstätten, Jugendclubs, kommunale Familienpflege, Jugendämter, kirchliche Jugendpflege, Freizeitbetreuung, Altenheime, Altenclubs, öffentliche Freizeit-
I: 1.2
   1.23
   3.12
   4

	einrichtungen für Behinderte, Freizeitzentren, Freizeitparks, Ferienfreizeit, Sportstätten, VHS, Gemeinschafts-, Bürgerhäuser, betriebliche Freizeiteinrichtungen, Gästebetreuung, Reisebegleitung.
<u>Schlagwörter:</u>	Freizeitberufe.

Freudenreich, Dorothea; Gräßer, Herbert; Köberling, Johannes:

ROLLENSPIEL: ROLLENSPIELLERNEN FÜR KINDER UND ERZIEHER; mit vielen Spielvorlagen für Kindergärten, Vorklassen und erste Schuljahre.

Hannover: Schroedel, 1976 (Schroedel-Vorschule) 216 Seiten

Die Autoren sehen das Rollenspiel als eigenständiges Lernmedium innerhalb der pädagogischen Praxis an, das zur Erreichung von Lernzielen insbesondere im Bereich der emotionalen und sozialen Erziehung nutzbar gemacht werden kann. Mit ihrem Buch wollen sie konkrete Grundlagen vermitteln, nach denen Erzieher die Kinder in das Rollenspiel einführen und es selbst erlernen können. Nach einer theoretischen Grundlegung des Rollenspiels (Abgrenzung von anderen darstellenden Spielformen, Formen des Rollenspiels, Lernzielen) stellen sie einen Rollenspielkurs für Erzieher vor (konkrete Anregungen zur Spielpraxis, Handhabung, Techniken, Verarbeitungsmethoden). Sie zeigen Bedingungen und Möglichkeiten des Rollenspiels mit Kindern auf und geben Hinweise, wie Kinder mit bekannten Kinderspielen an das Rollenspiel herangeführt werden können (durch Bewegungs-, Nachahm-, Sprach-, Vorstellungsspiele, Pantomime usw.). Schließlich werden Beispiele für Rollenspiel und Rollenspielansätze im Hinblick auf Lernziele beschrieben.

Alters-/Zielgruppe:
A: 1/
   2/
   5/6

Kinder von ca. 4 - 7 Jahren, Erzieher/innen, Lehrer.

Lern-/Erziehungsziele:
L: 2.12
   2.2
   2.3
   2.4

Mit dem Rollenspiel sollen insbesondere Lernziele im emotionalen und sozialen Bereich erreicht werden: Sozialkompetenz, Selbstbewußtsein, Interaktion und Kommunikation, Rollenlernen, Einsicht in Gruppenprozesse, Kooperation, Konfliktbewältigung, Kreativität, Erweiterung der sprachlichen Kompetenz.

Methoden:
M: 2.33
   5.1

Gelenktes Rollenspiel, Erzieherarbeit.

Institutionen:
I: 1.3
   2.1
   2.2
   4.7

Kindergarten, Vorschule, Grundschule; Erzieher- bzw. Lehrerfort- und -weiterbildung.

Fries, Artur de; Häußler, Hans:

SOZIALES TRAINING DURCH ROLLENSPIEL
Veränderung eines Zustandes am Beispiel einer Hauptschulklasse in Berlin-Kreuzberg.

Frankfurt/M.: Europäische Verlagsanstalt, 1976   126 Seiten

An einer Berliner Schule wurde im Deutschunterricht das Projekt "Veränderung eines Zustandes" durchgeführt. Im ersten Teil der Arbeit wird auf die sozialen, sozialpsychologischen und didaktischen Bedingungen, die dem Projekt zugrunde liegen, eingegangen, wohingegen der zweite Teil der Arbeit die Vorbereitung, Durchführung und Analyse des Projektes umfaßt. Gezielt wird in der Untersuchung danach gefragt: Was muß die Hauptschule leisten, damit die Kinder der schweigenden Mehrheit zum Sprechen und damit zur aktiven und bewußten Teilnahme am gesellschaftlichen Leben befähigt werden?

Alters-/Zielgruppe:
A: 3/21

Hauptschüler der Klasse 9.

Lern-/Erziehungsziele:
L: 1.1
1.2
1.3
1.4
2.12
2.3
2.31

Erfahrungen sammeln; Verhaltensstrategien entwerfen und erproben. Ständige Reflexion der eigenen Wirklichkeit und Ansätze zur Veränderung der eigenen Situation im Spiel schaffen. Sprache in ihrer pragmatischen Form, d.h. als Kommunikationsmittel begreifen. Förderung der Verbalisierungsfähigkeit, damit vermieden wird, daß Schweigen in Aggressivität und Gewalt übergeht. Stärkung von Selbstvertrauen. Entwicklung von Strategien zur unmittelbaren sozialen Konfliktlösung.

Methoden:
M: 2.33

Rollenspiel, Gruppenprozesse.

Institutionen:
I: 2.3

Hauptschule.

Rahmenbedingungen:
R: 2

Unterstützung durch den Berliner Rahmenplan für Deutsch an den Hauptschulen der 9. Klasse.

Fritz, Jürgen:

METHODEN DES SOZIALEN LERNENS

München: Juventa, 1977   288 Seiten

Vermittlung zwischen offenem, unmittelbarem pädagogischem Handeln und planerischer, methodenorientierter Praxis.

Alters-/Zielgruppe: A: 3/	Jugendliche ab 10 Jahren in Schulklassen und außerschulischen Gruppen

Lern-/Erziehungsziele:
L: 1.1
   1.4
   2
	Soziales Lernen über bestimmte Inhalte in Verbindung mit sachlich orientierter Arbeit (Gruppen-, Projektarbeit). Soziales Lernen über interaktionspädagogische, soziale Lernprozesse (Einzelziele: Kennenlernen, Sensibilisierung für Grundformen der Interaktion, Wahrnehmung, Ausdruck und Gestaltung, Feedback, Rollen erkennen und in ihnen handeln, Herstellung von Identität, Kooperation).

Methoden:
M: 1
   2.2
   2.3
	Spiele zum Kennenlernen, Interaktions- und Kommunikationstraining, Rollenspiel, Soziodrama, Planspiel, Aktionsspiel, gruppendynamische Selbsterfahrung.

Institutionen: I: 2 4.7	Schule, Seminare
Schlagwörter:	Aktionsspiele, Kennenlernspiele

Frommberger, Herbert; Freyhoff, Ulrich; Spies, Werner (Hrsg):

LERNENDES SPIELEN - SPIELENDES LERNEN
Auswahlreihe B, Band 86

Hannover: Schroedel, 1976

Sammlung grundlegender Beiträge mit konträren Theorie-Ansätzen zur Spielpädagogik. Aufsätze mit Praxisbezug und Abhandlungen zum Sonderproblem Spiel mit und für behinderte Kinder.

Alters-/Zielgruppen: Kinder im Vorschul- und Schulalter,
A: 1/   Jugendliche, lernbehinderte und ver-
   2/   haltensgestörte Kinder.
   3/
   2/41
   2/42

Lern-/Erziehungsziele: Soziales Lernen, soziale Integrati-
L: 2   on, aktives, kreatives Lernen, Ent-
                         wicklung sprachlicher Kommunikati-
                         on, Befreiung von Stress und Ag-
                         gression. Umweltbewältigung im tech-
                         nischen Bereich. Förderung des akti-
                         ven Freizeitverhaltens.

Methoden: Rollenspiel, Interaktionsspiel, Si-
M: 2.3   mulationsspiel, Spieltherapie, Grup-
   2.35   penarbeit. Foto, Film, Video, Werk-
   3.3   materialien, Musik, technisches
   4.1   Spielzeug, Lernspielmaterialien.
   4.3

Institutionen: Vorschule, Schule, Sonderschule,
I: 1.1   Träger kultureller Einrichtungen,
   2.1   Einrichtungen zur Weiterbildung,
   2.2   Jugendzentren, Kindertherapiestät-
   2.3   ten, Familie.
   2.8
   4.21
   4.7
   5.3

Rahmenbedingungen: Entwicklung der Schule zur "ent-
R: 3   persönlichten Qualifikationsmaschi-
                         nerie".

Frö 74

Fröhlich, Pea; Heilmeyer, Jens:

ZUR ZIELGRUPPENARBEIT MIT KINDERN
Modell Kinderspielclub. Materialien zur Praxis neuer Spielmethoden.

Köln: Dumont-Schauberg, 1974   288 Seiten

Der Kinderspielclub ist eine langfristige Arbeitsform der Autoren mit der Zielgruppe sozial benachteiligter Kinder. Mit Hilfe von theatralischem Material wollen sie die spezifische Problematik der Gruppe mit der Gruppe gemeinsam erarbeiten. Nach Darstellung der theoretischen Grundlagen berichten sie anhand von Beispielen vom Verlauf ihrer Spielclubarbeit: Von den Erfahrungen und auch von der Selbsterfahrung der ersten Phase, der systematischen Arbeit (Lehrprogramme zu bestimmten Themen) der zweiten Phase und der Konfrontation mit der Außenwelt (Erfahrungstransfer) in der dritten Phase. Sie bieten damit anschaulich Materialien zur Organisation von Zielgruppenarbeit mit Kindern an.

Alters-/Zielgruppe:
A: 2/5

Die Autoren haben im Spielclub mit 8-10jährigen Kindern aus sozial benachteiligten Schichten gearbeitet.

Lern-/Erziehungsziele:
L: 1.4
2.12
2.14
2.2
2.4
2.5
3.4

Ziel der Autoren bei ihrer Arbeit war die Einleitung eines Erkenntnisprozesses über gesellschaftliche Zusammenhänge und die Kompensation von Sozialdefiziten bei unterprivilegierten Kindern. Lernziele dabei waren: Selbstbewußtsein, Solidarität, Kooperation, Abbau von Konkurrenzverhalten, Verantwortung in und für die Gruppe übernehmen, Erkennen von Möglichkeiten zur Veränderung, Bewußtsein über eigene soziale Lage, Erkennen von Konflikten und von autoritären Herrschaftsstrukturen, Artikulationsfähigkeit, Kreativität.

Methoden:
M: 2.2
2.33
4.5
4.6
4.8
5.1

Arbeitsmethode der Autoren zu Beginn war Feldforschung zum Kennenlernen der Zielgruppe (mittels Interviews, Gesprächen, Rollenspielen u. a.). Methoden der Spielclubarbeit sind: Interaktions- und Kommunikationsspiele, Rollenspiele innerhalb von Lernprogrammen mit vorgegebenen Themen; Theaterspielen mit Vorführung; Herstellen von Kinderzeitungen, Umgang mit Fotoapparat, Filmkamera und Tonband. Bestandteil der

Arbeit war auch der Einbezug der
Eltern (Eltern-Kind-Spielfeste).

Institutionen:
I: 4.21

Kinderspielclub

Frommlet, Wolfram; Mayrhofer, Hans; Zacharias, Wolfgang:

ELTERN SPIELEN - KINDER LERNEN
Handbuch für Spielaktionen, rororo 6896

Reinbek bei Hamburg: Rowohlt, 1975   204 Seiten

Die Autoren sehen im Spielen eine Form des Lernens, die einen gewissen Freiraum braucht. Hierauf gründet sich ein pädagogischer und ein bildungspolitischer Ansatz, durch Ausstattung mit Materialien und durch Einbringen von Spielprogrammen diese Freiräume zu intensiven Lernräumen zu machen. Die in diesem Buch beschriebenen Spielaktionen sind Ansätze, einer Verkümmerung des Spiels entgegenzuwirken und Alternativen zu den etablierten Lernsituationen zu schaffen (Lernen als umfassender Vorgang von einander sich bedingendem Handeln und Denken). Die Autoren stellen Ansätze und Modelle von Spielplätzen dar, informieren über Möglichkeiten der Spielplatzbetreuung und über Spielaktionen. Sie geben darüberhinaus praxisnahe Informationen über die Vorbereitung und Planung von Spielaktionen einer Elterninitiative, über die Spielmaterialienbeschaffung und -ausstattung, über den Ablauf der Spielaktionen und Öffentlichkeitsarbeit. Es wird beschrieben, was Kinder mit Spielmaterialien spielen; es werden Feste und Spielprogramme beispielhaft erwähnt; eingegangen wird auch auf Rollenspiele und Theater sowie auf ästhetische Erziehung; weiter werden Hinweise gegeben für den Abbau von Ängsten und Hemmungen bei Kindern und über den Umgang mit Verwaltungstellen.

Alters-/Zielgruppe: A: 1/ 2/	Kinder

Lern-/Erziehungsziele:
L: 1.4
    2.12
    2.5
	Fähigkeit zu autonomem und kompetentem Handeln; Selbstverantwortung, Selbstsicherheit, fragen lernen, Spontaneität.

Methoden:
M: 1.2
    2.3
    4
    5.1
    5.2
	Spielplatzgestaltung, Spielaktionen, Spielprogramme, Rollenspiel, Theater, Feste, ästhetische Erziehung, Spielplatzbetreuung.

Institutionen: I: 1.4 4.1	Spielplätze, Spielclubs, Selbsthilfevereine (Bürger- und Elterninitiativen).
Rahmenbedingungen: R: 2	Behörden, Öffentlichkeitsarbeit.
Schlagwörter:	Spielaktionen, Spielprogramme.

Ganser, Bernd:

JUGENDZENTRUM IN SELBSTVERWALTUNG
Aspekte über Idee und Realität der offenen Jugendarbeit.

Tübingen: Huth, 1977   151 Seiten

Praxisrelevante Darstellung und Auswertung wissenschaftlich fundierter Erkenntnisse über die Problematik der offenen Jugendarbeit. Entwicklung einer Konzeption eines selbstverwalteten Jugendzentrums, die sich an den realen (z.B. finanziellen) Möglichkeiten innerhalb einer Stadt oder Gemeinde (Beispiel Günzburg) orientiert. Analyse von Schwierigkeiten in selbstverwalteten Jugendzentren zur Ergründung möglicher Ursachen von Unzulänglichkeiten und zur Entdeckung entsprechender Lösungsmöglichkeiten für (notwendige bzw. zwangsläufige) Konflikte.

Alters-/Zielgruppe:
A: 4/

16 - 21jährige

Lern-/Erziehungsziele:
L: 1
   2

Emanzipation, Sozialisationshilfe (Statusfindung), Freizeithilfe (Kreativität, Probehandeln), Kompensation.

Methoden:
M: 1.2
   2.2
   3.1
   3.22
   3.31
   4
   5.3

Offene Jugendarbeit, Selbstverwaltung, Vollversammlungen, Arbeitsgruppen, Geselligkeit, Unterhaltung, Tanz, Musik, Film, Werken, Foto, Theater, Diskussion, Öffentlichkeitsarbeit, Beratung durch Fachleute.

Institutionen:
I: 4.21

Selbstverwaltetes Jugendzentrum.

Rahmenbedingungen:
R: 1
   2
   3
   5

Materielle Versorgung, Jugendwohlfahrtsgesetz, Jugendschutzgesetz. Bestrebungen, Jugendliche zu kontrollieren und der Erwachsenenwelt anzupassen, Freizeitmöglichkeiten für Jugendliche in einer Stadt. Individuelle Bindungsbereitschaft versus Unverbindlichkeit.

Garvey, Catherine:

SPIELEN.
Das Kind und seine Entwicklung

Stuttgart: Klett, 1978   155 Seiten

Das Buch erklärt die verschiedenen Formen von Spiel und die Rolle, die Spiel für die Entwicklung des Kindes spielt: sich selbst, die anderen und die Umwelt zu erfahren und zu begreifen. Anhand eines Forschungsansatzes wurde Spiel mit Bewegung und Interaktion, mit Objekten, mit Sprache, mit sozialem Material sowie Spiel mit Regeln und ritualisiertes Spiel untersucht. Die an der Studie beteiligten Kinder wurden in Zweier- und Dreiergruppen beim freien Spielen beobachtet und ihr Verhalten analysiert. Hauptmerkmale des Buches sind: Beschreibungen anstelle von Definitionen, Beobachtungen anstelle von Theorien, allgemeinverständliche Sprache sowie zahlreiche Beispiele. Beim Spiel mit Regeln wird unterschieden zwischen "plays" und "games", wobei games als institutionalisierte Spielaktivitäten, und plays als subjektive Orientierung auf das, was gespielt wird, definiert sind.

Alters-/Zielgruppe: A: 1/	Kinder zwischen 3 und 6 Jahren.
Lern-/Erziehungsziele: L: 1 2 3 4	Aneignung der menschlichen Grundfertigkeiten durch das Spiel. Im "Als-ob-Spiel" und Fiktionsspiel werden oft jene Züge der Welt herausgegriffen, die dem Kind zu einem gewissen Zeitpunkt am stärksten auffallen, und spielerisch verarbeitet.
Methoden: M: 2.3 3	Durch spielerischen Umgang mit Gegenständen und durch Objekttransformationen wird die Umwelt verarbeitet.
Institutionen: I: 5.2	Spielzimmer
Rahmenbedingungen: R: 7	Ungehinderte Spielmöglichkeit; Kindergruppen kannten sich teilweise, wodurch die Einübung sozialer Sensibilität bei der Untersuchung eingeschränkt werden muß.

Gebauer, Karl:

SPIELPROJEKTE. FÜR KINDER IM KINDERGARTEN UND IN SCHULEIN-
GANGSKLASSEN. FÜR BEGLEITENDE ELTERNARBEIT.

Hannover: Schroedel, 1976   135 Seiten

Der Autor zeigt auf, wie Bilderbücher, Bilder, Märchen und Geschichten zum Ausgangspunkt für Spiele werden können. Er beschreibt sieben Spielprojekte, ihre jeweilige Ausgangssituation, Überlegungen zum Thema, Spielvorschläge, Lernziele und die Erarbeitung des jeweiligen Projektes mit den Eltern.

Alters-/Zielgruppe: A: 1/ 2/	Kinder im Kindergarten und in den Schuleingangsklassen (Vorschule, 1. Schuljahr).

Lern-/Erziehungsziele:
L: 1.3
   2.13
   2.2
   2.3
   2.4
   3.1
   3.3
   3.4
	Neben der Freude am Spielen können mit den beschriebenen Spielprojekten grundlegende Fähigkeiten des sozialen und sprachlichen Handelns sowie motorische Fertigkeiten gelernt werden: Selbständigkeit, Kooperationsbereitschaft und -fähigkeit, Akzeptieren des Anderen, Kommunikationsfähigkeit (verbale und nonverbale), Bezug herstellen von Spielsituationen zur eigenen Situation, Sachzusammenhänge erkennen, Symbolverständnis (Sprache), Flexibilität, Reaktionsfähigkeit, Konzentrationsfähigkeit.

Methoden:
M: 1.2
   2.2
   2.3
   4.3
   4.6
   5.1
	Spielprojekt: Rollenspiel (Geschichten nachspielen und abändern), mit Musik begleiten, sprechen über Geschichte und Spiel, Gestaltung vom Raum, Herstellung von Requisiten. Begleitende Elternarbeit: Spielprojekterarbeitung im Rahmen von Elternabenden (mit Spiel- und Reflexionsphase).

Institutionen:
I: 1.3
   2.1
   2.2
	Kindergarten, Vorschule, Grundschule (1. Schuljahr)

Schlagwörter:	Geschichten- und Märchenspielen. Spielaktion.

Gie 68

Giesecke, Hermann (Hrsg.):

FREIZEIT-UND KONSUMERZIEHUNG.

Göttingen: Vandenhoeck & Ruprecht, 1968   260 Seiten

In dieser Textsammlung sind Beiträge zur Geschichte der Freizeit und ihrer Erforschung zusammengestellt. Im Mittelpunkt des zweiten Hauptteils steht die Frage, welche Bedeutung die Freizeit einerseits für den Menschen und andererseits für die Gesellschaft hat und welche Chancen für eine zunehmende Mündigkeit und Emanzipation in ihr angelegt sind. Ohne Zweifel ist der Konsum das eigentlich Revolutionäre an der modernen Freizeit, was im dritten Teil der Textsammlung näher erläutert wird. Im vierten Hauptteil werden Beiträge der praktischen Pädagogik und erziehungswissenschaftliche Reflexionen vorgestellt, die einen Beitrag zur Freizeit- und Konsumerziehung leisten können.

Alters-/Zielgruppe: Jugendliche, Erwachsene, Arbeiter.
A: 3/
   5/
   5/1

Lern-/Erziehungsziele: Menschliche Selbstverwirklichung.
L: 2.13   Emanzipation im Freizeit- und Kon-
   5.1   sumsystem. Vermittlung sinnvoller
                           praktischer Erfahrungen. Emanzipa-
                           tion von der Totalität der Berufs-
                           rolle. Emanzipation vom Existenz-
                           minimum. Emanzipation vom Milieu
                           als lebenslangem Schicksal. Politi-
                           sche Mündigkeit.

Methoden: Politische Bildung im weitesten Sin-
M: ne.

Institutionen: Jugendarbeit und Erwachsenenbildung.
I: 1.22
   4.21
   4.7
   4.71

Schlagwörter: Geschichte der Freizeit.

Inhaltsverzeichnis:

Feige, Johannes: DER ALTE FEIERABEND IN DER DÖRFLICHEN
   LEBENSWELT (1936), 18-29.

Marx, Karl & Engels, Friedrich: AUS DEM KOMMUNISTISCHEN MA-
   NIFEST (1848), 29-30.

Böhmert, Viktor: DIE ERHOLUNG DER ARBEITER AUSSER DEM HAUSE
   (1893), 30-50.

Sternheim, Andries: ZUM PROBLEM DER FREIZEITGESTALTUNG

(1932), 50-68.

Dreßler-Andreß, Horst: DIE KULTURELLE MISSION DER FREIZEIT-GESTALTUNG (1936), 68-74.

Graf Blücher, Viggo: DAS FREIZEITPROBLEM UND SEINE PRAKTISCHE BEWÄLTIGUNG (1968), 75-93.

Schuster, Ernst: WELTANSCHAUUNG UND FREIZEITGESTALTUNG (1963), 98-101.

Kommuniqué des ZK der SED: WEDER GÄNGELN NOCH SELBSTLAUF (1963), 101-104.

Habermas, Jürgen: SOZIOLOGISCHE NOTIZEN ZUM VERHÄLTNIS VON ARBEIT UND FREIZEIT (1958), 105-122.

Schelsky, Helmut: DAS RECHT AUF DIE FREIZEIT DER ANDEREN (1956), 122-130.

IG Chemie, Papier, Keramik: DIE ZUKÜNFTIGEN CHANCEN DER FREIZEIT UND DAS PROBLEM DER AUFHEBUNG DER ARBEIT (1965), 131-138.

Bednarik, Karl: DIE KULTUR AN DER KONSUMFRONT (1957), 146-151.

Bergler, Reinhold: DAS UNBEHAGEN DES KONSUMS (1965), 151-164.

Scharmann, Dorothea Luise: DIE FINANZIELLE SITUATION DER JUGEND (1965), 165-174.

Klatt, Fritz: GESTALTEN DER FREIEN ZEIT DES ARBEITENDEN MENSCHEN (1929), 178-187).

Froese, Leonard: ZUR FREIZEITKUNDE UND -ERZIEHUNG (1962), 187-190.

Heimann, Paul: ERZIEHUNG ZU EINEM SINNVOLLEN KULTURVERHALTEN (1957), 190-195.

Schulz, Wolfgang: FREIZEITVERHALTEN ALS PÄDAGOGISCHES PROBLEM (1965), 195-219.

Giesecke, Hermann: DIDAKTISCHE PROBLEME DER FREIZEITERZIEHUNG (1967), 219-239.

Mollenhauer, Klaus: EINIGE ÜBERLEGUNGEN ZU EINER PÄDAGOGISCHEN THEORIE DER GESELLIGKEIT (1965), 239-250.

Gie 71

Giesecke, Hermann:

DIE JUGENDARBEIT
Grundfragen der Erziehungswissenschaft, Bd. 13

München: Juventa, 1971, 1978^4 208 Seiten

Ausführliche Darstellung der historischen Entstehungszusammenhänge von Jugendarbeit bis zum Ersten Weltkrieg. Jugendarbeit als Gegen-Emanzipation. Beschreibung der Entwicklung einiger wichtiger Maßnahmen der Jugendarbeit seit 1945. Wandlung des pädagogischen Selbstverständnisses. Einbindung von "emanzipatorischer Jugendarbeit" in die allgemeine erziehungswissenschaftliche Diskussion. Pädagogische und erziehungswissenschaftliche Aspekte aus der Fragestellung heraus, inwieweit sie einen Beitrag zur Weiterentwicklung eines Demokratisierungsprozesses zu leisten vermögen.

Alters-/Zielgruppe: A: 3/ 4/	Organisierte und nicht-organisierte Jugendliche, entsprechend der Definition durch das Jugendwohlfahrtsgesetz.

Lern-/Erziehungsziele:
L: 1.4
   2.1
   5.1
   5.2
	Emanzipation als die Gleichberechtigung im öffentlichen Leben. Fähigkeit zur Mitbestimmung. Mündigkeit, Selbsterfahrung: Erfahrung verminderter Repression, Erfahrung von Verhaltensalternativen, Erfahrung verminderten Leistungszwanges, Erfahrung kollektiver Problemlösung, Erfahrung von Erfolg, Erfahrung als Subjekt.

Institutionen:
I: 3.22
   4.21
   4.7
	Einrichtungen der außerschulischen Jugendarbeit, Jugendbildung.

Rahmenbedingungen:	Abhängigkeit der Jugendarbeit von herrschenden politisch-ideologischen Vorstellungen.

Gold, Volker; Wagner, Mignon; Ranftl, Wolfgang L.; Vogel,
Marianne; Weber, Inge:

KINDER SPIELEN KONFLIKTE
Zur Problematik von Simulationsverfahren für soziales Lernen. Kritische Texte: Sozialarbeit, Sozialpädagogik, Soziale Probleme.
Neuwied: Luchterhand, 1973, 1975^2 167 Seiten

Einblick in die Vorgehensweise und Resultate einer Projektgruppe. Theoretische Darstellung der Ansätze zum Problem Konflikt und Entscheidung. Darstellung und Kritik von eigenen spieltheoretisch konzipierten Simulationsspielen. Aufarbeitung, Hinterfragung der Prinzipien (Aufbau/Ausführung) von Gesellschaftsspielen, ihrer gesellschaftlich relevanten Implikationen (Lernziele) hinsichtlich ihrer Funktion im Freizeitbereich. Analyse der sozialen Situation des Kindes in der Familie mit der daraus resultierenden Frage nach der Funktion des kindlichen Spiels und was demzufolge mit Rollenspiel erreicht werden kann. Ansätze emanzipatorischer Erziehung im Zusammenhang dessen, was Simulationsverfahren (nicht) leisten können.

Alters-/Zielgruppe: 5-10jährige Kinder.
A: 2/

Lern-/Erziehungsziele: Vermittlung von Erfahrungen zu konfliktenhaften sozialen Interaktionen.
L: 1.1
1.4 Vor- und Grundverständnis der Struktur und Dynamik von tieferliegenden
2.1
2.2 Konflikten. Notwendige Anpassungs-
2.3 leistungen. Fähigkeit zum Erkennen
4 und zur Veränderung der immer wieder
5.1 konfliktverursachenden sozialen und
materiellen Bedingungen. Selbstverwirklichung und Selbstbestimmung.
Entfaltung von Identität im Konflikt, von Anpassung an und Distanzierung von Rollen. Kommunikative
Kompetenz (Spracherwerb). Körperliche Selbsterfahrung.

Methoden: Gesellschaftsspiele, Rollenspiele
M: 2.3 (spontane); Nachspielen realer Konflikte, spielerische Erprobung alternativer Konfliktlösungsmuster.

Institutionen: Kindergarten, Vorschule, Grundschule, Hort.
I: 1.3
2.1
2.2
2.7

Rahmenbedingungen: Ansatz einer historisch-materialistischen Gesellschaftstheorie, Kritik
R: 3
5 an "bürgerlicher Konfliktwissenschaft."

Grauer, Gustav:

JUGENDFREIZEITHEIME IN DER KRISE
Zur Situation eines sozialpädagogischen Feldes. Teil 1 der
Untersuchung von Freizeitheimen. (2. Teil: Lüd 72)

Weinheim: Beltz, 1973   291 Seiten

Darstellung der äußeren Strukturen (regionale Verteilung, Trägerschaft, Heimtypen) und der inneren Strukturen (materielle und organisatorische Gegebenheiten, Personal, Besucher, Teilnahme an Aktivitäten) von Freizeitheimen. Kritische Interpretation der Daten nach folgenden Kriterien: Orientierung von Planung, Ausgestaltung und Inhalten der Freizeitheime an den Bedürfnissen und Interessen der Jugendlichen; Einschränkung von Beteiligungs- und Entscheidungsspielraum der Heranwachsenden durch Erwachsene; Förderung von kritischer Beteiligung und Stellungnahme; Einsicht in die Veränderbarkeit von vorgefundenen Situationen.

Alters-/Zielgruppe: Kinder und Jugendliche im Alter
A: 3/   zwischen 10 und 25 Jahren.
   4/

Lern-/Erziehungsziele: Mündigkeit, aktive Gestaltung der
L: 1   eigenen Umwelt
   2
   5.1

Methoden: Aktivitäten im sportlichen Bereich,
M: 1   technisch-modernen Bereich, tech-
   3   nisch-handwerklichen Bereich, mu-
   4   sisch-traditionellen Bereich, kom-
                             munikativ-rekreativen Bereich.

Institutionen: Freizeitheime aller Formen und Ty-
I: 4.21   pen innerhalb der Bundesrepublik
                             Deutschland und West-Berlins.

Rahmenbedingungen: Pädagogische Qualifikation der
R: 1   Freizeitheime im Gegensatz bzw.
   4   Unterschied zu kommerziellen Frei-
                             zeitunternehmen. Pädagogische An-
                             sprüche der Entscheidungsträger im
                             Verhältnis zum tatsächlichen Auf-
                             wand.

Grunfeld, Frederic:

SPIELE DER WELT
Geschichte, Spielen, Selbermachen

Frankfurt am Main: Krüger, 1976   282 Seiten

"Spiele der Welt" erklärt über hundert Spiele und ihre Varianten, ihre Herkunft und ihre kulturhistorische Bedeutung. Illustriert ist der Band mit über 1000 Farbfotographien, die in den Herkunftsländern der einzelnen Spiele, in Europa, Amerika, Afrika und Asien aufgenommen wurden. Von Spielen wie Go, Schach, Dame, Halma, Domino, Kartenspielen, Roulette usw. über "Straßenspiele" wie Schussern (Murmeln), Himmel und Hölle, Seilspringen und anderen bis zu Zündholzspielen, Puzzles, Seifenblasen und Drachensteigen reicht die Palette der behandelten Spielarten. Darüber hinaus sind jeweils ausführliche Bauanleitungen enthalten.

Alters-/Zielgruppe: A: 0/	Für jede Alters- und Zielgruppe können Anregungen und Denkanstöße entnommen werden.

Lern-/Erziehungsziele:
L: 1
   2
   3
   4
	Sowohl theoretische als auch praktische Behandlung von Spielen aller Art.

Methoden:
M: 1
   2
   4
   4.1
	Anleitungen zum Selbermachen von Spielen und Spielgegenständen. Die Spiele werden durch Symbole charakterisiert: Spielen im Haus, im Freien, allein, zu zweit oder zu mehreren; Denkspiel, Bewegungsspiel oder Glücksspiel; Dauer der Spiel- und der Bastelzeit.

Institutionen:
I: 1
   2
   3
   4
   5
	Überall, wo gespielt wird.

Rahmenbedingungen: R: 7	Kulturhistorischer Hintergrund.
Schlagwörter:	Spielesammlung, Basteln.

Günther-Thoma, Karin; Henze, Regina; Schönegge,
Linette:

KINDERPLANET oder DAS ELEND DER KINDER IN DER GROSSSTADT

Reinbek bei Hamburg: Rowohlt, 1972   189 Seiten

Dieser Band ist eine Bestandsaufnahme der Situation der Kinder in bundesdeutschen Städten, wobei die Untersuchung der Gegebenheiten Frankfurts im Vordergrund steht. Unter großer Anteilnahme von Kindern, Eltern und publizistischer Öffentlichkeit wurde das Alternativkonzept "Kinderplanet" 1971 auf dem Messegelände in Frankfurt/M in den Sommerferien realisiert. Das Konzept, die Vorarbeiten, die Organisation, die Durchführung und Erfahrungen des Projekts werden beschrieben.

Alters-/Zielgruppe:
A: 2/
    3/

Kinder zwischen 6 und 15 Jahren. Das Konzept war hauptsächlich für die Kinder von Unterprivilegierten ausgearbeitet.

Lern-/Erziehungsziele:
L: 1.2
    1.3
    1.4
    2.14
    2.3
    2.4

Das brachliegende Potential an Fähigkeiten entdecken und anwenden lernen. Selbstorganisation und -kontrolle; Partnerschaftliche Schlichtung von Konflikten; Kontaktschwierigkeiten bei sich und anderen abbauen; Fähigkeit zu Solidarität und rationaler Entscheidung; Aggressionen in positive Aktionen kanalisieren; aus Abhängigkeit und Unterdrückung befreien.

Methoden:
M: 3.2
    4

Alternativprojekt. Musisch-kreativer Bereich: malen, basteln, Siebdruck, Theaterspielen, Musik machen, Tanz. Technisch-praktischer Bereich: bauen, mit Werkzeug umgehen, Robinson-Abenteuerspielplatz, Aufstellen eines Verkehrsgartens. Motorischer Bereich: freie Bewegung, sportliche Spiele, Wasserspiele. Rezeptiver Bereich: lesen, Filme sehen, Schallplatten hören, Beatveranstaltungen.

Institutionen:
I: 4.1

Ortserholung während der Sommerferien, Maßnahme der Stadt Frankfurt/M.

Rahmenbedingungen:
R: 1
   4

Bislang einmalig finanziertes Alternativprojekt der Stadt Frankfurt in diesem Ausmaß; die versprochene Fortführung in verändertem Rahmen wurde nicht gewährt.

Schlagwörter:

Modellversuch. Spielaktionen.

Haberkorn, Rita u.a.:

ROLLENSPIEL IM KINDERGARTEN
Erfahrungen aus Modellkindergärten
Reihe Deutsches Jugendinstitut - aktuell

München: Juventa, 1978   136 Seiten

Anregungen zum Umgang mit dem Rollenspiel, gegründet auf Erfahrungen im Praxisfeld Kindergarten. Es wird gezeigt, wie von einfachsten Ansätzen aus Rollenspiele entwickelt, wie über verschiedene Spielformen unterschiedliche Problembereiche erschlossen werden können. Erfahrungsvermittlung aus der Zusammenarbeit mit Erziehern als Hilfe zur Auseinandersetzung mit dem Medium Rollenspiel.

Alters-/Zielgruppe:
A: 1/ 6

3 - 6jährige Kinder, Erzieher.

Lern-/Erziehungsziele:
L: 1
2.1
2.4
2.5

Zurechtfinden in, Mitgestaltung und Fortentwicklung von Lebenssituationen. Erwerb von Fähigkeiten und und Fertigkeiten zur solidarischen Problemlösung. Entdeckung neuer Handlungsmöglichkeiten innerhalb sozialer Beziehungen. Kooperatives Handeln. Artikulation von Interessen. Urteils- und Entscheidungsfähigkeit.

Methoden:
M: 1.2
2.3
3.3
4.6
5.1

Curriculum "Soziales Lernen", Gliederung in didaktische Einheiten; Rollenspiel, Einbeziehung der Lebenssituation der Kinder, altersmäßig gemischte Gruppen, Einbeziehung der Eltern und anderer Bezugspersonen. Information über und Dokumentation von Projekten; Verwendung von Fotopostern, Tonkassetten, Bildpostern; Qualifizierung der Erzieher.

Institutionen:
I: 1.3

Kindergarten unter Einbeziehung anderer, das Kind umgebender Einrichtungen.

Schlagwörter:

Curriculum.

Hammerisch, Kurt:

KRITISCHE UNTERSUCHUNG ZUR FREIZEITPÄDAGOGIK

Ratingen, Wuppertal, Kastellaun: Henn, 1971   250 Seiten

Der Autor beschäftigt sich mit Form und Grad der Berücksichtigung von Soziologie in der Freizeitpädagogik als Anlaß für eine generelle Diskussion über die Möglichkeit, ein theoretisches Konzept zur Freizeitpädagogik durch Integration spezifischer Sichtweisen zu entwickeln. (Vorklärung). Systematisch-empirische Behandlung von freizeitpädagogischen Schriften (mit Hilfe einer Inhaltsanalyse). Auskünfte über den generellen Rahmen, innerhalb dessen Stellungnahmen zum Freizeitproblem erfolgen. Analyse von Beziehungen zwischen pädagogischen Zielsetzungen für den Bereich der Freizeit und sozialkontextuellen Einflüssen, denen der Autor ausgesetzt sein kann. Nachweis der Bedeutung soziologischer Analyse für eine Systematisierung pädagogischer Schriften.

<u>Rahmenbedingungen:</u>   Integration/Kooperation von Pädagogik und Soziologie, gesellschaftliches Umfeld von Freizeitpädagogen. Methodik: Inhaltsanalyse der Freizeitforschung.
R: 6

Hartung, Johanna:

VERHALTENSÄNDERUNG DURCH ROLLENSPIEL

Düsseldorf: Pädagogischer Verlag Schwann, 1977   112 Seiten

Ausgehend von lerntheoretischen Grundlagen der Verhaltenstherapie und Ergebnissen der experimentellen klinischen Psychologie untersucht die Autorin die Frage, welche pädagogischen Möglichkeiten das Rollenspiel zur Modifikation von komplexen Verhaltensweisen und Einstellungen bietet. Sie beschreibt eine neue Konzeption des angeleiteten Rollenspiels, bei der der Erzieher durch integriertes Mitspielen auf der Erlebnisebene des Spiels verhaltensändernde Impulse setzt. Wie dies realisiert wird, zeigt sie anhand von Beispielen aus ihrer Praxis der offenen Kinderarbeit in einer Obdachlosensiedlung. Das angeleitete Rollenspiel wird dargestellt als 1. ein diagnostisches Instrument; 2. eine Möglichkeit zur Initiierung von Einstellungs- und Verhaltensänderung; 3. ein Medium zur Vermittlung verhaltensrelevanter Information und 4. ein Mittel, auf das Gruppengefüge der Teilnehmer Einfluß zu nehmen.

Alters-/Zielgruppe:
A: 2/5
   3/5

Die Autorin erprobte das angeleitete Rollenspiel mit 10-13jährigen Kindern einer Obdachlosensiedlung.

Lern-/Erziehungsziele:
L: 2.12
   2.13
   2.3
   2.4
   2.5
   3.3

Pädagogische Ziele des angeleiteten Rollenspiels sind: Erwerb eines sozialen Rollenrepertoires (Einübung sozialer Rollen); emanzipatorisches Rollenverhalten; kommunikative Kompetenz. Bei der Arbeit mit Kindern der Siedlung standen die Lernziele: Kooperation, gemeinsames Handeln, Motivation, psychische Stabilität, Selbstbewußtsein im Vordergrund.

Methoden:
M: 2.33

Angeleitetes Rollenspiel

Institutionen:
I: 4.21

Sozialpädagogische Einrichtungen innerhalb einer Obdachlosensiedlung (offene Kinderarbeit)

Rahmenbedingungen:
R: 3
   4
   5

Lebenssituation in der Obdachlosensiedlung (Wohnung, Kommunikation, Rollenverhalten).

Schlagwörter:

Obdachlosensiedlung

Hase, Dietrich von; Möller, Pit:

THEMA SPIELPLATZ
Reihe Deutsches Jugendinstitut-aktuell. Eine kommentierte
Bibliographie

München: Juventa, 1976   175 Seiten

Arbeitsbuch für Stadtplaner, Kommunalpolitiker, Pädagogen,
Eltern, Angehörige von Initiativgruppen. Versuch, die verschiedenen Dimensionen des Themas durch Erschließung von
Literatur- und Medieninformationen zu erfassen und zu beschreiben. Informationen über: Grundlagen der Spielplatzplanung und der pädagogischen Arbeit auf Spielplätzen; Planung
und Gestaltung von Spielplätzen und Dokumentation solcher
Projekte; Pädagogische Anregungen und Hilfen zur Arbeit mit
Kindern. Kommentierung einzelner Publikationen.

Alters-/Zielgruppe: Kleinkinder, Kinder, behinderte
A: 1/   Kinder, Heimkinder, Obdachlosenkin-
   2/   der, Schulkinder.
   1/3
   1/4
   1/5
   2/3
   2/4
   2/5

Methoden: Planung, Gestaltung und Betrieb pä-
M: 1   dagogisch-betreuter und nicht-päda-
   2.3   gogisch-betreuter Spielplätze;
   4   Spielaktionen und Spielbus; Inter-
   5.1   aktionsspiele, Rollenspiel, Kinder-
                            theater, Basteln und Werken, Pflan-
                            zenziehen und Tierhaltung. Unter-
                            richtseinheiten, Kinderbücher, Dia-
                            serien, Filme.

Institutionen: Kleinkinderspielplätze, Kindergar-
I: 4.1   tenspielplätze, Schulspielplätze,
                            Krankenhausspielplätze, Spielplätze
                            für Behinderte, Heimkinder und Ob-
                            dachlosenkinder, Spielhäuser, Frei-
                            zeiteinrichtungen.

Rahmenbedingungen: Einschränkung des Aktionsradius'
R: 5   der Kinder durch Stadtentwicklung,
                            Stadtplanung, Wohnungsbau.

Heckhausen, Heinz:
ENTWURF EINER PSYCHOLOGIE DES SPIELENS
In: A. Flitner (Hrsg.)
DAS KINDERSPIEL. München: Piper, 1978, S. 138-155
sowie in: R. Schmitz-Scherzer (Hrsg.):
FREIZEIT. Frankfurt: Akademische Verlagsanstalt, 1974, S. 233-250

Im Mittelpunkt dieses spieltheoretischen Ansatzes steht die lustvolle Spannung, die einen wesentlichen Aspekt von Spielen ausmacht. Während die Zweckhandlungen des Menschen durch ein Spannungsmoment (Durst, Hunger, Geschlechtstrieb) gekennzeichnet sind, wird im Spiel diese Spannung künstlich herbeigeführt. Kennzeichnend für das Spiel ist die Gewißheit, daß die Entspannung auf die Spannung folgt. Wenn der Bogen der Erregung überspannt zu werden droht, kann das Spiel abgebrochen werden. Richtig dosierte Spannung oder Diskrepanz halten das Spielen am besten in Gang. Werden die Grenzen dessen, was hier als mittlerer Bereich bezeichnet wird, überschritten, kann es zu Langeweile führen oder das Spiel gerät außer Kontrolle und artet in Toberei aus.
Aktivierungszirkel stellen nicht nur für das Spielen, sondern auch für andere zweckfreie Tätigkeiten die Basismotivation dar. Jedoch unterscheidet sich Spiel von anderen durch die Einfachheit der Zielstruktur und die Unmittelbarkeit (Kurzweil des Spiels). Dies macht das Merkmal der 'Jugendlichkeit' von Spiel aus.
Im Unterschied zum Kind spielt der Erwachsene in einer vertrauten Welt, die das Interessante, Unbekannte, Gefährdende oder Verlockende weitgehend verloren hat, ermöglicht durch räumliche und zeitliche Ausgrenzung (z.B. durch Regeln).

Alters-/Zielgruppe: Keine Einschränkung

Lern-/Erziehungsziele: Grundlegende Ansätze der
L: 1   Spielmotivation. Akti-
     2   vierung und Entspannung
     3
     4
     4.1
     4.2

Schlagwörter: Theorien des Spiels

Heer, Eva; Heer, Wilhelm:

AKTIONEN MIT SCHÜLERN
Hinweise, Anregungen und Vorschläge zu kompensatorischen
Spielen mit Objekten und Materialien.

Weinheim: Beltz, 1975   150 Seiten

Sammlung von Spielaktionen mit experimentellem Charakter
sowie konkrete Anleitungen im Umgang mit dem Medium Schnur.
In neuen, utopischen, absurden Situationen wird kritische
Reflexion freigesetzt, die nach den Gründen des gemeinsam
Erlebten fragt, und die Diskrepanz zwischen möglicher Realität und dem Alltag der konventionellen Verhaltensmuster
erfahren läßt.

Alters-/Zielgruppe: Kinder, Jugendliche, Vorschüler,
A: 1/   Grundschüler, Hauptschüler, Frei-
   2/   zeitgruppen.
   3/

Lern-/Erziehungsziele: Soziales Lernen, kreatives Lernen,
L: 1.3   kompensatorisches Lernen, Durch-
   1.4   schauen von Manipulationsmethoden.
   2
   3
   4.1
   4.2

Methoden: Gruppenarbeit, Projektarbeit, Dis-
M: 1   kussionen, Straßenaktionen, Spiel-
   2   aktionen mit Objekten und Materi-
   4   alien aus Fäden, Schnüren, Seilen
                            und Tauen (Sisal). Tonband, Film,
                            Plakate, Transparent.

Institutionen: Vorschule, Gesamtschule, Schulhof,
I: 1.3   Klassenzimmer, Abenteuerspielplatz,
   1.4   Jugendzentrum, Wohnquartier, Stadt.
   2
   4.11
   4.21

Schlagwörter: Spielaktionen

Heinemann, Klaus:

ARBEITSLOSE JUGENDLICHE
Ursachen und individuelle Bewältigung eines sozialen Problems. Eine empirische Untersuchung.

Darmstadt, Neuwied: Luchterhand, 1978   236 Seiten

Mit der Darstellung der empirischen Untersuchung über psychische und soziale Ursachen und Wirkungen der Jugendarbeitslosigkeit will der Autor einen Beitrag zum Verständnis dieses noch unerforschten sozialen Problems leisten. Jugendarbeitslosigkeit wird nicht als ein Unterproblem der Gesamtarbeitslosigkeit gesehen, denn die berufliche Sozialisation der Jugendlichen ist für die Stabilität und den Erhalt der gesellschaftlichen Ordnung sowie für die zukünftige Wirtschaftskraft der Gesellschaft ein wesentliches Element. Auch die psycho-soziale Entwicklungsproblematik der Jugendlichen wird durch Arbeitslosigkeit verschärft. Im Vordergrund der differenzierten Untersuchung, die 1976 im Arbeitsamtsbezirk Trier stattfand, steht die Jugendarbeitslosigkeit als individuelles Schicksal. Ausgangspunkt ist die Bedeutung und Funktion der Arbeit: Zeitverwendung, Einkommen, Kontaktvermittlung, Sozialprestige, personale Identität.

Alters-/Zielgruppe:
A: 4/22

Männliche deutsche arbeitslose Jugendliche im Alter von 15-20 Jahren.

Lern-/Erziehungsziele:
L: 2.1

Berufliche Sozialisation.

Rahmenbedingungen:
R: 3
   5

1. Individual- und Sozialmerkmale (Dauer der Arbeitslosigkeit, Alter, regionale Verhältnisse, Schulbildung, berufliche Qualifikation, Häufigkeit der Arbeitslosigkeit); 2. Arbeitsorientierung; 3. Arbeitsmarktlage; 4. familiäre Situation.

Her 63

Herzfeld, Gottfried G.:

FREIZEIT - PROBLEM UND AUFGABE
Beiträge zur Lehre und Forschung der Leibeserziehung, Bd.15

Schorndorf bei Stuttgart: Hofmann, 1963   161 Seiten

Hinführung zu einer Ganzheitsschau des Freizeitlebens in seiner persönlichen und gesellschaftlich-kulturellen Bedeutung als fundamentales Anliegen von Leibeserziehern.

Alters-/Zielgruppe:
A: 3/
  4/
  5/
	Jugendliche, Erwachsene

Lern-/Erziehungsziele:
L: 1.3
  2.11
  2.12
  2.13
  2.4
  4.2
  4.31
	Freie Wahl der Erholung. Anleitung zur Freizeiterfüllung. Von der Selbstentfremdung zur Selbstfindung und zur Gemeinsamkeit. Fähigkeit und Wille zu eigener Freizeiterfüllung. Zugänglichmachen von Freizeiteinrichtungen für alle.

Methoden:
M: 1.1
  4
  5.3
	Sport, schöpferische Aktivitäten, Freizeitberatung.

Institutionen: I: 4.3	Freizeitgruppen und -Vereine, Verbände, Jugendgruppen aller Art.

Hetzer, Hildegard; Flakowski, Herbert:

SPIEL IM FAMILIENLEBEN
Unerläßlicher Erziehungsauftrag oder bereichernde Freizeitgestaltung für jung und alt?

Zürich, Köln: Benzinger und Flamberg, 1973   128 Seiten

Die Autoren betonen die Bedeutung von Spielen für die gesunde Entwicklung des Kindes. Sie gehen der Frage nach, welche Aufgabe der Familie als Hüterin des kindlichen Spiels zufällt und wie Spiel und Freizeitbeschäftigung von Kindern und Erwachsenen in der heutigen Zeit realisierbar sind. Das Einspielen der Kinder in ihre künftige Lebenswelt, das durch die Trennung von Kinder- und Erwachsenenwelt heute erschwert ist, kann durch gemeinsam verbrachte Freizeit wieder ermöglicht werden.

Alters-/Zielgruppe: Kinder und Eltern
A: 1/
   2/
   3/
   5/6

Lern-/Erziehungsziele: Kinder lernen im Spiel ihre Umwelt
L: 1   kennen und begreifen. Spielen för-
   2   dert ihre gesamte Entwicklung: gei-
   3.1   stige, psychische und soziale Ent-
   4.2   wicklung sowie die körperliche Ge-
                           schicklichkeit. Spielen-können
                           (Spielfähigkeit) ist ein Ziel, das
                           nicht mit dem Jugendalter unbedeu-
                           tend wird. Spielen in der Freizeit
                           hat für den Erwachsenen Erholungs-
                           wert.

Methoden: Spielfähigkeit. Spiel: Bewegungs-
M: 2.2   spiele, darstellendes Spiel, auf-
   2.3   nehmendes Spiel (Reime, Kinderver-
   3.1   se, Betrachten von Bilderbüchern,
   4   Hören von Märchen), Gemeinschafts-
                           und Regelspiele. Gemeinsame frei-
                           willige Arbeit in der Freizeit von
                           Kindern und Erwachsenen; Reisen;
                           freie Gespräche.

Institutionen: Familie
I: 1.1

Schlagwörter: Spielgemeinschaft (Familie als...)

Höbermann, Frauke I.:

FREIZEITVERHALTEN VON ARBEITNEHMERN IN EINEM INDUSTRIEBETRIEB MIT DIFFERENZIERTEM FREIZEITANGEBOT
Geistes- und sozialwissenschaftliche Dissertationen 33

Hamburg: Hartmut Lüdke, 1975   204 Seiten

Die Autorin analysiert mögliche Sozialisationseffekte von betrieblichen Freizeitangeboten. Sie macht generelle Aussagen über Bezüge zwischen industrieller Arbeit und Freizeit, deren Bedingungen und Gegebenheiten, sowie ihre Einflüsse und Abhängigkeiten auf- bzw. voneinander.

Alters-/Zielgruppe:
A: 4/
   5/11
   6/12

Belegschaft (Arbeitnehmer) eines Industriebetriebes.

Lern-/Erziehungsziele:
L: 2
   4

Aufhebung der Polarisierung von Arbeit und Freizeit (Integration). Förderung der interkollegialen Kommunikation und Interaktion (Soziales Lernen). Anhebung der Aktivitäten und Entfaltung individueller Fähigkeiten im Bereich von Freizeitinhalten. Zugang zu höheren sozialen Gruppierungen. Abbau von Restriktionen im beruflichen und privaten Bereich (Soziale Partizipation). Fähigkeit zu neuen Verhaltensformen, zu neuen Kombinaionen von Erfahrungsfeldern und Handlungspartnern (Nachsozialisation / Tertiäre Sozialisation).

Methoden:
M: 1.1
   3.11
   4.1
   4.3

Das betriebliche Freizeitangebot umfaßt Interessengruppen der Bereiche Prestige-Sport, Breiten-Sport, Kultur, Geselligkeit, Basteln und Sammeln.

Institutionen:
I: 3.1

Industriebetrieb (Zigarettenfabrik)

Rahmenbedingungen:
R: 3

Soziale Herkunft, betrieblicher Status, Einkommen

Höbermann, Frauke I.:

ZUR POLARISIERUNG VON ARBEIT UND FREIZEIT
Desintegration von Sozialfunktionen und Ansätze zur Reintegration von Arbeit und Freizeit in der Industriegesellschaft

Göttingen: Schwartz, 1975   149 Seiten

Gegenstand der hier vorgelegten Studie sind die Polarisierung der beruflichen und der außerberuflichen Existenz in der industriellen Arbeitswelt und die veränderten Positionen, die beide Lebensbereiche im veränderten Wertsystem eingenommen haben. Freizeit ist in immer stärkerem Maß der Bereich für soziale Entfaltung, während Arbeit und Beruf immer seltener das soziale Umfeld für die Verwirklichung zentraler Lebensinteressen darstellen. Nach einer Darstellung der Veränderung in Arbeit und Beruf und den z.T. dadurch bedingten Verlagerungen sozialer Funktionsbereiche wird genauer auf den Faktor Arbeitszufriedenheit als ein wesentliches Merkmal der Berufsorientierung eingegangen, bzw. auf den Aspekt der Berufsunzufriedenheit als wichtigste Ursache für die Orientierungsverlagerung vom Berufs- in den Freizeitbereich. Die Studie postuliert, daß ein Abbau der Polarisierung von Arbeit und Freizeit aufs engste mit der Überwindung der gegenwärtigen Strukturen industrieller Arbeit und industriegesellschaftlicher Freizeit verknüpft ist.

Alters-/Zielgruppe: Arbeitnehmer
A: 5/11

Lern-/Erziehungsziele: Aktivierung der Lernfähigkeit. Reintegration von Kommunikation. Umstrukturierung der Arbeitsplätze als demokratischer Prozeß. Aktivierung unterschiedlicher Kenntnisse und Fähigkeiten. Reintegration von Entscheidungsspielraum.
L: 1
   2.3

Methoden: Umstrukturierung von Sozialfunktionen innerhalb von Freizeit und Arbeit. Abbau der Polarisierung von Arbeit und Freizeit.
M:

Institutionen: Arbeitsplatz
I: 3

Rahmenbedingungen: Gegenwärtige Strukturen industrieller Arbeit und industriegesellschaftlicher Freizeit. Arbeitszufriedenheit. Berufsorientierung. Freizeitbewußtsein. Soziale Anerkennung. Soziale Motivation.
R: 3
   4
   5

Hölzel, Swen:

FREIZEITPÄDAGOGIK ZWISCHEN GLEICHGÜLTIGKEIT UND ZWANG
Ein Grundriß zur Theorie und Praxis. Reihe Luchterhand-
Arbeitsmittel für Erziehungswissenschaft und Praxis.

Neuwied, Berlin: Luchterhand, 1973   150 Seiten

Ein Handbuch für den Praktiker. Diese Abhandlung will den
Mitarbeitern der Kinder- und Jugendarbeit am Beispiel von
Ferienfreizeiten eine Einführung in pädagogische Probleme
und praktische Anregungen geben. Kurze theoretische, anschauliche Darstellungen leiten zu Verwirklichungsvorschlägen
über für eine partnerschaftliche demokratische Freizeitpädagogik.

Alters-/Zielgruppe: A: 2/ 3/	Kinder und Jugendliche im Alter von 8 bis 15 Jahren.

Lern-/Erziehungsziele:
L: 1.3
  1.4
  2
	Erziehung zu einem selbständigen, kritischen und demokratischen Mitglied der Gesellschaft. Hinführung zur Selbstbestimmung durch Kooperation. Erkennen und Artikulieren von eigenen Bedürfnissen. Lösen von Konflikten in der Gruppe und mit der Gruppe. Lernen, Sexualität als einen Teil der Persönlichkeit zu verstehen. Weckung und Förderung der kreativen Fähigkeiten.

Methoden:
M: 1.1
  2.2
  3
  4
	Sport, Regelspiel, darstellendes Spiel, Plenumsdiskussion, Tanzen, Musizieren, Werken, Malen. Methodische Orientierung: Gruppendynamik, Teamarbeit, Koedukation, Erziehungsstile (Laissez-faire, autoritär, demokratisch)

Institutionen: I: 4.21 4.6	Ferienfreizeitlager, Freizeitheime.
Rahmenbedingungen: R: 3	Erwartungen der Freizeitteilnehmer, Ängste der Freizeit-Mitarbeiter.

HOFFMANN'S COMIC THEATER: KINDERKULTUR

In: H.M. Enzensberger; K.M. Michel (Hrsg.):
KURSBUCH 34

Berlin: Kursbuch, 1973   28 Seiten

Der Autor beschreibt die kindliche Wirklichkeit und die Bedeutung von Strafen. Erfolge, die das Kind in Spiel und Freizeit erzielt, haben in der von Erwachsenen diktierten Welt nur eine geringe Bedeutung. Spielen ist Freizeitverhalten. Die Diskrepanz zwischen einer auf Ausbeutung beruhenden Wirklichkeit und dem Bedürfnis nach Freiheit, d.h. aktiv und positiv in die Wirklichkeit eingreifen zu können, wird immer größer und führt nach Auffassung des Autors im Freizeitbereich der Kinder zu immer schärferen, verzweifelteren, aggressiveren Attacken, mit denen die Wirklichkeit herausgefordert werden soll. Ab und zu gelingt es einigen "Geschäftemachern" für diesen Zustand ein angemessenes Requisit auf den Markt zu bringen wie Feuerwerkskörper, Klikkerkugeln, Heulrohre, Wundertüten; auch der Fiktionshandel blüht.

Alters-/Zielgruppe: A: 2/	Kinder
Lern-/Erziehungsziele: L: 1 2.42 2.43 2.5	Die Kinder lernen und üben im Spiel, wie man sein Verhältnis zu Wünschen, Hoffnungen und Bedürfnissen zu regeln hat, ohne sich damit zu identifizieren; sie lernen, wie das Spielzeug, das der "Kapitalismus" anbietet, benutzt werden kann. Im Spiel wird dennoch immer wieder der Versuch unternommen, den Weg zu einem Selbstbewußtsein in der Wirklichkeit zu finden.
Methode: M: 3 3.2	Abenteuer in der Wirklichkeit: Spiele, Spielbräuche und Freizeitverhalten der Kinder, die noch nicht von der Spielzeugindustrie entdeckt worden sind. Auswertung von Fernsehsendungen und Comics.
Institutionen: I: 1.1 1.4	Straße, Hof, Haus, Treppenhaus, Wohnung, Abrißhaus, Neubau, U-Bahn-Station, Autounfall, usw.
Rahmenbedingungen: R: 3	Unterschiedliche Förderung von Neigungen in der Arbeiterklasse und im Bürgertum.
Schlagwörter:	Spielzeug.

Hoyer, Klaus; Kennedy, Margrit:
FREIZEITBEREICHE AN INTEGRIERTEN GESAMTSCHULEN ALS GANZ-
TAGSSCHULEN
Erhebung von Konzeptionen und Rahmenbedingungen 1973 - 1975
In: Klaus Hoyer & Margrit Kennedy (Hrsg.):
FREIZEIT UND SCHULE

Braunschweig: Westermann, 1978   Seite 148 - 179

Alters-/Zielgruppe: Schüler der Sekundarstufe I, 11 -
A: 3/   15 Jahre.

Lern-/Erziehungsziele: Regeneration, Steigerung der Krea-
L: 1.3   tivität, Entwicklung sozialer Kom-
   2   petenz.
   4.2

Methoden: Wahlkurse, Neigungsgruppen, Stamm-
M: 1.2   gruppenfreizeit, Mittagspausenange-
   3   bote, Fachbereichsarbeit, Gruppen-
   4   und Tutorenstunden. Sport, Hobbies,
                        Musik, Theater, Medien, Gestalten,
                        Kochen, Spiel, Werken, Lesen, Ma-
                        len, Experimentieren.

Institutionen: Integrierte Gesamtschulen als Ganz-
I: 2.4   tagsschulen.
   2.7

Rahmenbedingungen: Räumliche, personelle, finanzielle
R: 7   Ausstattung der Schulen, Freizeit
                        in der Stundentafel und Stundenpla-
                        nung.

Hoof, Dieter:

HANDBUCH DER SPIELTHEORIE FRÖBELS
Untersuchungen und Materialien zum vorschulischen Lernen

Braunschweig: Westermann, 1977   367 Seiten

Anhand von Quellentexten stellt der Autor die Spieltheorie Fröbels dar, analysiert und kommentiert sie in Bezug auf ihre Brauchbarkeit in der heutigen Vorschulerziehung. Spiel ist nach Fröbel eine primäre pädagogische Situation, die Grundbefindlichkeit des Kindes. Fröbels Spieltheorie ist eine didaktische Konzeption: Im Umgang mit dem didaktischen Material, den Spielgaben, und im Gespräch mit dem Erzieher erfaßt das Kind modellhaft die Sinn-Struktur des Materials und der Umwelt, Zusammenhänge und Strukturen. Der Autor stellt die pädagogischen Kategorien und Grundgedanken im Werk Fröbels dar, das didaktische System der Spielgaben (Ball, Kugel und Walze, Würfel, verschieden geteilte Würfel, Legetäfelchen usw.). Er beschreibt Fröbels Kindergartenpraxis (Spiel, Gärten der Kinder, Bewegung usw.) und seine Ansichten zum kindlichen Umgang mit der Natur, zur kindlichen Tierpflege und -haltung, zur frühkindlichen Sexualität (Mutter- und Koselieder). Der Autor zeigt weiter die Fortentwicklung des didaktischen Materials seit Fröbel auf, sowie Beispiele der Anwendung in der heutigen Vorschulerziehung, er stellt heute verbreitete Spiel- und Lernmaterialien dar und analysiert sie.

Alters-/Zielgruppe: A: 1/	Kinder im Vorschulalter
Lern-/Erziehungsziele: L: 1 3.4	Spiel spricht alle Bereiche der kindlichen Entwicklung an. Im Umgang mit dem didaktischen Material sind als Lernziele besonders angesprochen: Sacherschließung (Erkenntnis von Zusammenhängen und Strukturen von Materialien und der gesamten Umwelt); Sprachentfaltung und Sozialisation (interpersonales und soziales Handeln)
Methoden: M: 1 4	Freispiel
Institutionen: I: 1.3	Kindergarten
Schlagwörter:	Didaktisches Material, Spielzeug, Freispiel, Spieltheorie.

Hoyer, Klaus; Kennedy, Margrit (Hrsg.):
FREIZEIT UND SCHULE
Materialien für Forschung, Planung, Praxis.

Braunschweig: Westermann, 1978   354 Seiten

Übersicht über den Stand der theoretischen Diskussion und Zusammenfassung der in diesem Zusammenhang gemachten empirischen Untersuchungen. Überblick über veröffentlichte und unveröffentlichte Arbeiten zu 'Freizeit und Schule'.

Alters-/Zielgruppe:
A: 2/
3/
4/21

Kinder und Jugendliche zwischen 6 und 20 Jahren.

Lern-/Erziehungsziele:
L: 2.1
5

Integration von schulischer "Arbeit" und "Freizeit", von Pflicht und Neigung, von Obligationen und Optionen mit dem Effekt einer attraktiven Lernsituation mit erweitertem Angebots- und Problemhorizont. Schulzeit als ein Stück qualitative Lebenszeit.

Methoden:
M: 1
2
3
4

Öffnung der Schule für neue Freizeitkonzeptionen. Freizeiterziehung, Freizeitprojekte, Freizeitanimation. Sport, musische Tätigkeit, Hobbies, soziale Aktivitäten (Club), Spiele, polytechnische Angebote, Medien, Öffentlichkeitsarbeit.

Institutionen:
I: 2

Schule (Grundschule, Hauptschule, Gesamtschule/Ganztagsschule, Gymnasium).

Siehe auch Beiträge Scs 78
Opa 78
Lüd 78
Kar 78
Hok 78

Jütting, Dieter H.:

FREIZEIT UND ERWACHSENENSPORT
Ein Beitrag zur erziehungswissenschaftlichen Freizeitforschung. Uni - Taschenbücher, Bd. 549

München: Reinhardt, 1976   174 Seiten

Aufarbeitung der theoretischen Situation der Freizeitpädagogik, indem deren Theoreme analysiert und kritisiert werden. Entwicklung einer inhaltsorientierten Lernfeldanalyse als eine Form curricularer Grundlagenforschung für die soziokulturelle Erwachsenenbildung.

Alters-/Zielgruppe: A: 5/	Erwachsene

Lern-/Erziehungsziele:
L: 1
   2.13
   4
	Mündigkeit und Selbstbestimmung. Verwirklichung von Chancengleichheit. Überwindung von schichtspezifischen Lerndefiziten und Barrieren. Fähigkeit und Bereitschaft zu lebenslangem sportmotorischen Handeln.

Methoden: M: 1.1	Breitensport
Institutionen: I: 4.31 4.71	Sportvereine, Volkshochschulen.
Rahmenbedingungen: R: 3 4	Forderung nach Mitarbeit der Erziehungswissenschaft an Problemen in der Freizeit wie Drogenmißbrauch, Vereinsamung, Partizipationsdefizite, Lerndefizite, Verhaltensunsicherheit, Kommunikationsprobleme, fehlende soziale Phantasie.
Schlagwörter:	Curriculum

Kar 78

Karst, Uwe Volker:

FREIZEITLEHRE UND -KUNDE IN DER SCHULE
Ansätze zur Entwicklung von Lernzielkatalogen für die Bereiche Primarstufe und Sekundarstufe I
In: Klaus Hoyer & Margrit Kennedy (Hrsg.):
FREIZEIT UND SCHULE

Braunschweig: Westermann, 1978   Seite 120 - 145

Alters-/Zielgruppe: Grundschüler, Sekundarstufe I,
A: 2/   Hauptschüler
   3/

Lern-/Erziehungsziele: Emanzipation, Rekreation, Kompen-
L: 2   sation und Kontemplation bezogen
   4.2   auf das Individuum; Integration,
   5.1   Edukation und Enkulturation bezo-
                              gen auf Partnerschaft/Kleingruppe;
                              Kommunikation, Partizipation und
                              Produktion bezogen auf Individuum/
                              Gesellschaft.

Methoden: Freizeiterziehung in einem Unter-
M: 3   richtsfach "Freizeitlehre und -kun-
                              de".

Institutionen: Schule
I: 2

Kentler, Helmut; Leithäuser, Thomas; Lessing, Hellmut:

JUGEND IM URLAUB
Eine Untersuchung im Auftrage des Studienkreises für Tourismus e.V., Bd. 1 und 2.
Pädagogisches Zentrum Veröffentlichungen Reihe E: Untersuchungen, Bd. 10

Weinheim: Beltz, 1969   590 Seiten

Analyse des im zugrundeliegenden Forschungsbericht vorhandenen Untersuchungsmaterials, um die den Jugendurlaub bestimmenden Faktoren herauszuarbeiten. Untersuchung über Verhalten, Motive, Ziele von jungen Urlaubern. Darstellung der beobachteten Urlaubsaufenthalte unter Beachtung einzelner Kategorien wie "Führungsstil", "Soziabilität", "Struktur der Urlaubsgruppen","Außenbeziehungen", "Lernprozesse", "Beziehungen zwischen den Geschlechtern". Darstellung und Interpretation einzelner Untersuchungsergebnisse.

Alters-/Zielgruppe:
A: 4/

Jugendliche, Heranwachsende im Alter von 16 - 26 Jahren, unter Berücksichtigung von Schichtzugehörigkeit (u.a. Unterschicht und untere Mittelschicht), Schul- bzw. Ausbildung und Beruf.

Lern-/Erziehungsziele:
L: 1.1
   1.4
   2.3
   2.4
   2.5
   4.2

Lernen, Urlaub zu machen. Überwindung von Lernbarrieren und Erreichen von Lernerfolgen. Lernen, eigene Urlaubsvorstellungen zu bilden und zu verwirklichen. Erkennen von eigenen Interessen und Finden einer Organisationsform, die Interessendurchsetzung ermöglicht.

Methoden:
M: 1.2
   3.1

Gruppenreisen, Ferienlager, Freizeiten.

Institutionen:
I: 4.3
   4.6

Gemeinnützige und kommerzielle Jugendtourismusunternehmen, gemeinnützige Unternehmen für Jugendferien, Erwachsenen-Tourismusunternehmen, Jugendverbände, konfessionelle Ferienwerke und Freizeiten, Gewerkschaftsjugend.

Rahmenbedingungen:
R: 3

Herrschaftsansprüche der Erwachsenen an die Jugend, getarnt als nützliche und darum notwendige "altersspezifische" Verhaltensforderungen. Gesellschaftliche Anspruchshaltung, selbst noch den Urlaub als Leistung zu erbringen.

Klemp, Annekathrin; Klemp, Jürgen:

ARBEITSZEITVERTEILUNG UND FREIZEITGESTALTUNG
Möglichkeiten der Arbeitszeitverteilung und ihre Auswirkungen auf die Freizeitgestaltung der Bevölkerung

Göttingen: Schwartz, 1976   187 Seiten

Ableitung wahrscheinlicher Konsequenzen für das Freizeitverhalten aus verschiedenen Modellen der Arbeitszeitverteilung. Analyse der Folgeprobleme bezogen auf Subsysteme, die mit folgenden Kriterien beschrieben werden: Individuum: körperliche Leistungsfähigkeit (medizinischer Bezug), Bedürfnisse, Wünsche (psychologischer Bezug), geistige Entwicklungsmöglichkeiten (pädagogischer Bezug); Gesellschaft: bestimmt durch Untergruppen wie Familie, politische Vereinigungen, Kirche, Schule, usw.; Infrastruktur: Stadt, Naherholungs- und Reisegebiete; Konsumverhalten: Einkommenshöhe, verfügbare Zeit, Konsumgüter; Nationalökonomie; Betriebswirtschaft.

Alters-/Zielgruppe:
A: 2/
    4/
    5/
    5/1
    6/
    6/23

Berufstätige unter Berücksichtigung unterschiedlicher Tätigkeiten wie Schichtarbeit, Hausfrauen-Tätigkeit, weiterhin Gruppen wie alte Menschen, Schulkinder.

Lern-/Erziehungsziele:
L: 2.5
    4

Geringer individueller Kräfteverschleiß, Aktivierung des Verhaltens, Disponibilität von Arbeitszeit und Freizeit.

Methoden:
M: 1

Fortbildung, Umschulung.

Institutionen:
I: 2
    3.1
    4

Arbeitsplatz, Schule, Erholungs- und Freizeiträume.

Rahmenbedingungen:
R: 4
    5

Umverteilung bzw. freie Disposition von Arbeitszeit und Freizeit, Verbesserung der Infrastruktur.

Kluge, Karl-Josef; Patschke, Ursula:

SPIELEN, SPIELMITTEL UND SPIELPROGRAMME
zur Förderung behinderter Kinder und Jugendlicher

Ravensburg: Maier, 1976   79 Seiten

Die Autoren möchten in dieser Analyse feststellen, ob Spiele und Spielmittel rehabilitativ in der Erziehung und Therapie behinderter Kinder eingesetzt werden können, d.h. ob sie durch Spielen soweit gefördert werden können, daß sie ihre Belange selbst regeln können. Anhand verschiedener Literatur wird festgestellt, daß in spieltherapeutischen Verfahren, in Spielgruppenarbeit und im Unterricht durch den Einsatz unterschiedlicher Spielmittel und Spielformen und durch das Führungsverhalten der Erziehungsträger oder Therapeuten eine Reihe unterschiedlicher Fähigkeiten und Fertigkeiten bei den Kindern und Jugendlichen aufgebaut werden können. In jedem der genannten Verfahren wurden die sozialen Lernprozesse durch die Auseinandersetzung mit der Gruppe eingeleitet.

Alters-/Zielgruppe:
A: 1/31
   1/4
   1/41
   3/31
   3/4
   3/41

Verhaltensauffällige, Lernbehinderte und Körperbehinderte, Kinder und Jugendliche.

Lern-/Erziehungsziele:
L: 1
   2.2
   2.42
   2.5
   5.2

Meinungen und Interessen vertreten und durchsetzen, solidarisch handeln, sach- und sozialbezogen handeln, positive Verhaltensmodifikationen einleiten, verantwortlich und demokratisch handeln.

Methoden:
M: 1.1
    2.3
    5.1

Spiel, Spieltherapie, didaktisches Spielmaterial, Elternarbeit und -information, Veränderung des Erzieherverhaltens, nicht-direktive Prinzipien in der Therapie, wodurch psychische Entlastung und Verarbeitung von Konflikten gefördert werden.

Institutionen:
I: 2.8
   4.21

Sonderschule, Ferienfreizeit.

Schlagwörter: Spielzeug, Verhaltensmodifikation, Spieltherapie.

Kochan, Barbara (Hrsg.):

ROLLENSPIEL ALS METHODE SOZIALEN LERNENS.
Ein Reader.

Königstein: Athenäum, 1981   272 Seiten

Ziel des Readers ist es, einen umfassenden Einstieg in die
Thematik des Rollenspiels zu ermöglichen, sowohl für einzelne Leser als auch für Studien- oder Seminargruppen. Das
Rollenspiel ist heute eine in den Rahmenplänen und Schul-
büchern etablierte Methode. Der Blick in die Rollenspiel-
praxis verschiedener Positionen soll Handlungsanregungen geben und dem Leser auch ermöglichen, verschiedene Rollenspiel-
konzeptionen auf der Ebene konkreter Tätigkeit kennenzuler-
nen. Teil A des Sammelbandes beinhaltet Ansätze und Ansichten, die zum Rollenspiel als einer Methode sozialen Lernens
erarbeitet und vertreten werden.

Krappmann, Lothar (1972): LERNEN DURCH ROLLENSPIEL
(S. 31 - 50)

Richard, Jörg (1972): ZUM ANGELEITETEN ROLLENSPIEL MIT AR-
BEITERKINDERN IM SCHULALTER.   (S. 51 - 72)

Schmitt, Rudolf (1973): DAS PROBLEMBEZOGENE ROLLENSPIEL IN
DER VORSCHULE.   (S. 73 - 91)

Bartnitzki, Horst (1975): KONFLIKTSPIELE IM UNTERRICHT (Auszüge).   (S. 93 - 115)

Binger, Lothar (1977): VOM ROLLENSPIEL ZUM VERHALTENSSPIEL.
(S. 117 - 134)

Teil B des Readers umfaßt zwei Beispiele für die konkrete
Arbeit mit dem Rollenspiel. Dem Leser sollen mittels dieser
Auszüge anschauliche Vorstellungen für die praktische Arbeit
gegeben werden.

Schmitt, Rudolf u.a. (1976): GASTARBEITER - "Dritte Welt"
IN DER NACHBARSCHAFT (Auszüge)   (S. 135 - 159)

Ebert, Helme; Paris, Volkhard (1976): KINDERTHEATER MÄRKI-
SCHES VIERTEL, ROLLENSPIEL UND POLITISCHES LERNEN. (Auszüge).   (S. 161 - 188)

Teil C des Readers läßt kritische Stimmen zu Wort kommen,
die zum Teil herausfordernd sind.

Müller, Lothar; Popp, Wolfgang (1976): ROLLENSPIEL, VER-
SCHLEISSERSCHEINUNGEN EINER PÄDAGOGISCHEN IDEE. Ein besonders schönes, sicher nicht untypisches Beispiel aus
der Praxis.   (S. 189 - 192)

Seidel, Günter (1976): SOZIALES ROLLENSPIEL - EIN PÄDAGOGI-
SCHER ENGPASS.   (S. 193 - 199)

Büttner, Christian (1977): SPIELE GEGEN STREIT, ANGST UND
NOT - ÜBER SPIELVERSUCHE ZUM SOZIALEN LERNEN.
(S. 200 - 215)

Haug, Frigga (1977): KRITIK DES ROLLENSPIELS (Auszüge).
(S. 217 - 237)

Im Teil D wird mit den Auszügen aus einer empirischen Untersuchung nachgewiesen, daß mittels Simulation im Rollenspiel Einstellungen deutlicher und nachhaltiger geändert werden können als durch verbale und audio-visuelle Verfahren; selbst dem realen Agieren scheint die Simulation überlegen zu sein.

Schmitt, Rudolf (1977): EINSTELLUNGSÄNDERUNG DURCH ROLLENSPIEL - EINE EMPIRISCHE UNTERSUCHUNG. (S. 237 - 254)

Teil E enthält eine kommentierte Bibliographie zur Pädagogik und Didaktik des sozialen Rollenspiels, wobei sich die Herausgeberin bei der Zusammenstellung bemüht hat, möglichst viele interessante Aspekte zu berücksichtigen.

Kochan, Barbara (1980): KOMMENTIERTE BIBLIOGRAPHIE ZUR PÄDAGOGIK UND DIDAKTIK DES SOZIALEN ROLLENSPIELS.
(S. 255 - 270)

Alters-/Zielgruppe: A: 2/	Schulkinder.
Lern-/Erziehungsziele: L: 1 2.14 2.5	Soziale oder kognitive Lerninhalte vermitteln; lernen, Notsituationen zu bewältigen; Konfliktverarbeitungsformen lernen; Realitätsbewältigung; Erkenntnis psychischer, sozialer und politischer Vorgänge in der Realität außerhalb des Spiels. Von einer bloßen Passivität, Verweigerung oder blinden Protesthaltung zu aktiven Schritten gegen ökonomisch bedingte Ursachen gelangen.
Methoden: M: 2.33 5.1	Kooperations-, Konfliktspiele. Lösung der Konfliktspannung durch pädagogische Unterstützung.
Institutionen: I: 2	Schule.

Kögler, Alfred:

INFORMATIONSMÖGLICHKEITEN IM FREIZEITBEREICH
Schriftenreihe des Bundesministers für Jugend, Familie und Gesundheit, Bd. 104

Stuttgart: Kohlhammer, 1976   114 Seiten

Systematische Darstellung der Informationstätigkeit im Freizeitbereich in Art, Form, Inhalt, Zielsetzung und Ablauf als Überblick über den Ist-Zustand. Schwerpunktmäßige Konzentration der Untersuchung auf die Analyse der Informationstätigkeit der Städte im Freizeitbereich. Empfehlung zur Verbesserung der Informationsmöglichkeiten im Freizeitbereich, zur Verbesserung kommunaler Publikationen, zur Organisation.

Alters-/Zielgruppe:
A: O/

Bürger (Kinder, Jugendliche, Familien, alte Menschen)

Lern-/Erziehungsziele:
L: 2.1
   2.5

Motivation zur Wahrnehmung des Freizeitangebotes, Lebensqualität.

Methoden:
M: 1.1
   3.2
   5.2
   5.3

Kommunikation zwischen Trägern von Freizeiteinrichtungen und -maßnahmen, Information der Zielgruppen über das Freizeitangebot, Geselligkeit, Teilnahme am öffentlichen Leben, kulturelle Interessen und Hobbies aller Art, Sport und Spiel, Stadtbummel, Spaziergänge, Wanderungen und Aufenthalte in den Ferien. Effizienzkontrolle der Informationstätigkeit, Rundfunk, Fernsehen, Zeitungen, Bücher, Broschüren.

Institutionen:
I: 4

Kommunale, regionale und kommerzielle Träger von Freizeiteinrichtungen und -maßnahmen.

Köhler, Otto:

FREIZEIT UND MASSENMEDIEN

In: Francois Stoll (Hrsg.):
ANWENDUNGEN IM BERUFSLEBEN. Die Psychologie des 20. Jahrhunderts, Bd. 13.

Zürich: Kindler, 1981   Seite 1058 - 1070

Die Entstehung der Freizeit wird skizziert. Der Verfasser postuliert, daß der Mensch heute in seiner Freizeit geradezu unter einer der industriellen Arbeitsdisziplin verwandten industriegesellschaftlichen Zwangsgesetzlichkeit steht, die im manipulierten Konsumzwang endet. Wünsche werden dauernd durch die Massenmedien erzeugt. Die Prägung des Menschen durch die Massenmedien wird dargestellt. Der Beitrag mündet in dem Ausblick zur "elektronischen Revolution", wo der einzelne mit seiner Umwelt über den Bildschirm kommunizieren kann.

Alters-/Zielgruppe: Keine bestimmte Altersgruppe.
A: 0/

Lern-/Erziehungsziele: Von der Realität lernen. Politische
L: 1   Partizipation. Gesellschaftliches
   2.1   Durchsetzungsvermögen. Emanzipato-
   2.2   risches Lernen.
   2.3
   5.1

Institutionen: Fernsehen, Rundfunk.
I: 4.5

Rahmenbedingungen: Zwänge der Industriegesellschaft,
R: 4   wo andauernd Wünsche durch Massenmedien erzeugt werden.

Kohl, Heribert:

FREIZEITPOLITIK
Ziele und Zielgruppen verbesserter Freizeitbedingungen.

Frankfurt, Köln: Europäische Verlagsanstalt, 1976. 203 Seiten

---

Es werden Anregungen und Anstöße dafür gegeben, wie gezielte Initiativen zur Verbesserung der Chancen in der Freizeit aussehen könnten und sollten. Der Autor führt aus, daß gesellschaftliche Barrieren verhindern, daß sich Freiheit in der Freizeit verwirklichen läßt. Freizeit läßt sich nicht polar zur Leistung und beschränkt als Regenerationszeit sehen, sondern erbringt aufgrund ihrer zu fördernden immanenten Freiheitsgrade einen unersetzlichen Beitrag zur gesamtmenschlichen Entwicklung. Selbstverwirklichung ist von vielerlei politisch gesetzten Rahmenbedingungen abhängig, die sich nicht nur auf den Freizeitbereich beschränken. Diese Vorbedingungen gilt es zu verändern, soll die Freizeit mehr sein als nur arbeitsfreie Zeit oder umsatzbringende Konsumzeit. Diese Themen werden durch die sich anschließenden Fallbeispiele verdeutlicht, welche die Erfahrungen bestimmter Personengruppen sowie Situationen schildern, die jeden betreffen.

Alters-/Zielgruppe:
A: 2/
3/
5/61
6/

Kinder und Jugendliche, Berufstätige und kinderreiche Mütter, ältere Menschen.

Lern-/Erziehungsziele:
L: 2.13
2.3
2.4
2.5
4.2

Möglichst zwangfreie individuelle und kollektive Selbstentfaltung. Einübung und Praxis eines breiten Spektrums von Eigenaktivitäten. Bildung zwangfreier und selbstorganisierter Kontakte. Kooperation. Entspannung, Erholung, Erlebnis, Geselligkeit. Information, Ansammlung außerberuflicher Erfahrungen; Diskussionen, organisierte Fortbildung (Bildungszeit), Abbau der Chancendefizite, Entspannung

Methoden:
M: 1.1
2.3
3.11

Sport, Schauspiel, Musik, planende politische Gestaltung. Freizeitpolitik als Befreiung von vielfachen Zwängen und Einschränkungen für die benachteiligten Gruppen. Bildungsfreizeiten. Museen, Galerien.

Institutionen:
I: 3.1   4.3
3.2   4.41

Unternehmungen, öffentliche Hand, Freizeitverbände, Gewerkschaften.

<u>Rahmenbedingungen:</u> R: 4	Der gegenwärtig erreichte materielle und bewußtseinsmäßige Entwicklungsstand der Gesellschaft, der gezielte Initiativen und Aktivitäten zur Verbesserung der Chancen in der Freizeit verlangt.
<u>Schlagwörter:</u>	Freiheit.

Kraft, Peter:

FESTE UND GESELLIGKEIT IN DER SCHULE
Mit Beiträgen von Daling, Hermann; Gasser, Bernd u.a..
(Westermann: Schule, Planung und Organisation)

Braunschweig: Westermann, 1979   214 Seiten

Lern- und Verhaltensschwierigkeiten von Schülern, Schulunlust, Unterrichtsboykott und Zerstörung sind Zeichen der Vernachlässigung der emotionalen und sozialen Dimension der Schüler in der Schule. Die Autoren wollen mit diesem Buch, das sich an Eltern, Lehrer, Schulleiter und Schulaufsichtsbeamte wendet, einen Beitrag zur Veränderung der schulischen Praxis leisten. Der Autor/Herausgeber gibt einen Überblick über die Entwicklung von Festen und Feiern (wobei er die Unterscheidung zwischen beiden betont) und über Inhalte des Schullebens. Er hinterfragt soziales Lernen in der Schule und stellt Feste und Geselligkeiten als Feld für soziale Lernprozesse dar, wobei Schulfeste unter den veränderten gesellschaftlichen Bedingungen und schulischen Aufgaben neu bestimmt werden. In Form von acht Thesen werden Hinweise für die Vorbereitung und Durchführung von Festen in der Schule gegeben. Der größte Teil des Buches enthält Beiträge von Lehrern aus der Praxis. Es wird dargestellt, wie Feste und Geselligkeiten in den Schulalltag eingebracht werden können, und es werden soziale Lernerfahrungen für die Schulgemeinde beschrieben.

Alters-/Zielgruppe: Schüler ab dem 1. Schuljahr.
A: 2/
   3/

Lern-/Erziehungsziele: Positives Lernverhalten (durch Freu-
L: 1.3   de und angenehme Erlebnisse bei
   2.12   Festen); Kreativität und Phantasie;
   2.4   Soziales Lernen: Feste und Gesel-
   2.5   ligkeiten fördern die Auseinander-
                         setzung mit der Umwelt, Eigenini-
                         tiative und Kooperation; sie geben
                         Hilfe beim Aufbau einer Identität,
                         indem sie ein Feld zum Ausprobie-
                         ren von Verhaltensweisen sind.

Methoden: Spiel-, Bastel-, Musiziernachmittag;
M: 1.1   Karnevalsfest, Schulfest, Sommer-
   1.2   fest, Kunstfest, Sportfete, Lehrer-
   4.1   ausflug, Elternabend, Abschlußfest,
   4.2   Kaffeeklatsch, Adventsnachmittag,
   4.3   Eltern-Kind-Nachmittag, Fahrradtour,
   4.4   Klassenbasar, Flohmarkt.

Institutionen: Schule.
I: 2

Rahmenbedingungen: Strukturelle Faktoren (große Schu-
R: 3   len/Schulzentren, Fachlehrersystem,
   7   fehlender Umweltbezug der Schule),
                    Lehrpläne.

Schlagwörter: Feste.

Kre 71   114

Krenzer, Rolf:

SPIELE MIT BEHINDERTEN KINDERN

Heidelberg: Kemper, 1971   128 Seiten

<u>Alters-/Zielgruppe:</u>   Behinderte Kinder, Jugendliche, Er-
A: 2/3   wachsene.
   3/3
   4/3

<u>Lern-/Erziehungsziele:</u>   Integration, Kompensation, Umwelt-
L: 2   erfahrung, Anregung der Phantasie,
   3   Identität, Selbstverwirklichung.

<u>Methoden:</u>   Spiele mit Material, Spiele mit dem
M: 1   Ball, Spiele mit allen Sinnen, Spie-
   2.3   le mit musikalischem Erlebnisgehalt,
                            Rollenspiele.

<u>Institutionen:</u>   Tagesstätte, Heim.
I: 5.3

Kramer, Dieter:

FREIZEIT UND REPRODUKTION DER ARBEITSKRAFT

Köln: Pahl-Rugenstein, 1975   279 Seiten

Darstellung von Problemen der Freizeit unter dem vorrangigen Gesichtspunkt der Beteiligung der arbeitenden Bevölkerung an dem von ihr erzeugten gesellschaftlichen Reichtum. Absicht, Hilfsmittel zum Nachdenken über eine marxistisch orientierte politische Programmatik für den Freizeitbereich zu sein. Herausarbeitung von Wesenszügen der Freizeit, wie sie sich aus den gesellschaftlichen Verhältnissen ergeben. Darstellung des kultur- und sozialgeschichtlichen Hintergrundes. Diskussionsbeitrag zu aktuellen Freizeitproblemen.

Alters-/Zielgruppe:
A: O/1

Arbeitende Bevölkerung der Bundesrepublik Deutschland.

Lern-/Erziehungsziele:
L: 1
   2
   4.2
   4.31
   5

Entwicklung, Festigung, Entfaltung verschiedener guter, d.h. nicht asozialer Anlagen und Fähigkeiten der Persönlichkeit. Förderung des physischen, geistigen, emotionalen, intellektuellen, individuellen und sozialen Lebens. Erweiterte Reproduktion der Arbeitskraft. Vollwertige Entspannung.

Methoden:
M: 1.1
   3.1
   3.2
   4

Kontakte mit der Natur, Sport, Spiele, Unterhaltung, Komfort; Veränderung der Eigentumsordnung, d.h. Verfügung aller über den von allen erzeugten gesellschaftlichen Reichtum. Mitbestimmung, Selbstverwaltung.

Institutionen:
I: 4

"Öffentliche Freizeiteinrichtungen, möglichst auf Kosten der Monopole und Konzerne finanziert, von den Betroffenen verwaltet, mit ausdrücklichen Sicherungen gegen das Eindringen kapitalistischer Interessen und mit systematischen Überlegungen darüber, wie man Angebot, Gebrauchswertansprüche und allseitige Entfaltung (bzw. das Angebot dazu) speziell auf das jeweilige Publikum zugeschnitten verbinden kann." (S.277)

Rahmenbedingungen:
R: 5

Profit als einziges Motiv für Investitionen im Freizeitbereich.

Krause, Siegfried:

ZUR SOZIOLOGISCHEN GRUNDLEGUNG EINER SPIELPÄDAGOGIK

Stuttgart: Thienemanns, 1975　　　　　　　57 Seiten

Versuch, darstellendes Spiel als eine Entwicklungsmöglichkeit kindlicher Kreativität unter interdisziplinärem Aspekt zu betrachten.

Alters-/Zielgruppe: A: 2/ 　　3/	Kinder, Jugendliche.
Lern-/Erziehungsziele: L: 1.3 　　1.4 　　2.3 　　2.4 　　2.5	Artikulation von Bedürfnissen und Interessen. Akzentuierung der personalen Interaktionen. Transparenz der Produktionsprozesse. Ensemblearbeit statt Dirigismus. Offenheit für Transfermöglichkeiten der im Spiel gewonnenen Einsichten zur Realität.
Methoden: M: 2.2 　　2.3 　　4.6 　　5.1	(Darstellendes) Spiel, Rollenspiel, Soziodrama, Psychodrama, Interaktionstraining.
Institutionen: I: 2	Schule, außerschulische Gruppen.
Rahmenbedingungen: R: 3	Soziale Konfliktsituationen aufgrund eigener und fremder Rollenansprüche.

Krause, Siegfried:

DARSTELLENDES SPIEL
Elementarszenische Improvisationen, spielpädagogische Verfahren, didaktische Anstöße.

Paderborn: Schöningh, 1976   143 Seiten

In den vorliegenden Ausführungen versucht der Verfasser, die Praktizierbarkeit, den Sinn und die Zielsetzungen elementarer Darstellungsformen des Spiels zu beschreiben und, gestützt auf kreativitätstheoretische Erkenntnisse und spielpädagogische Erfahrungen, Entwicklungsmöglichkeiten für die Pflege szenischen Spiels im Unterricht aufzuzeigen. Das Schulspiel wird gegenwartsnah, jedoch nicht einseitig politisch orientiert, zur Diskussion gestellt. Hierbei wird von den Interessen der Schüler ausgegangen und, unter Berücksichtigung eines Theorie - Praxisbezuges, das Verhältnis von Spielen und Handeln besonders hervorgehoben. Im Mittelpunkt der Erörterungen stehen die Vorübungen zum darstellenden Spiel. Die genaue Kenntnis ihrer strukturellen Gesetzlichkeit ist erforderlich, um die Bedeutung dieser Elementarformen für die Erziehung der Kinder im Sinn der Kreativitätsentfaltung und Kooperationsbereitschaft zu erfassen. Die nach diesen Erkenntnissen entwickelten und praktizierten Interaktionen bilden die Voraussetzungen für eine spätere kritisch-aktive Auseinandersetzung mit komplexen dramatischen Formen. Auf die Abhandlung abstrakter Theoreme, die keine praktische Umsetzbarkeit besitzen, wurde in diesem Beitrag bewußt verzichtet. Im Mittelpunkt steht der Mensch in seiner Gesamtheit und nicht das Anliegen eines spezifischen Faches. Das Spiel wird als Ausdruck einer körperlich-seelisch-geistigen Gesamtleistung verstanden.

Alters-/Zielgruppe: Grund-,Hauptschüler aller Alters-
A: 2/   stufen, Studenten.
   3/

Lern-/Erziehungsziele: Motivation, die Beschaffenheit und
L: 1.3   strukturelle Gesetzlichkeit der Um-
   1.4   gebung experimentell zu erforschen
   2.13   und das Verhältnis zu ihr ständig
   2.3   zu überprüfen. Kreativitätsentfal-
   2.4   tung. Kritische Durchdringung der
   2.43   Lebensvorgänge und -gewohnheiten.
                        Förderung der Entwicklung der ei-
                        genen Persönlichkeit. Selbstbestä-
                        tigung durch die Bewältigung der
                        im Spiel gestellten Aufgaben.
                        Selbsterziehung durch die Übernah-
                        me von Anregungen, in der kriti-
                        schen Auseinandersetzung mit sich,
                        dem Partner und der Umwelt. Selbst-

tätiger Umgang mit anderen Menschen. Kooperationsbereitschaft. Weckung eines neuen sozialen Verständnisses für die Gemeinschaft. Bereitschaft, andere Meinungen zu respektieren und andere Verhaltensweisen zu tolerieren. Erprobung eines flexiblen Rollenverhaltens.

Methoden:
M: 1.1
   2.33

Pantomime, Soziodrama, Masken-, Schatten-, Puppenspiel, Bewegungsspiel.

Institutionen:
I: 2.2
   2.3

Grund-, Hauptschule.

Rahmenbedingungen:
R: 4

Nützlichkeitsbestrebungen und Leistungszwänge setzen der natürlichen Entwicklung des Kindes von außen Grenzen, andererseits steht die isolierte Spielwelt in keiner Verbindung zur Realität der Zielgruppen.

Schlagwörter:

Selbsterziehung.

Kube, Klaus:

SPIELDIDAKTIK

Düsseldorf: Schwann, 1977   186 Seiten

"Gebräuchliche Spielformen werden definiert, diskutiert, beispielhaft belegt und auf ihre realisierbaren Lernzielbereiche und unterrichtlichen Verwendungsmöglichkeiten hin analysiert." (S. 11) Ableitung einer Typologie von Unterrichtsspielen und Darstellung der daraus erkennbaren Folgerungen für die Spieldidaktik und die allgemeine Didaktik.

Alters-/Zielgruppe: Schüler.
A: 2/
   3/

Lern-/Erziehungsziele: Soziales Lernen. Emanzipatorisches
L: 1   Lernen. Kognitives Lernen: Erwerb
   2   von sprachlicher Kompetenz. Erwerb
   3.4   von Fähigkeiten und Fertigkeiten
                       in Form von Wissen und Begriffen.
                       Entscheidungstraining. Konfliktfä-
                       higkeit. Rollenlernen(Einpassung
                       und Vorbereitung auf ein bestehen-
                       des Rollengefüge in der Gesell-
                       schaft). Integration der personalen
                       Identität des Lernenden in den Un-
                       terrichtsprozess.

Methoden: Offene Curricula. Lernspiel, Rollen-
M: 2.3   spiel, Planspiel.

Institutionen: Schule.
I: 2

Rahmenbedingungen: Gesellschaftlicher Rahmen der Di-
R: 3   daktik, Curriculumdiskussion.
   4

Schlagwörter: Curriculum.

Küng, Emil:

ARBEIT UND FREIZEIT IN DER NACHINDUSTRIELLEN GESELLSCHAFT

Tübingen: Mohr, 1971   267 Seiten

Darstellung, welcher "Stellenwert" und welche Funktion der Arbeit und der Freizeit "übermorgen" zukommen werden (Vorwegnahme einer verwirklichten Vier- oder Dreitagewoche). Untersuchung der vermutlichen Begleiterscheinungen, Konsequenzen und auftauchenden Schwierigkeiten. Erörterung sozialer, psychologischer und wirtschaftlicher Probleme durch einen Nationalökonomen.

Alters-/Zielgruppe: Bevölkerung fortgeschrittener Volks-
A: O/   wirtschaften.

Lern-/Erziehungsziele: Vermittlung von Lust am Lernen. Ein-
L: 2.1   sicht in Leistungsnotwendigkeiten.
   4.1   Förderung freiwilliger Aktivitäten.
   4.2   Allgemeine Daseinsorientierung. Subjektive Zufriedenheit, Erholung, Kompensation, Bildung, Erlebnis. Vorbereitung auf das Alter.

Methoden: Freizeitbildung (Charakter- und Per-
M: O   sönlichkeitsbildung).

Institutionen: Familie, Schule, Erwachsenenbildung.
I: 1.1
   2
   4.7

Rahmenbedingungen: Ökonomische Bedingungen der Arbeits-
R: 5   zeitverkürzung.

Schlagwörter: Arbeitszeitverkürzung.

Künnemann, Horst:

KINDER UND KULTURKONSUM
Überlegungen zu bewältigten und unbewältigten Massenmedien unserer Zeit.

Weinheim und Basel: Beltz, 1972   163 Seiten

Dieses Buch will vor allem Eltern helfen, mit ihren Kindern über Bücher, Comics, Fernsehsendungen, Zeitungen, die Werbung und den Rundfunk ins Gespräch zu kommen. Es werden Vorschläge und Hinweise gegeben, wie man mit Kindern und den entsprechenden Medien umgehen sollte, und Maßstäbe zur Beurteilung vorgelegt. Der Verfasser stellt fest, daß sich für die in diesem Buch behandelten Medien bereits bestimmte Tendenzen für die absehbare Zukunft erkennen lassen. Nicht nur gegenwärtige Strömungen zu bewältigen, sondern auch absehbare Entwicklungstendenzen abzuschätzen und darauf zu reagieren, wird die Erziehung der nächsten Jahre bestimmen müssen.

Alters-/Zielgruppe: Vorschulkinder, Schulkinder, Jugend-
A: 1/   liche.
   2/
   3/

Lern-/Erziehungsziele: Kreativität und, darauf aufbauend,
L: 1.1   Selbstverwirklichung entwickeln,
   1.3   genau beobachten, nach Unbekanntem
   1.4   fragen; selbst aktiv werden, etwas
   2.13   zu erproben. Sicherung einer besse-
   2.43   ren Umwelt. Aktiver Umgang mit dem
                         "Kulturkonsumangebot". Bewältigung
                         gesellschaftlicher Probleme und
                         Schwierigkeiten. Motivation bei
                         Lernprozessen ermöglichen. Bewußter
                         Umgang mit Spaßigem und Unterhalt-
                         samem. Geistige Selbständigkeit des
                         Kindes. Erziehung und Kommunikation
                         als wechselseitige Beziehungen zwi-
                         schen Kindern und Erwachsenen. To-
                         leranz, Freiheit von Vorurteilen,
                         geistige Beweglichkeit. Ersetzen
                         von Verboten und Zensurbestimmungen
                         durch geeignete Auswahlkriterien
                         für das kulturelle Angebot.

Methoden: Puppenspiel, Filme, Lernen durch
M: 2.2   Spielen, verbundenes Gespräch als
   2.34   gemeinsames Erlebnis, das Kinder
   3.22   und Erwachsene (Eltern u. Erzieher)
   5.1   zusammenhält.

<u>Institutionen:</u>   Familie, Kindergarten, -tagesstätte,
I: 1.1   Vorschule, Hort, Schule.
   1.3
   2
   2.1

Laufer, Heinz u.a.:

FREIZEITPOLITIK VON BUND, LÄNDERN UND GEMEINDEN
Eine Analyse und Versuch einer Neuorientierung
Kommission für wirtschaftlichen und sozialen Wandel, Bd.118
Abschnitt 6: DER FREIZEITBEREICH ALS GEGENSTAND VON BILDUNG
UND ERZIEHUNG (S. 200 - 250)

Göttingen: Schwartz, 1976   256 Seiten

Betrachtungen über die Notwendigkeit von Freizeiterziehung. Erörterung von Aspekten (sozialwissenschaftlich, naturwissenschaftlich-ökologisch, wirtschaftlich, medizinisch) innerhalb dieses Erziehungsprozesses. Zusammenfassende Überlegungen zu Curriculum, Erwachsenenbildung und "Freizeitberufen".

Alters-/Zielgruppe: A: 0/	Bürger der Bundesrepublik Deutschland.
Lern-/Erziehungsziele: L: 1 2 5.1	Erziehung zum Bürger mit kritischem und bewußtem Freizeitverhalten. Erziehung zu eigenständiger und selbstverantwortlicher Freizeitgestaltung. Freizeitfunktionen: Rekreation, Kompensation, Edukation, Kontemplation, Kommunikation, Partizipation, Integration, Enkulturation.
Methoden: M: 5	Erziehung von früher Kindheit an, Unterricht, kurzfristig zu erteilende Beratung, Aktivierung, Information und Anleitung.
Institutionen: I: 1 2 4	Elternhaus, Schule, Erwachsenenbildungssystem, Ausbildungssystem für den Freizeitbereich.
Rahmenbedingungen: R: 1 2 7	Finanzierung, Koordination der Aktivitäten, Kooperation der Behörden und Einrichtungen, gesetzliche Grundlagen für Professionalisierung.
Schlagwörter:	Curriculum, Freizeitberufe.

Lehmann, Jürgen; Portele, Gerhard:

SIMULATIONSSPIELE IN DER ERZIEHUNG

Weinheim und Basel: Beltz, 1976 368 Seiten

Nach der Diskussion einiger für die Thematik wichtiger Begriffe wird die Sozialisationsfunktion von Spielen im anthropologischen Kontext und ihre Beziehung zu anderen gesellschaftlichen Bereichen, wie z.B. Erziehungsumwelt, Gesellschaftsformen usw. behandelt. Theoretische Analysen, empirische Untersuchungen, Diskussionen und kritische Anmerkungen zu den pädagogischen Effekten von Simulationsspielen schließen sich an. Das Spiel wird dabei zu einem ausgewählten Hilfsmittel von Lernvorgängen, die Handlungsbedingungen und Ziele einer gegebenen Situation werden konstruiert. Im letzten Kapitel werden vier alternative praktische Ansätze mit zum Teil ausführlicher theoretischer Begründung vorgestellt. Praktiker sollen Anregungen erhalten zu eigenen simulationsspielorientierten Unterrichtsplanungen.

Alters-/Zielgruppe: Schulkinder, Jugendliche.
A: 2/
   3/

Lern-/Erziehungsziele: Spiel als Lernkonstruktion. Alter-
L: 1   native Realitäten ausprobieren und
   1.3   deren Regeln einüben. Förderung von
   2.13   explorativem Verhalten. Förderung
   2.4   von reflexivem Verhalten. Entwick-
   5.1   lung von sozialen Fähigkeiten und
                        Kompetenzen. Einstellungs- und Ver-
                        haltensänderung. Möglichkeit zur Ab-
                        schaffung von Defekten. Entwicklung
                        des Kollektivgefühls. Emanzipation.

Methoden: Projektarbeit. Kleingruppenarbeit.
M: 1.2   Simulationsspiele.
   2.35

Institutionen: Vorschule, Grundschule, Hauptschule,
I: 2.1   Gymnasien.
   2.2
   2.3
   2.5

Lenz-Romeiss, Felizitas:

FREIZEIT UND ALLTAG
Kommission für wirtschaftlichen und sozialen Wandel, Bd. 14

Göttingen: Schwartz, 1974   80 Seiten

Darstellung und Einordnung sich abzeichnender Tendenzen auf dem Freizeitsektor, ausgehend von einem "emanzipatorischen Erkenntnisinteresse". Kritik an der gegenwärtigen gesellschaftlichen Rolle der Freizeit, da die verschärfte Abgrenzung der Parzelle Freizeit von den übrigen alltäglichen Lebensbedingungen, insbesondere von der Arbeit zu keiner Erweiterung von individuellen und kollektiven Freiheitsspielräumen führt. Forderung, die Probleme der zunehmenden Freizeit auf politischer Ebene zu diskutieren. Entwicklung und Gegenüberstellung zweier Alternativen: 1. Abwertung und zeitliche Einschränkung der Arbeit, d.h. Verdrängen eines Teiles der Wirklichkeit, nämlich Produktion und Arbeitsplatz. 2. Aufwertung der Arbeit derart, daß aus ihr individuelles Selbstverständnis gezogen werden kann, daß sie als sinnvolle und lustvolle Tätigkeit angesehen werden kann, die nicht mehr scharf von der Freizeit abgrenzbar ist.

Alters-/Zielgruppe:
A: 0/

Bevölkerung der Bundesrepublik Deutschland. Aufgeschlüsselt nach Geschlecht, Altersgruppen, Berufsgruppen, Bildungsgruppen, Einkommensgruppen.

Lern-/Erziehungsziele:
L: 1.1
   1.4
   2
   5.1
   5.2

Förderung des Entstehens und Lebens einer demokratischen Basis. Einrichtung entsprechender Kommunikationskanäle und Kritik-Adressen. Betreibung einer Politisierung des Alltags im Detail, welche die Zusammenhänge in das Bewußtsein der Bevölkerung ruft, die durch das Leben in Parzellen verschüttet wurden. Verbesserung der Arbeitsbedingungen. Betriebliche Mitbestimmung. Partizipation der Bürger an Planung und Gestaltung der alltäglichen Umwelt. Entwicklung einer kritischen Haltung gegenüber dem Konsum und den ihn steuernden Mechanismen.

Lenz-Romeiss, Felizitas:

FREIZEITPOLITIK IN DER BUNDESREPUBLIK
Komission für wirtschaftlichen und sozialen Wandel, Bd. 67

Göttingen: Schwartz, 1975   223 Seiten

Überblick über den gegenwärtigen Stand freizeitpolitischer Überlegungen, Maßnahmen und Entscheidungsprozesse der öffentlichen Hand in der Bundesrepublik Deutschland. Aufzeigen des Konfliktes, in dem sich die öffentliche Hand befindet, durch Analyse der heute geläufigen Oberziele der Freizeitpolitik. Darstellung der gesellschaftlichen und institutionellen Bedingungen politischer Freizeitplanung in der Bundesrepublik Deutschland. Kritische Zusammenfassung der Bestandsanalyse und Entwicklung von Hinweisen für die Zukunft.

Alters-/Zielgruppe:
A: O/

Gesamtbevölkerung unter Berücksichtigung von sozial benachteiligten Gruppen und von Jugendlichen.

Lern-/Erziehungsziele:
L: 1.4   5.1
   2
   4.1
   4.2
   4.31

Chancengleichheit, Freiheit der Wahl, Aufhebung der "Parzellierung" der Freizeit, Partizipation am gesellschaftlichen Leben, Artikulation von Bedürfnissen, Selbstbestimmung, soziales Engagement.

Methoden:
M: 1
   2.2
   3.2
   4.8
   5.2
   5.3

Gewährleistung der Rekreation und Kompensation insbesondere in den Wohnungen und Wohnquartieren; Schaffung von Einrichtungen und Programmen für die Bedürfnisse verschiedener sozialer Gruppen nach räumlicher und zeitlicher Verteilung. Angebot von Hilfen und Diensten zum Ausgleich von Benachteiligung, zur Motivierung und Verhaltensänderung in der Nutzung der Freizeitangebote, gegenseitige Hilfe, Nachbarschaftsaktionen, Quartiersfeste, Gemeinwesenarbeit, Stadtteilselbstverwaltung.

Institutionen:
I: 1
   4

Wohn- und Lebensbereich, Freizeit- und kulturelle Einrichtungen und Maßnahmen.

Rahmenbedingungen:
R: 1
   2
   3
   4
   5

Arbeitsbedingungen, Wohnungs- und Städtebau, Raumordnung, Sozialpolitik, Gleichsetzung von Freizeitpolitik und Infrastrukturpolitik, Rigidität von Verwaltungen, finanzielle Situationen von Gemeinden.

Schlagwörter: Freizeitpolitik.

Lenzen, Heinrich (Hrsg.):

MEDIALES SPIEL IN DER SCHULE
Möglichkeiten darstellenden Spiels mit Spielgeräten und optoakustischer Apparatur.

Neuwied und Berlin: Luchterhand, 1974   137 Seiten

Dieser Sammelband stellt die theoretischen und praktischen Ansätze verschiedener Spielformen vor. Berichte über praktische Versuche in Schulen mit Masken, Figuren an Fäden, Hand- und Stabpuppen, Tonbandgeräten und Filmstreifen werden vorgestellt. Die Auseinandersetzung mit der Herstellung, den Möglichkeiten, den verschiedenen Darstellungsformen und den Überlegungen zur Durchführung ermöglicht die Aneignung solcher "Kulturtechniken", die für die Alltagsbewältigung äußerst bedeutsam sind. Auch Massenmedien wie Tonband, Ton-Bildkombinationen und Filmstreifen werden nach heilpädagogischen Möglichkeiten untersucht, um gesunde Kräfte zu wecken und Kontakte zu schaffen.

Alters-/Zielgruppe: Behinderte Schulkinder und Jugend-
A: 2/3   liche.
   3/3

Lern-/Erziehungsziele: Konzentrationsvermögen, Entfaltung
L: 1.1   von Phantasie und Vorstellungsfähig-
   1.3   keit, Förderung von Kritikfähigkeit
   1.4   in wechselnden Situationen, Rück-
   2.31   sichtnahme, Verständnis, Hilfsbe-
   2.4   reitschaft, Kooperation, Gemein-
   2.41   schaftsgefühl mobilisieren, zum
   2.43   Sprechen und zu selbständigen Äuße-
   4.33   rungen anregen, Stärkung von Kommu-
                        nikationsfreude, Gestaltungswillen
                        stärken, Harmonisierung angesteuer-
                        ter Bewegungen motorisch gestörter
                        Kinder.

Methode: Maskenspiel, Marionettenspiel,
M: 1.1   Hand- und Stabpuppenspiel, Tüten-
   2.34   puppenspiel, Schattenspiel, Sche-
   4.6   menspiel, Tonbandarbeit, Tonbild-
   4.8   schau-Spiel, Filmarbeit.

Institutionen: Sonderschule.
I: 2.8

Löwe, Armin:

HÖRENLERNEN IM SPIEL
Praktische Anleitungen für Hörübungen mit hörgeschädigten Kleinkindern. Sonderpädagogische Beiträge, Heft 16

Berlin: Carl Marhold, 1966, 1973^2 122 Seiten

Bedeutung der frühkindlichen Hörerziehung bei hörgeschädigten Kindern; Hinweise zur Höruntersuchung und -erziehung (beiläufige und planmäßige Hörerziehung). Eine planmäßige Hörerziehung, die beim Vorschulkind beginnen sollte, hält der Autor nur mit Hilfe des Spiels für möglich. Zur methodischen Gestaltung der planmäßigen Hörerziehung beschreibt er 30 Übungen zur Förderung des Hörvermögens und des Sprachverständnisses, jeweils mit den Angaben: Was soll erreicht werden? Was wird dazu benötigt? Wie wird die Übung durchgeführt? Variationsmöglichkeiten.

Alters-/Zielgruppe: Hörgeschädigte Kinder, insbesondere
A: 1/32   im Vorschulalter.

Lern-/Erziehungsziele: Hörenlernen und Sprachverständnis.
L: 3.2 (L 1.1)

Methode: Spiel/Funktionsübungen. Übungen zur
M: 1.1   planmäßigen Hörerziehung.

Institutionen: Familie, Sondereinrichtungen (Son-
I: 1.1   derkindergarten und -schule) für
   2.8   hörgeschädigte Kinder.
   5.3

Schlagwörter: Hörgeschädigte.

Löwe, Armin:

SPRACHFÖRDERNDE SPIELE FÜR HÖRGESCHÄDIGTE UND FÜR SPRACH-
ENTWICKLUNGSGESTÖRTE KINDER
Anleitungen für Elternhaus, Kindergarten, Klinik und Schule.
71 Bilder, Sonderpädagogische Beiträge, Heft 14

Berlin: Carl Marhold, 1964, 1976^4 186 Seiten

Der Autor beschreibt die wichtigsten sprachfördernden Spiele, wobei er sich immer wieder auf die kindliche Entwicklung bezieht. Die Spiele sind methodisch aufgebaut und jeweils mit Altersangaben, Spielanleitungen und Bezugsnachweisen versehen.

Alters-/Zielgruppe: Hörgeschädigte und sprachentwick-
A: 1/32   lungsgestörte Kinder im Vorschul-
   2/32   und Grundschulalter.

Lern-/Erziehungsziele: Sprachförderung (insbesondere För-
L: 3.4   derung des Sprachverständnisses).

Methoden: Sprachfördernde Spiele.
M: 1.1

Institutionen: Familie(Hausspracherziehung), Son-
I: 1.1   derkindergarten und -schule für
   2.8   hörgeschädigte und entwicklungsge-
   5.3   störte Kinder.

Schlagwörter: Hörgeschädigte, Sprachentwicklungs-
                       gestörte.

Lüd 72

Lüdtke, Hartmut:

FREIZEIT IN DER INDUSTRIEGESELLSCHAFT
Emanzipation oder Anpassung?
Analysen, Bd. 12

Opladen: Leske, 1972   95 Seiten

Darstellung notwendiger Grundlagen und Maßstäbe für die Beschäftigung mit dem Freizeitproblem anhand einer Vielzahl von Autoren. Lehr- und Lernmaterial für die verschiedensten Bereiche der politischen Bildung.

Alters-/Zielgruppe: A: O/	Bevölkerung ab 14 Jahren der Bundesrepublik Deutschland und im internationalen Vergleich.

Lern-/Erziehungsziele:
L: 2.1
    2.3
    5
	Individuelle Emanzipation, gesellschaftliche Innovation, Differenzierung der Lebensstile (Wahlfreiheit des Verhaltens), Kommunikationsfähigkeit (Herstellung von expressiven Sozialbeziehungen), soziale Integration (Sozialbeziehungen, Bildung neuer Werte), moralische Innovation ("Moral des Glücks" bezogen aus den das Freizeitverhalten bestimmenden Werten und Zielen), politische Emanzipation (individuelle Wahlfreiheit und entsprechende Verhaltensspielräume; Transfer von Verhaltensweisen des emanzipierten Konsumbürgers auf Verhaltensweisen des emanzipierten politischen Bürgers).

Methoden: M: O	Bereiche des Freizeitverhaltens; Konsum und Mode; Familienaktivitäten und Wohnen; Geselligkeit und Unterhaltung; Populärkultur und Massenkommunikation; Erotik; Erholung in "natürlichen Räumen" (Landschaft); Tourismus; Sport; Hobbyismus; Bildung; Politische Teilnahme.
Rahmenbedingungen: R: 5	Vermutete Ausweitung der individuellen freien Zeit.
Schlagwörter:	Arbeitszeitverkürzung.

Lüdtke, Hartmut:

PROBLEME DER INTEGRATION VON SCHULINTERNER UND SCHULEXTERNER
FREIZEIT DER SCHÜLER
In: Klaus Hoyer & Margrit Kennedy (Hrsg.):
FREIZEIT UND SCHULE

Braunschweig: Westermann, 1978   Seite 96 - 119

Darstellung von Problemen grundlegender Art, die es unwahrscheinlich machen, das Ideal einer Integration von Schule und Freizeit in absehbarer Zeit zu erreichen. Kritik von "anstaltsmäßig" organisierten Freizeitangeboten. Darstellung von Strukturunterschieden zwischen Schule und Freizeitstätte. Forderung nach Flexibilität im Austausch mit der Umwelt. und gegebenenfalls Verzicht auf unrealistische Ziele statt Erweiterung des Funktionsmonopols der Schule. Gegenüberstellung der Tendenzen zur "Verschulung" der Freizeit und der "Entschulung" des Unterrichts. Erprobung der Möglichkeiten verschiedener Modelle von Schule und Freizeit.

Alters-/Zielgruppe: Schüler von 11 - 18 Jahren.
A: 3/

Institutionen: Ganztags- und Gesamtschulen mit ge-
I: 2.4   trennten, angeschlossenen (additiv
    2.7   oder kooperativ) oder unterschiedlich integrierten Freizeiteinrichtungen.

Rahmenbedingungen: Inflation von folgenlosen Forderun-
R: 4   gen nach wesentlicher Veränderung des ökonomischen, sozialen und politischen Systems, zumindest aber jener Determinanten, welche die Struktur des Sozialisations- und Bildungssystems bestimmen.

Lüdtke, Hartmut:

JUGENDLICHE IN ORGANISIERTER FREIZEIT
Ihr soziales Motivations- und Orientierungsfeld als Variable des inneren Systems von Jugendfreizeitheimen.
Teil 2 der Untersuchung von Jugendfreizeitheimen (Teil 1: Gra 73)

Weinheim: Beltz, 1972   392 Seiten

Auf der Basis der allgemeinen, institutionellen und makrosoziologischen Voraussetzungen der Jugendfreizeitheime einerseits und des Entwurfs einer systematischen Theorie der Freizeit andererseits wird eine Theorie des sozialen Motivations- und Orientierungsfeldes von Jugendlichen in der Freizeit entwickelt. In einer kritischen Analyse wird aufgezeigt, wie dieses Feld in das innere System des Heims hineinwirkt und den Restriktionen der Heimorganisation entgegenwirkt. Skizzierung eines allgemeinen Modells eines Jugendfreizeitheims, das an einer soziologischen Organisationstheorie orientiert ist.

Alters-/Zielgruppe: Kinder und Jugendliche im Alter
A: 3/   zwischen 10 und 18 Jahren (domi-
   4/   nierend 16 - 18 Jahre).

Lern-/Erziehungsziele: Emanzipation, Interaktionsfähigkeit,
L: 1.4   Kommunikationsfähigkeit, Entspan-
   2.3   nung.
   4.2
   5.2

Methoden: Sportliche Aktivitäten, spezifische
M: 1.1   Hobbies, Interaktion mit Alters-
   2.2   gleichen, Ermöglichen von Gesellig-
   3.11   keit; Film; Fernsehen; Musik.
   3.21
   4

Institutionen: Jugendfreizeitheime: Jugendclub,
I: 4.21   Gruppenheim, Haus der Jugend, Ju-
                         gendzentrum, Jugendvolkshochschule.

Rahmenbedingungen: Verhältnis von Verwaltung bzw. Trä-
R: 4   ger der Einrichtung zu deren päda-
   5   gogischen Mitarbeitern.

Schlagwörter: Freizeittheorie.

Maase, Kaspar:

ARBEITSZEIT - FREIZEIT - FREIZEITPOLITIK
Informationsbericht Nr. 27

Frankfurt: Institut für Marxistische Studien und Forschungen, (IMSF), 1976 84 Seiten

---

Entwicklung von Grundlinien der Freizeitdiskussion in der Bundesrepublik Deutschland. Zusammenstellung und Kommentierung grundlegender Daten und Fakten zur Entwicklung der Arbeitszeit zwischen 1950 und 1974. Aufzeigen, daß die Freizeit nicht losgelöst von der Arbeitssituation gesehen werden darf und daß "Freizeitpolitik" im Interesse der Lohnabhängigen stets auch "Arbeitspolitik" sein muß. Darstellung von Ansatzpunkten für gewerkschaftliche Freizeitpolitik.

Alters-/Zielgruppe:
A: 0/1

Arbeiter, Angestellte, Beamte (= Lohnabhängige).

Lern-/Erziehungsziele:
L: 2.1
   2.4
   5.1

Überwindung von Selbstentfremdung. Vertretung eigener Interessen. Soziales Engagement. Erhöhung der Lebensqualität.

Methoden:
M: 4

Organisierter Kampf um humanere Arbeitsbedingungen und um gerechtere Verteilung von Arbeitszeit und Freizeit, vor allem für gesellschaftlich benachteiligte Gruppen der Arbeiterklasse in der Bundesrepublik Deutschland.

Institutionen:
I: 3

Betrieb und Gewerkschaft.

Rahmenbedingungen:
R: 4
   5

Kapitalinteressen kontra Emanzipationsbestrebungen der Lohnabhängigen.

Schlagwörter:

Freizeitpolitik, Arbeitszeitverkürzung.

Mann, Martin; Wehmeyer, Gunter:

WEITERBILDUNG UND FREIZEIT
Schriftenreihe des Bundesministers für Jugend, Familie und Gesundheit, Bd. 108

Stuttgart: Kohlhammer, 1976   110 Seiten

"Die Erwachsenenbildung als organisierte nachschulische Sozialisationsinstanz in unserer Gesellschaft soll zwei Aufgaben erfüllen: Sich ständig an die Forderungen einer sich ändernden Gesellschaft und an die Lern- und Emanzipationsbedürfnisse ihrer Mitglieder anpassen und sie befriedigen; Erkennen des 'lebenslangen Lernens' in der modernen Gesellschaft. Ausbildungs- und Bildungsdefizite eines großen Teils der Bevölkerung während der ersten und zweiten Sozialisationsphase nachträglich beheben und damit zur Herstellung sozialer Chancengleichheit beitragen."(S.9)
Exemplarische Untersuchung der Angebots- und Teilnehmerstruktur wichtiger Träger von Erwachsenenweiterbildung. Prüfung, inwieweit die oben definierten Aufgaben erfüllt werden bzw. wo und warum entscheidende Schwächen Hindernisse und einseitige Ausrichtungen die Erfüllung dieses Anspruchs verhindern.

Alters-/Zielgruppe:
A: 5/
    6/
    5/11
    5/52
	Erwachsene unter besonderer Berücksichtigung von Frauen, Arbeitern, älteren Menschen, Ausländern.

Lern/Erziehungsziele:
L: 2.1
    2.5
    5.2
	Weiterbildung innerhalb der Freizeit unter gesellschaftspolitischem Aspekt. Entfaltung der Persönlichkeit. Sicherung der Existenz. Aktive Teilnahme und Entscheidungsfähigkeit innerhalb von politischen und gesellschaftlichen Systemen. Einsicht in die zugrundeliegenden Zusammenhänge.

Methoden:
M: 1.2
    2.2
    2.3
	Gruppenbezogene Lehrmethoden. Projektarbeiten. Kurse mit Seminararbeit. Einzelveranstaltung mit Vortrag und Diskussion. Rollenspiel.

Institutionen:
I: 3.11
    3.21
    4.7
	Arbeitgeberverbände, Verbraucherverbände, Gewerkschaften, Freie Wohlfahrtspflege, Kirchliche Organisationen, Volkshochschulen, Universitäts-Erwachsenenbildung über Fernsehen und Rundfunk.

Rahmenbedingungen: R: 1 7	Organisationsformen und Finanzierung der Weiterbildungseinrichtungen.

Mayrhofer, Hans; Zacharias, Wolfgang:

AKTION SPIELBUS
Spielräume in der Stadt - mobile Spielplatzbetreuung

Weinheim: Beltz, 1973   176 Seiten

Der Versuch einer Aktivierung von Kinderspielplätzen soll modellhafte Erfahrungen bringen, die bei zukünftigen Planungen eingebracht werden können. Dabei geht es um: Einsatz neuartiger Materialien und Objekte, die billig sind und ohne großen Aufwand den Spielplatz verändern; Herstellung von Situationen und Spielaktionen, die die Kinder zu Aktivität, Selbstaussage und Kommunikation motivieren; Pädagogische Initiativen der Spielplatzbetreuung, die versuchen, die Forderungen an zeitgemäße Spielplätze zu organisieren und ansatzweise zu realisieren; Dokumentation und Auswertung der Erfahrung bei den Spielplatzaktionen; Kontakt und Aufklärung in Sachen Spielen, Freizeit und Spielplatz mit den Eltern, Anwohnern, Behörden, pädagogischen Ausbildungsstätten, Öffentlichkeit.

Alters-/Zielgruppe:
A: 1/5
   2/5
   3/5
   5/6

Kinder im Vor- und Grundschulalter, Jugendliche, besonders soziale Randgruppen wie Gastarbeiter- und Unterschichtskinder, Erzieher.

Lern-/Erziehungsziele:
L: 1
   2
   3
   4

Spiel- und Lernprozesse sollen sich frei entwickeln können und folgende Erfahrungen und Prozesse vermitteln: Umwelterfahrung, Lernen von Fertigkeiten, Lernen von Sozialformen, Entwicklung von Selbstbewußtsein, Anregung und Kontrolle der Motorik, Bewältigung von Agressivität, Auseinandersetzung mit Konfliktsituationen, Rollenspiel üben, Rollendistanz gewinnen, Umgang mit Erwachsenen üben, Anregung der Phantasie, Aktivierung der Kreativität, Ausprägen eigener Kommunikationsformen, Sprachbildung anhand aktivierender Erlebnisse, Kooperation nach zweckbedingten Gesichtspunkten, Aktualisieren und Ausagieren von unbewußten Zwängen und Defekten, Gefühl und Bewußtsein für die eigenen Körperfunktionen und Leistungsfähigkeit, Einschätzen von Risiko, Finden von gewaltfreien Sozialformen, Befriedigung von Lustbedürfnissen, Aufbau eines aktiven Ver-

Methoden:
M: 1.2
  2.2
  2.31
  3.1
  4
  5.5

Institutionen:
I: 4.1

Rahmenbedingungen:
R: 1

Schlagwörter:

haltens- und Handlungspotentials.
Mobile Spielplatzbetreuung (Projekt "Aktion Spielbus"). Visuelle und sprachliche Medien: Foto, Dia, Film. Flugblätter, Tonbandgespräche, Protokolle, Veröffentlichungen, Kindertexte, Kinderzeichnungen, Kinderzeitung.

Ausgesuchte Spielplätze.

Kooperation mit Behörden in Fragen der Finanzen, Materialien, Versicherung, Ordnungsvorschriften; Kontakt zu erwachsenen Anwohnern der Spielplätze.

Spielaktionen, Spielbus.

Mayrhofer, Hans; Zacharias, Wolfgang:

ÄSTHETISCHE ERZIEHUNG
Lernorte für aktive Wahrnehmung und soziale Kreativität.
Orientierungen für ästhetisches Lernen.

Reinbek bei Hamburg: Rohwolt Taschenbuch, 1976   364 Seiten

Bestandsaufnahme zur ästhetischen Erziehung, anknüpfend an die Funktionen der Wahrnehmung und der ästhetischen Aktivität. Versuch der Einbeziehung von aktuellen pädagogischen Forderungen wie Situations- und Lebensbezug im Lernprozeß, Aktualisierung des "heimlichen Lehrplans", offene Curricula und Projektlernen. Einsicht in die Notwendigkeit, ästhetische Erziehung aus der Schulbefangenheit zu lösen und als autonome Lernform zu organisieren. Neue Zielbestimmung von Organisation und Qualität ästhetischen Lernens.

Alters-/Zielgruppe: Kinder, Jugendliche, Erwachsene.
A: 2/
   3/
   5/

Lern-/Erziehungsziele: Aktivierung des Wahrnehmungsverhal-
L: 1   tens. Unterstützung von Erfahren
   2   und Verändern der Umwelt. Versuch,
   5.1   Rezeption und Produktion ästheti-
   5.2   scher Objekte und Situationen auf
                            aktuelle Lebenssituationen zu bezie-
                            hen und dabei Lernen mit Handeln zu
                            verbinden. Vermittlung kreativer
                            Verhaltensweisen und Fähigkeiten im
                            kulturellen und sozialen Bereich.
                            Hilfestellung bei Durchsetzung ei-
                            gener Interessen. Beitrag zur Her-
                            stellung authentischer Öffentlich-
                            keiten.

Methoden: Inhaltliche Füllung der eher forma-
M: 1   len Organisationsbereiche mit au-
   2   thentischer Erfahrung und mit gegen-
   3.1   ständlicher Tätigkeit. Mediale,
   3.3   sinnlich-wahrnehmbare Aufbereitung
   4   von Lernsituationen und Lernmilieus.
   5.1   Vermittlung von interessenbedingten
                            Ausdrucks- und Artikulationstechni-
                            ken. Herstellung von Teilöffentlich-
                            keiten und Inszenierung von reali-
                            tätshaltigen Erlebnissituationen.
                            Nicht reglementierte, nicht zielfi-
                            xierte Beschäftigung mit Materiali-
                            en, Pflanzen, Tieren. Musik, Theater,
                            Feste, Spiele, Spielaktionen, Aus-

May 76/2

stellungen, demonstrative Aktionen, aktiver Urlaub; Video, Tonband, Zeitung, Collage, Foto.

Institutionen:
I: 1
   2
   4

Wohngebiet, Spielplatz, Straßen, Plätze, Parks, Kindergarten, Schule, Sportplatz, Treffpunkte, Kirche, Freizeithaus, Markt, Kaufhaus, kommerzielle Kommunikationseinrichtungen, Produktionsstätten, Kino, Kulturorte, Veranstaltungen, Feste, Vereine, Initiativgruppen, Jugendgruppen, Tierpark, Schulungsveranstaltungen.

Rahmenbedingungen:
R: 3
   4

Beziehung zwischen innovativen pädagogischen Projekten und etablierten Bildungseinrichtungen.

Schlagwörter:

Curriculum. Spielaktionen.

Mayrhofer, Hans; Zacharias, Wolfgang:

NEUES SPIELEN MIT KINDERN drinnen und draußen.

Ravensburg: Maier, 1977   123 Seiten

Diese Spielesammlung stellt ein Spektrum dar, was alles gespielt werden kann, wie die Spielfähigkeit der Kinder gefördert werden kann, wie nützliche Erfahrungen, Spaß und Entspannung miteinander verbunden werden können. Verschiedene Spielmaterialien, deren Beschaffung sowie selbsterdachte und selbstgemachte Spielobjekte werden vorgestellt. Vielfältige Spielräume und Spielsituationen werden erschlossen. Den einzelnen Spielen werden von den Verfassern pädagogische Hinweise zugeordnet, die sich mit der Spezialität des angeführten Spiels, den Besonderheiten des Materials und der spezifischen Förderung der Kinder durch das Spiel beschäftigen. Der Erwachsene ist als Spielpartner sehr erwünscht.

Alters-/Zielgruppe: Kinder von 3 bis 12 Jahren.
A: 1/
   2/
   5/

Lern-/Erziehungsziele: Ausformung der eigenen Phantasie;
L: 1.3   das Spiel der Kinder für nützliche
   2.1   Erfahrungen sinnvoll machen; Eigen-
   2.12   aktivität anregen; Selbstbewußtsein;
   2.16   in einer Gruppe lernen, voneinander
   2.4   zu lernen; mit der eigenen Person
   2.42   auseinandersetzen und sich anderen
   4.33   mitteilen; Fähigkeiten wie Geschi-
                       lichkeit, Großzügigkeit, Kraft, Ge-
                       nauigkeit, Ausdauer erproben; Spiel-
                       fähigkeit.

Methoden: Aufführungsspiel, Psychodrama, Steg-
M: 2.32   reifspiel, Handpuppenspiel, Schat-
   2.33   tenspiel, Gesellschaftsspiele.

Institutionen: Kindergarten, Hort, Ferienfreizeit,
I: 1.3   Spielplatz, Park.
   4.1

Schlagwörter: Gesellschaftsspiele, Spielesammlung.

Mayrhofer, Hans; Zacharias, Wolfgang:

PROJEKTBUCH ÄSTHETISCHES LERNEN

Reinbek bei Hamburg: Rowohlt Taschenbuch, 1977   316 Seiten

Überprüfung des Prinzips ästhetischer Erziehung für die unterschiedlichsten Lernbereiche. Modelle für wirklichkeitsnahes ästhetisches Lernen. Darstellung von Stationen der Entfaltung und Qualifizierung eines Konzepts zur Intensivierung ästhetischen Lernens, das seine Bezüge gleichzeitig in der Diskussion um pädagogische Ziele und Inhalte wie auch im Rahmen alltäglicher pädagogischer Praxis zu verwirklichen sucht. Auswahl von Projekten, die sich auf unterschiedliche Lernorte und unterschiedliche Zielgruppen beziehen, entsprechend den Forderungen nach Differenziertheit und Wirklichkeitsnähe ästhetischen Lernens.

Alters-/Zielgruppe: Kinder und Jugendliche (3 - 20 Jahre)
A: 1/
   2/
   3/
   4/

Lern-/Erziehungsziele: Ästhetische Erziehung zur aktiven Wirklichkeitsaneignung und -interpretation, zur Beschäftigung mit Kunst, Gestaltung und Ausdruck. Unterstützung von interessenorientierter eigener Produktivität, um Fremdbestimmung und Deformation ästhetischer Aktivität zu verhindern. Einzelqualifikationen: Handlungskompetenz, Kreativität, Phantasietätigkeit. Überwindung der Distanz zwischen tradierter Kultur und aktuellen sozialen Situationen im Rahmen der Sozialisation. Stimulierung von Ausdrucks- und Gestaltungsaktivität. Emanzipation der Sinne durch authentische Erfahrungen in der Freizeit und damit unter dem Vorzeichen der Freiwilligkeit.
L: 1
   2.13
   2.5

Methoden: Lernen zwischen Wirklichkeit und Modell (Spiel und probeweise Identifikation), situationsorientierter Ansatz, offene Curricula, Projektlernen. Werkmaterial, Foto, Film, Video, Tonband, Spielmaterial, Rollenspiel, Aktionstheater.
M: 1
   2
   4

Institutionen: Kindergarten, Museum, Schulhof,

I: 1.3
   2
   4.1
   4.21
   4.4

Rahmenbedingungen:
R: 3

Schlagwörter:

Jugend- und Kommunikationszentrum,
Schule (außerhalb des Unterrichts),
Tagung.

Unterschiede zwischen Musischer Bildung und Ästhetischem Lernen.

Curriculum.

Mediengruppe Köln:

VÖLKER SETZT DIE SIGNALE
Medienhandbuch

Frankfurt: Jugend und Politik, 1977　　　　126 Seiten

Erweiterung der herkömmlichen linken Argumentation um den Bereich Medienarbeit im weitesten Sinne. Lieferung praktischer Voraussetzungen und Tips.

Alters-/Zielgruppe: A: 0/	Politische Gruppen.
Lern-/Erziehungsziele: L: 2.3 　　5.1	Artikulation von Interessen und Bedürfnissen. Praktische Umsetzung eigener politischer Vorstellungen. Soziale Kompetenz in der Handhabung von Medien.
Methoden: M: 3.3 　　4.8	Öffentlichkeitsarbeit, Medienarbeit. Fotografie (Kamera, Labor, Laborprozeß, Repro, Raster), Ton-Dia-Schau (Projektor, Tonband), Papier (Formate, Qualität), Schrift (Gestaltung, Typen), Druckvorlage, Druck (Umdruckverfahren, Offset, Siebdruck, Buchdruck), Buchbinden.
Institutionen: I: 1.4 　　4.2 　　4.21 　　4.4	Jugendgruppen, Jugendzentren, Bürgerinitiativen.
Rahmenbedingungen: R: 2 　　4	Recht auf Meinungsfreiheit und Zensur in der Bundesrepublik Deutschland.

Mester, Ludwig:

FREIZEIT - PÄDAGOGIK
Beiträge zur Lehre und Forschung der Leibeserziehung, Bd. 9, herausgegeben vom Ausschuß Deutscher Leibeserzieher.

Schorndorf bei Stuttgart: Hofmann, 1961   84 Seiten

Aufsätze zu Grundfragen in Theorie und Praxis der Freizeitpädagogik für die in den Freizeiträumen wirkenden Betreuer. Leibesübungen erreichen eine umso größere Wirkung, je besser sie mit anderen Faktoren der Lebensgestaltung zusammengefügt sind.

Alters-/Zielgruppe: A: 2/ 3/	Kinder und Jugendliche.

Lern-/Erziehungsziele:
L: 2
   4
   5.3
	Wecken der Freude an freiwillig betriebenen Leibesübungen, um einem neuen natürlichen Leistungsempfinden (im Gegensatz zu"Leistungsbesessenheit") gerecht zu werden. Befriedigung des Abenteuerdranges und der Unternehmungslust. Gestaltung des musischen und sportlichen Lebens aus der Selbsttätigkeit aller Kräfte. Die Bewährung der sozialen Verantwortung am gemeinsamen Werk. Die Befriedigung des Wissensdranges aus einer echten Fragehaltung der Umgebung gegenüber (Natur, Mensch, Heimat). Entwicklung eines neuen menschlichen Verhältnisses zum Lehrer. Praktizieren der Schülermitverwaltung. Entwicklung von sozialem Verantwortungsgefühl.

Methoden:
M: 1
   2.2
   3.1
	Gruppenpädagogik (Gespräch, Begegnung, Vorhaben, Projekt).

Institutionen:
I: 1.3
   2
   4.21
   4.6
	Zelten in Jugendgruppen, Einbeziehung von Schullandheimaufenthalten in das Schulleben, Einrichtung von Ferienspielen, Errichtung von besonderen Erziehungsstätten (Kurzschulen), in denen die Prinzipien des Abenteuers und der gegenseitigen Hilfe bestimmend sind, Ferienfreizeiten in Jugendherbergen und Heimen.

Moor, Paul:

DIE BEDEUTUNG DES SPIELES IN DER ERZIEHUNG
Beiträge zur Heipädagogik und Heilpädagogischen Psychologie,
Bd. 9

Stuttgart: Huber, 1968   151 Seiten

Hinweis auf den vollen Umfang der im Spiel gegebenen erzieherischen Möglichkeiten und auf die zu ihrem Schutze unerläßlichen erzieherischen Notwendigkeiten. Keine Gegenüber- oder Entgegenstellung von Spielpädagogik und Spieltherapie, "sondern Versuch zu zeigen, wieviel reicher die im Spiel liegenden erzieherischen Möglichkeiten sind als die therapeutischen, und wie auch die Spieltherapie ihr Ziel erst dort erreicht hat, wo sie die vollen erzieherischen Möglichkeiten des kindlichen Spieles wieder aufgeschlossen hat". (S. 8)

Alters-/Zielgruppe:
A: 1/
   2/
   1/33
   2/33
   1/4
   2/4

Kleinkinder und Kinder, geistigbehinderte und erziehungsschwierige Kinder.

Lern-/Erziehungsziele:
L: 2.1
   2.4

Positiver Umgang mit dem 'noch ungebrochenen' kindlichen Spiel. In der Spieltherapie: Das Kind spielen lehren, ihm dazu verhelfen, die Möglichkeiten des Spiels wieder zu entdecken. Soziales Lernen.

Methoden:
M: 2.3
   4

Spielpädagogik, Spieltherapie unter Berücksichtigung entsprechender Theorien.

Institutionen:
I: 1.1
   5.2
   5.3

Familie, Erziehungseinrichtungen.

Rahmenbedingungen:
R: 3

Verhältnis von Spiel und Arbeit. Problematisierung dessen, wie Arbeit heute verstanden wird und was sie sein könnte.

Schlagwörter:

Spieltherapie.

Moser, Helmut; Preiser, Siegfried (Hrsg.):

UMWELTPROBLEME UND ARBEITSLOSIGKEIT.
Gesellschaftliche Herausforderungen an die Politische Psychologie. Fortschritte der Politischen Psychologie, Bd. 4.

Weinheim: Beltz, 1983   Ca. 250 Seiten

Der Band befaßt sich mit psychologischen Beiträgen zu einigen aktuellen gesellschaftlichen und gesellschaftspolitischen Brennpunkten, u.a. auch mit Fragen der Lebens- und Wohnumwelt, der Freizeit- und Arbeitswelt.
Im Themenbereich Arbeitslosigkeit werden von mehreren Autoren insbesondere deren psychosoziale Auswirkungen anhand empirischer Forschungsergebnisse engagiert und kompetent behandelt. Die Probleme bei der psychologischen Betreuung und Förderung von Arbeitslosen werden diskutiert. Es zeigt sich, daß bereits drohende Arbeitslosigkeit einen entscheidenden Einfluß auf das Lebensgefühl von jugendlichen Arbeitssuchenden und von Berufstätigen hat. Die Bedeutung der Arbeitssituation wird nicht nur als ökonomische Basis und als Lebensgestaltungsprinzip angesichts drohender Arbeitslosigkeit deutlich; vielmehr zeigt sich ihr Einfluß auch im Verhältnis des Arbeitenden zur Freizeit sowie bei der Entstehung von Ausländerfeindlichkeit.

Alters-/Zielgruppe: Arbeitslose und Berufstätige
A: 0/1
   0/22

Lern-/Erziehungsziele: Lebensqualität
L: 2.1   Solidarität
   2.42   Emanzipation
   5.1

Methoden: Selbsthilfegruppen, Fortbildungs-
M: 1   und Beschäftigungsprogramme für
   4   Arbeitslose

Institutionen: Arbeitsplatz, überbetriebliche und
I: 3   gewerkschaftliche Bildungs- und
   4.7   Weiterbildungseinrichtungen

Rahmenbedingungen: Öffentliches Bewußtsein
R: 4   Gewerkschaftliche Strategien

INHALTSÜBERSICHT der Beiträge, die sich mit den Themenbereichen Arbeit, Freizeit, Arbeitslosigkeit befassen:

Winter, Gerhard: ARBEIT UND ARBEITSLOSIGKEIT ALS GEGENSTAND PSYCHOLOGISCHER FORSCHUNG UND HILFE (S. 102 - 119)

Kieselbach, Thomas: ARBEITSLOSIGKEIT, GESELLSCHAFTSBEWUSSTSEIN UND KOLLEKTIVE INTERESSENORIENTIERUNG (S. 120 - 139)

Beckmann, Niels; Hahn, Klaus-Dieter & Scheller, Hans-Joachim: THEORETISCHE BEGRÜNDUNG UND PRAKTISCHE DURCHFÜHRUNG VON 4-WOCHEN-KURSEN MIT ARBEITSLOSEN (NACH § 41a AFG) (S. 140 - 149)

Hohner, Hans-Uwe: ZWISCHEN KONTROLLE UND OHNMACHT IN EINEM ZUNEHMEND RESTRIKTIVEN ARBEITSMARKT. THESEN ZUR PSYCHOLOGISCHEN BESTIMMUNG VON KONTROLLBEWUSSTSEIN (S. 150 - 166)

Hoff, Ernst-H.: GESELLSCHAFTLICHER ZWANG UND INDIVIDUELLER FREIRAUM? NAIVE UND WISSENSCHAFTLICHE THEORIEN ZUM VERHÄLTNIS VON ARBEIT UND FREIZEIT (S. 167 - 190)

Preiser, Siegfried: ÄNGSTE UND HOFFNUNGEN IN DER BERUFSPERSPEKTIVE VON LEHRERSTUDENTEN. VERÄNDERUNGEN WÄHREND DES SCHULPRAKTIKUMS (S. 191 - 194)

Volmerg, Birgit: AUSLÄNDERFEINDLICHKEIT IM INDUSTRIEBETRIEB? ERGEBNISSE AUS EINER EMPIRISCHEN UNTERSUCHUNG (S. 195 - 206)

Nahrstedt, Wolfgang:

DIE ENTSTEHUNG DER FREIZEIT
Dargestellt am Beispiel Hamburgs. Ein Beitrag zur Strukturgeschichte und zur strukturgeschichtlichen Grundlegung der Freizeitpädagogik.

Göttingen: Vandenhoeck & Ruprecht, 1972   372 Seiten

Der Autor stellt die Entstehung von "Freizeit" dar unter Berücksichtigung eines sozialwissenschaftlichen Ansatzes (Freizeit als Ergebnis der Industrialisierung) und eines pädagogischen Ansatzes (Freizeit als Nachfolgerin der antiken Muße und des mittelalterlichen christlichen Freiheitsbegriffes). Grundlegende These für die Analyse ist, daß die Freizeit durch die Aufklärungsbewegung seit der 2. Hälfte des 18. Jahrhunderts entstand, durch die Industrialisierung seit der 2. Hälfte des 19. Jahrhunderts aber erst eine umfassende soziale Verbreitung erlangen konnte. Herleitung des Begriffes "Freizeit" ("Freyheyt") in der vorindustriellen "Haus"-Wirtschaft; "Freizeit" in der modernen "Wirtschaftsgesellschaft"). Sechs Thesen zu geschichtlichen und gegenwärtigen Dimensionen von Freizeit: Freizeit als Verwirklichung des Freiheitsbegriffes der Aufklärung - Freizeit im Zusammenhang der Trennung von Arbeits- und Wohnstätte - Freizeit im Zusammenhang mit einer Veränderung der Bewertung/Strukturierung der Zeit - Verbürgerlichung der Muße - Arbeitszeit und Freizeit für die Industriearbeiter - Die Freizeit als eine neue zentrale Kategorie entspricht einem neuen Menschenbild und erfordert eine neue Pädagogik.

Alters-/Zielgruppe: Schüler, Berufstätige.
A: 2/
    3/
    4/
    5/

Institutionen: Familie, Schule, Arbeitsplatz, Frei-
I: 1   zeitstätten (Wirtshaus, Kaffeehaus,
    2   Club-/Vereinshaus).
    3
    4.3
    4.42
    4.52
    4.7

Rahmenbedingungen: Lebens- und Arbeitsbedingungen der
R: 1   Handwerker und Kaufleute in vorin-
    2   dustrieller Zeit, sowie der Arbei-
    3   ter, Handwerker und Kaufleute wäh-
    4   rend der beginnenden Industriali-
                             sierung.

Schlagwörter: Geschichte der Freizeit. Muße,
                             Freiheit.

Nahrstedt, Wolfgang:

FREIZEITPÄDAGOGIK IN DER NACHINDUSTRIELLEN GESELLSCHAFT
Band 1: Historische Voraussetzungen und gegenwärtige Situation.

Neuwied: Luchterhand, 1974   294 Seiten

Die verschiedenen Texte bemühen sich, den neuen Begriff der "Freizeitpädagogik" zu präzisieren und das neue Gebiet der "Freizeitpädagogik" erforsch- und studierbar zu machen, versuchen, von verschiedenen Fragestellungen aus einen Zugang zu dem Gesamtzusammenhang der Freizeitpädagogik zu gewinnen, versuchen ansatzweise, die Funktion der Freizeit als historische Größe im Rahmen der Entwicklung der Gesellschaft von der vorindustriellen in die wahrscheinliche nachindustrielle Phase zu bestimmen. Dabei wollen sie die Verbindung vom allgemeineren gesellschaftstheoretischen Rahmen zur Entwicklung von und in einzelnen Praxisfeldern der Freizeit und Freizeitpädagogik herstellen. Die Texte hypostasieren als Grundlage, daß die Freizeitpädagogik für die Pädagogik der entstehenden nachindustriellen Gesellschaft als einer Freizeitgesellschaft von richtungsweisender Bedeutung ist.

Alters-/Zielgruppe:
A: 0/
   1/   4/
   2/   5/
   3/   6/

Schüler, Jugendhausbesucher, Besucher von Freizeitstätten, Bevölkerung der Bundesrepublik Deutschland.

Lern-/Erziehungsziele:
L: 2.13
   5.1
   5.2

Selbstbestimmung, demokratisches Verhalten, Emanzipation.

Methoden:
M: 1
   3
   5.3
   5.5

Freizeitgemeinschaften an Schulen; Urlaubs- und Freizeitberatung; Konflikttheorie; Ausbildung von Freizeitpädagogen.

Institutionen:
I: 2
   4.21
   4.6

Schulen, Hochschulen, Jugendhäuser, Freizeitparks, Urlaubseinrichtungen, Freizeitläden.

Rahmenbedingungen:
R: 1
   2
   3
   6

Verhältnis von Sach- und Personalinvestitionen; Bildungspläne; "Schwellenangst" bei Freizeitläden; Verhältnis von Freizeitpädagogik und Schulpädagogik.

Schlagwörter:

Freizeitberatung, Geschichte der Freizeit.

Nahrstedt, Wolfgang:

FREIZEITPÄDAGOGIK IN DER NACHINDUSTRIELLEN GESELLSCHAFT
Bd. 2: Zukunftsperspektiven und Professionalisierung

Darmstadt, Neuwied: Luchterhand, 1974   157 Seiten

Auseinandersetzung mit Ergebnissen der Futurologie. Argumente und Ansätze für die Entwicklung freizeitpädagogischer Forschungs-, Bildungs- und Beratungsmöglichkeiten. Darstellung von Überlegungen zum Verhältnis von Freizeitpädagogik und Bildungsplanung. Versuch einer Übersicht über (Aus-)Bildungsmöglichkeiten auf dem Gebiet der Feizeitpädagogik (Freizeitpädagogen auf unterschiedlicher Qualifikationsstufe).

Alters-/Zielgruppe: Bevölkerung der Bundesrepublik
A: O/   Deutschland auf dem Weg zur nach-
                        industriellen Gesellschaft (zukünf-
                        tige "Lerngesellschaft").

Lern-/Erziehungsziele: Emanzipation.
L: 2.13

Methoden: Freizeiterziehung (demokratische
M: 5   Friedenspädagogik), Freizeitfor-
   5.1   schung, Freizeitplanung, Freizeit-
   5.2   beratung.
   5.3

Institutionen: Freizeitbewußte Familie, freizeit-
I: 1   pädagogische Schule, freizeitbeein-
   2   flußter Arbeitsbereich, Freizeit-
   3   stätten.
   4

Rahmenbedingungen: Schwerpunkt staatlicher Finanzie-
R: 1   rung liegt im Schulbereich; fehlen-
   2   de Ausbildungs- und Prüfungsordnun-
   3   gen; Vorherrschen des Arbeitsgedan-
                        kens.

Schlagwörter: Freizeitberatung.

Nahrstedt, Wolfgang (Hrsg.):

FREIZEIT IN SCHWEDEN
Freizeitpolitik, Freizeitplanung, Freizeitpädagogik, Freizeitforschung. Beiträge zu einer europäischen Theorie der Freizeit.

Düsseldorf: Rau, 1975   169 Seiten

Zielsetzung des Herausgebers: Darstellung wesentlicher Aspekte der Freizeit innerhalb der schwedischen Demokratie. Beschreibung der Aufgaben der Freizeit, wie sie sich dem Staat, den Gemeinden und Betrieben aus deren Sicht stellen. Erläuterung von Inhalten eines dominierenden Aspekts der Freizeit am Beispiel Sport. Berichte über Planung von Freizeiteinrichtungen, über Freizeitanimation, über Freizeit und Schule und über Freizeitforschung. Beibehaltung gegenteiliger Folgerungen der einzelnen Abschnitte, um die verschiedenen Bezüge aufzuzeigen. Verdeutlichung der Schwierigkeiten einer Übertragung auf die Bundesrepublik Deutschland. Kommentierung der Ergebnisse als Ansatz zu einer europäischen Theorie der Freizeit.

<u>Alters-/Zielgruppe:</u>
A: 0/3
    0/4
    0/5
    2/
    3/
    4/
    6/

Kinder, Jugendliche, Behinderte, Gefährdete, alte Menschen, ausländische Arbeitnehmer.

<u>Lern-/Erziehungsziele:</u>
L: 1.3
    1.4
    2
    4

Befähigung zu einer optimalen individuellen wie kooperativen Selbstbestimmung. Herstellung von Chancengleichheit. Forderung nach Tätigkeitsintegration und Altersintegration. Verankerung der Freizeitaktivitäten im Nahmilieu. Förderung der Frauen und deren Interessengebieten. Vermehrte Information und Animation für Menschen mit niedrigen Einkünften. Integration von Freizeitaktivitäten in den obligatorischen Schulalltag.

<u>Methoden:</u>
M: 1
    4
    5

Kommunikation, Beratung, Animation, Organisation, Leitung, Administration, Planung, Lehre, Forschung.

<u>Institutionen:</u>
I: 1.23   3
   1.3   4
   2

Freizeiteinrichtungen von Verbänden, Betrieben, Kommunen, Kirche, Schule, Ausbildungsstätten für "Freizeiberufe".

Rahmenbedingungen:
R: 4
   5

Schlagwörter:

Staatliches Integrationsbedürfnis, Aktivität als gesellschaftliche Norm, hohes Einkommen, geringe Bevölkerungsdichte.

Freizeitberufe.

Narr, Roland:

KINDERFEST.
-Eine pädagogische und gemeindesoziologische Studie. Reihe:
Kritische Texte zur Sozialarbeit und Sozialpädagogik.

Neuwied: Luchterhand, 1974   158 Seiten

Der Autor untersucht die unterschiedlichen Interessen der Beteiligten am Kinderfest in der Gemeinde (Gemeindeverwaltung, Schule, Vereine) und problematisiert die "Ideologie" des Kinderfestes, die sich an Begriffen wie Heimat, Gemeinschaft und Tradition festmacht, und die ein Fest für Kinder verhindert. Er will jedoch als Konsequenz aus seiner Kritik das Kinderfest nicht abschaffen, sondern zum einen die Begriffe "Heimat", "Gemeinschaft", "Tradition", die die gesellschaftliche Situation verschleiern, neu überdenken und definieren und zum anderen das Kinderfest neu aufbauen und den Kindern ermöglichen, ihr Fest zu verwirklichen. Er sieht eine Chance im Kinderfest, die Schule mehr als bisher in die Gemeinde zu integrieren.

Alters-/Zielgruppe:
A: 1/
   2/
   3/

Das Kinderfest ist für alle <u>Kinder</u> der Gemeinde und auch über sie hinaus.

Lern-/Erziehungsziele:
L: 1.3
   2

Bei den herkömmlichen, traditionellen Kinderfesten galten als Ziele: Die Förderung und das Erleben von Gemeinschaftsgefühl, von Heimatbewußtsein und Geborgenheit; die Fortführung von Tradition, Förderung des Erlebens von schönen Erinnerungen. Das Kinderfest als eine Sozialisationsinstanz.

Methoden:
M: 3
   5

Das Kinderfest ist eine Methode, Traditionen fortzuführen sowie verschiedene Gruppen der Gemeinde zu integrieren.

Institutionen:
I: 2

Am Kinderfest sind die verschiedensten Gruppen und Institutionen der Gemeinde beteiligt: Gemeindeverwaltung, Schule, Kirche, Vereine.

Rahmenbedingungen:
R: 3
   4

Die herkömmlichen Kinderfeste in der Gemeinde sind meist traditionelle Notwendigkeiten; sie werden auch als Propaganda für die Gemeinde abgehalten (Organisatoren sind die Gemeindefunktionäre und Leute der bürgerlichen Schicht wie Geschäftsleute).

Diese Ansprüche der Gemeinde führen
zu Interessenkonflikten mit der
Schule.

Schlagwörter: Feste.

Nie 76

Niermann, Johannes:

DER KINDERSPIELPLATZ
Ein Handbuch zur Planung, Gestaltung und Betreuung von
Spielplätzen für Kinder.

Köln: DuMont, 1976   255 Seiten

Der Autor geht davon aus, daß das Spiel eine der wichtigsten Voraussetzungen für die kindliche Sozialisation darstellt. Die heutige Umwelt bietet dem Kind jedoch wenig geeignete Anreize und geht nicht auf seine Bedürfnisse ein. Es fehlen Spielanlagen und Spielgeräte, die dem Kind Raum für Aktivitäten lassen und es zu kreativen Tätigkeiten anregen. Neben einer kritischen Analyse von bestehenden Spielplätzen bringt der Autor Anregungen und Vorschläge für die Planung, Gestaltung und Betreuung von kindgerechten Spielanlagen.

Alters-/Zielgruppe: Kinder von ca. 2 Jahren bis zum Ju-
A: 1/   gendalter (ca. 14 Jahre).
   2/
   3/

Lern-/Erziehungsziele: Auseinandersetzung mit der Umwelt;
L: 1   Entfaltung von Kreativität.
   2.5

Methoden: Planung, Gestaltung und Betreuung
M: 5   von Spielplätzen

Institutionen: Spielplätze (im Wohnbereich, im öf-
I: 4.1   fentlich-zugänglichen Bereich, im
                       institutionell-öffentlichen Bereich).

Rahmenbedingungen: Rechtliche Bestimmungen.
R: 2

Nordhoff, Paul; Robbins, Clive:

MUSIK ALS THERAPIE FÜR BEHINDERTE KINDER
Forschungen und Erfahrungen

Stuttgart: Klett, 1975   164 Seiten

Die Autoren beschreiben unterschiedliche Wirkungsweisen von Musik und musikalischen Aktivitäten als Therapie. Die Forschungslinien sind empirisch bestimmt, es werden Projekte in Europa und den USA vorgestellt und gewonnene Erfahrungen aufgeführt. In diesem Behandlungsprojekt wurden keinerlei Versuche unternommen, musikalische Stimuli zu standardisieren. Die Verfasser geben eine Einführung in die Musiktherapie, deren Möglichkeiten und Reichweite. Für Musiker, Therapeuten, Lehrer und Studenten wird eine Praxisorientierung gegeben, nach der Musik zu einem Werkzeug von Therapie für unterschiedliche Betroffene und unterschiedliche Arbeitssituationen werden kann.

Alters-/Zielgruppe:
A: 1/3
   2/3
   3/3

(Mehrfach-) Behinderte Kinder und Jugendliche.

Lern-/Erziehungsziele:
L: 1.1
   1.2
   1.3
   2.1
   2.15
   2.32
   3.2
   4.32
   4.33

Ungehinderte Aktivierung des Ich in der musikalischen Erfahrung. Steigerung des Wahrnehmungsvermögens und der Intelligenz. Weckung von Enthusiasmus und emotionale Auflösung von Belastendem durch eine schöpferische Einstellung. Musik unterstützt Aktivität, führt einen neuen Ordnungsfaktor in das innere Kontrollsystem ein, durch den Koordination gefördert wird; vertreibt Furcht und schafft Vertrauen; fördert die Fähigkeit, rhythmisch-musikalisch zu strukturieren; motiviert, die Stimme ausdrucksvoll zu gebrauchen; erweitert und belebt die Lebenserfahrungen retardierter Kinder.

Methoden:
M: 4.3
   4.6

Einzel- und Gruppentherapie; Musiktherapie; Szenisches Gestalten (Arbeitsspiel).

Institutionen:
I: 5.3

Heilpädagogische Einrichtungen.

Schlagwörter:

Musiktherapie.

Nowicki, Michael:

JUGENDARBEIT MIT ARBEITERJUGENDLICHEN
Über Schwierigkeiten proletarischer Jugendarbeit im Rahmen traditioneller Sozialarbeit.

Institut für Kultur und Ästhetik Seite 88 - 98

Unter den Bedingungen sich ausbreitender Jugendarbeitslosigkeit und der Gefahr weiterer Deklassierung der Arbeiterjugend (Alkoholismus, Kriminalisierung, Drogenabhängigkeit etc.) werden die Rahmenbedingungen von Jugendarbeit analysiert: Aufgaben und Ziele institutionalisierter Sozialarbeit; Selbstverständnis und Praxis staatlicher Jugendpflegemaßnahmen; das Verhältnis von Sozialarbeitern und Arbeiterjugendlichen; das Bedürfnis "Freizeit zu machen" bei Jugendlichen und Pädagogen.

Alters-/Zielgruppe:
A: 0/11
   0/22
   3/11
   3/22

Arbeiter, insbesondere Arbeiterjugendliche und deren schichtspezifische Probleme.

Lern-/Erziehungsziele:
L: 1
   2
   4
   5

Durch Aufklärung über gesellschaftliche und soziale Hintergründe soll mit diesen Beiträgen ein besseres Verständnis und eine effektivere Arbeit mit Menschen aus der Arbeiterschicht erreicht werden. Eröffnung von Handlungsperspektiven; Verarbeitung der Arbeitslosensituation; Erkenntnis der eigenen Situation und ihrer sozialen Bedingungen; alternative Lebenserfahrungen; Solidarität; Stärkung des Selbstbewußtseins; Identitätsfindung.

Methoden:
M: 1.2
   3.13
   (3.32)
   4.8

Projekte, Medienarbeit, Ton-Dia-Schau, Hintergrundinformationen.

Institutionen:
I: 1
   4.21
   4.31

Wohn- und Lebensbereich, Jugendfreizeitstätten, Sportvereine, Amateurvereine.

Rahmenbedingungen:
R: 4

Politische Realitäten und gesellschaftliche Bedingungen.

Opaschowski, Horst W. :

PÄDAGOGIK IN DER FREIZEIT
Grundlegung für Wissenschaft und Praxis

Bad Heilbrunn: Klinkhardt, 1976   287 Seiten

Freizeit wird in diesem Werk im Gesamtzusammenhang des individuellen und gesellschaftlichen Lebens, in ihrer sozialgeschichtlichen Entwicklung und ihrer Abhängigkeit von den übrigen Lebensbereichen gesehen. Freizeit wird hier als ein wesentliches Bestimmungsmerkmal für Lebensqualität gewertet und als ein Gradmesser für gesellschaftlichen Wohlstand und Wohlbefinden betrachtet. Der Autor befaßt sich mit den Auswirkungen der entfremdeten Arbeit und mit Erneuerungsprozessen aus dem Freizeitbereich, die im Arbeitsbereich in emanzipatorischer Absicht geplant werden können. In kritischer Distanz zur gesellschaftlichen Wirklichkeit wird eine Pädagogik der freien Zeit entwickelt, die für die Freiheit von Individuen und Gruppen und für den sozialen Fortschritt mitverantwortlich sein kann. Der Autor stellt fünf ausgewählte freizeitpädagogisch relevante Bereiche - Schule, Weiterbildung, Spiel, Sport, Kultur - dar und stellt fest, daß diesen Bereichen der von der Freizeitpädagogik propagierte Impuls zu sozial-kulturellem und kreativ-kommunikativem Handeln gemeinsam ist. Zum Abschluß des Buches stellt der Verfasser ein Alternativmodell zur "Freizeitgesellschaft" der Zukunft dar.

Alters-/Zielgruppe:
A: 1/
3/
6/
O/52
O/3
5/13

Kleinkinder, Jugendliche, alte Menschen, Ausländer, Behinderte, berufstätige Frauen mit Kindern.

Lern-/Erziehungsziele:
L: 2.5
2.12
2.2
2. 2.3
2.4
2.42
2.43
2.44

Lernen und Weiterbildung. Selbstbesinnung und Selbstfindung. Soziale Sensibilität. Mitteilung und Partnerschaft. Kooperation. Solidarität. **Soziale** Toleranz. Aggressionsbewältigung. Beteiligung und Engagement. Zerstreuung und Vergnügen.

Methoden:
M: 5.2
5.3

Informative Beratung (Information, Aufklärung. Bewußtmachung). Kommunikative Animation (Anregung und Befähigung zu sozialkommunikativem Handeln). Partizipative Planung (für die Verbesserung des Verhältnisses von Individuum, Gemeinwesen und Gesellschaft).

Institutionen: Kinderheime, Jugendheime, pädago-
I: 1.21   gisch betreute Spielplätze, Jugend-
   1.22   zentren, kulturelle, sportliche
   4.11   Freizeiteinrichtungen, Freizeitparks,
   4.21   Volkshochschulen, Bildungszentren.
   4.3
   4.4
   4.5
   4.7
   4.71

Schlagwörter: Freizeitgesellschaft.

Opaschowski, Horst W. (Hrsg.):

FREIZEITPÄDAGOGIK IN DER LEISTUNGSGESELLSCHAFT
Klinkhardts pädagogische Quellentexte

Bad Heilbrunn: Klinkhardt, 1977³   200 Seiten

Veröffentlichung von Grundlagentexten (Fetscher, Klunker, Adorno, Blücher, Hansen & Lüdtke, Hentig) zur Freizeitpädagogik unter besonderer Akzentuierung des Aspektes "Freizeit und Bildung" (Karst: Entwicklung eines Lernzielkatalogs 'Freizeitlehre/Freizeitkunde'; Klawe: Politische Bildung in Jugendfreizeitheimen; Meissner: Volkshochschule im Freizeitbereich; Opaschowski: Kulturelle Bildung im 'Lernfeld Freizeit'). Außerdem: Freizeitpolitik als Gesellschaftspolitik - Humanisierung des Alltags; Standortbestimmung der Freizeitpädagogik (Opaschowski).

Alters-/Zielgruppe: A: 0/	Bevölkerung der Bundesrepublik Deutschland mit entsprechender Differenzierung.

Lern-/Erziehungsziele:
L: 1.4
  2
  5
	Freizeitpädagogik als Gegengewicht zur Übermacht kognitiver Lerninhalte und dysfunktionaler Leistungssituationen. Sensibilisierung für soziale, kulturelle, kreative und kommunikative Aktivitäten. Ermöglichung von zwangfreiem sozialen Lernen im institutionellen und ausserinstitutionellen Bereich, in geschlossenen und offenen Situationen. Erschließung und Ausweitung von Freiräumen und "Nischen" für individuelle Selbstbestimmung und Verantwortung, für Entscheidungskompetenz und Eigeninitiative. Veränderung von Denkgewohnheiten und Verhaltensweisen als wesentliche Voraussetzung für eine Neueinschätzung von "Wohlstand" und "Lebensqualität".

Institutionen:
I: 1
  2
  4
	Orte der Freizeitpädagogik (u.a. Schule, Jugendfreizeitheim, Volkshochschule).

Opaschowski, Horst W.:

PÄDAGOGIK IM SPANNUNGSFELD VON FREIZEIT UND UNTERRICHT
In: Klaus Hoyer & Margrit Kennedy (Hrsg.):
FREIZEIT UND SCHULE

Braunschweig: Westermann, 1978   Seite 38 - 95

<u>Alters-/Zielgruppe:</u> A: 2/ 3/	Schüler von 6 - 15 Jahren.
<u>Lern-/Erziehungsziele:</u> L: 2 4.1 4.2	Synchronisierung des Schullebens durch Integration von unterrichtlichem und außerunterrichtlichem Lernen. Freizeit in der Schule unter Einbeziehung von Erholung und Entspannung, Ausgleich und Zerstreuung, Unterhaltung und Geselligkeit. Erweiterung von Bildung um soziale, kulturelle, kreative, kommunikative Aspekte.
<u>Methoden:</u> M: 1 2 3 4 5.1 5.5	Freizeiterziehung, Freizeitlehre, Freizeitkunde, Freizeitprojekte, Ausbildung von Freizeitpädagogen, Elternarbeit. Spiel, Sport, Musik, Kunst, Literatur, Medien, Technik.
<u>Institutionen:</u> I: 2.4 2.7	Ganztags- und Gesamtschulen.
<u>Rahmenbedingungen:</u> R: 3 4 5	Motivationskrise, Identitätsproblematik als Folge der Diskrepanz zwischen den Anforderungen des Leistungssystem und den legitimen Bedürfnissen der Individuen.

Opaschowski, Horst W. (Hrsg.):
FREIZEIT ALS GESELLSCHAFTLICHE AUFGABE.
Konzepte und Modelle.

Düsseldorf: Edition Freizeit, 1976   144 Seiten

Freizeit als gesellschaftliche Aufgabe wird von den verschiedenen Autoren aus unterschiedlichen Blickwinkeln erörtert.

Opaschowski, H.W.: FREIZEITVERSTÄNDNIS UND FREIZEIT-KONZEPTE IM SOZIALEN WANDEL. (S. 19 - 25)
Das Verhältnis von Arbeit und Freizeit wird in verschiedenen geschichtlichen Epochen (Reformation, Aufklärung) kurz erörtert. Dem negativen Freizeitbegriff (Freizeit als Abwesenheit der Arbeit) wird ein positives Freizeitverständnis gegenübergestellt ("freie Zeit", qualitative Handlungseinheit von spielerischer Arbeit, zielgerichteter Beschäftigung und zwangloser Muße).

Schlagwörter: Geschichte der Freizeit.

Kohl, Hans: ARBEIT UND FREIZEIT - PROBLEMLOSES NEBENEINANDER? Benachteiligungen verlangen eine politische Antwort.   (S. 27 - 32)
Der Autor beschreibt, daß Freizeit in ihrer heutigen Form ein Produkt der Industriegesellschaft ist und verdeutlicht die Abhängigkeit des Freizeitverhaltens von den Arbeitsverhältnissen. Die dadurch bedingte Freizeitqualität nimmt einen wesentlichen Teilaspekt des Lebens insgesamt ein.

Rahmenbedingungen: Arbeitsverhältnisse.
R: 5

Affeld, Detlef: IM SCHLEPPTAU VON POLITIK UND PLANUNG. Freizeitforschung - Probleme eines jungen Wissenschaftszweiges.   (S. 33 - 36)
Der Verfasser setzt sich mit vorhandenen Untersuchungen, Ansätzen und Möglichkeiten der bisher "extrem schwachen wissenschaftlichen Grundlagen von Freizeitpolitik und -planung" auseinander.

Methoden: Freizeitplanung.
M: 5.2

Möhring, Viktoria: GRUNDSÄTZLICHE ÜBERLEGUNGEN ZUM FREIZEITPROBLEM.   (S. 37 - 39)
Freizeit wird hier als umfassendes Problem betrachtet, wozu die Zusammenarbeit aller gesellschaftspolitisch verantwortlichen Gruppen wie Unternehmer, Schule, Elternhaus usw. erforderlich ist.

Bleistein SJ, Roman: KIRCHE UND FREIZEIT.   (S. 41 - 53)
Für den Verfasser stellt sich das Freizeitproblem als ein Problem des verlorenen Lebenssinns in der gehäuften freien Zeit dar. Eine unteilbare christliche Lebensform

könne zur Überwindung eines in sich zerissenen Lebens
beitragen. Es werden die christliche Sinngebung der Freizeit und die Freizeitaktivitäten der Kirche vorgestellt.

<u>Lern-/Erziehungsziel:</u>   Christliche Sinngebung der Freizeit.
L: 5.3

Lenz-Romeiss, Felicitas: DIE LEERFORMELN DER FREIZEITPOLITIK.
(S. 57 - 62)
Konzepte von Bund, Ländern und Gemeinden sind nicht genug bürgerorientiert. Die Autorin beschreibt, daß Freizeitkonzepte sich stärker am Bürger orientieren sowie ganzheitlicher Erfahrung menschlicher Existenz und gesamtgesellschaftlichen Interessen dienen sollten.

<u>Methoden:</u>   Freizeitplanung.
M: 5.2

Hoffmann, H.: MUSSE UND MUSEN.   (S. 63 - 69)
Plädoyer für eine neue Freizeit- und Kulturpolitik. Der Autor stellt ein Konzept vor, nach dem die Freizeitpolitik von dem Grundbedürfnis des Menschen nach ganzheitlicher Selbstverwirklichung und relativer Unabhängigkeit in Arbeit und Freizeit ausgehen sollte.

<u>Lern-/Erziehungsziel:</u>   Selbstverwirklichung.
L: 2.13
<u>Schlagwörter:</u>   Muße, Freizeitpolitik.

Cernik, Valentin: SPIELEN IST KEIN KINDERSPIEL. Im Blickpunkt: Spielanlagen und Spielplatzgesetze. (S. 71 - 78)
Der Autor schlägt vor, Anlagen zu entwickeln, die für Spiel, Freizeit und Sport, Erholung und Bildung von allen Altersstufen genutzt werden können.

<u>Institutionen:</u>   Abenteuerspielplätze.
I: 4.11
<u>Schlagwörter:</u>   Spielanlagen.

Meissner, Kurt: SINNVOLLE ERFÜLLUNG DER ARBEITSFREIEN ZEIT. Aufgaben und Angebote der Volkshochschule. (S. 79 - 83)
Der "Freizeitauftrag" der Volkshochschule wird als Integration von berufsbezogener, politischer allgemeiner Bildung und der Entwicklung eines aktiven Verhältnisses zur Kultur beschrieben.

<u>Lern-/Erziehungsziel:</u> ..Leben.
L: 2.1
<u>Institutionen:</u>   Volkshochschule.
I: 4.71

Weyer, Willi: DER PREISWERTESTE "GESUNDERHALTER". Die Herausforderung des Sports durch die Freizeit. (S. 85 - 89)
Das "explosive Wachstum" von Turn- und Sportbewegungen in der Freizeitgesellschaft wird beschrieben. Spiel und Sport gehören zum glücklichen Leben in der Freizeit.

<u>Methoden:</u>   Sport.
M: 1.1

Richard, Heinrich: ZURÜCK IN DIE STÄDTE? Die wachsende Bedeutung wohnungsnaher Freizeitmöglichkeiten.
(S. 93 - 98)

Der Verfasser weist auf die Notwendigkeit wohnungsnaher Freizeitmöglichkeiten in der Stadt hin, um freizeitgerechten Wohnungs- und Städtebau einzuleiten.

Schlagwörter: Stadt (Freizeitmöglichkeiten in der...).

Schmettow Graf von, Bernhard: STÄTTE FÜR INDIVIDUELLES UND GEMEINNUÜTZIGES LERNEN. Die Revierparks: Konzeption - Planung - Erfahrungen. (S. 99 - 103)
Revierparks verbinden auf einer Fläche von 25 - 30 ha Angebote für Erholung, Spiel, Sport, Information und Geselligkeit. Sie sind Begegnungs- und Berührungspunkte für Menschen aller Altersgruppen und Schichten. Fünf solcher Revierparks sind im Ruhrgebiet geplant, drei davon haben ihren Betrieb aufgenommen.

Lern-/Erziehungsziel: Individuelles und persönliches
L: 2.1 Handeln.
   2.3
Institutionen: Parks (Revierparks).
I: 4.5

Glaser, Herman: KULTUR UM DIE ECKE. Kommunikationszentren und Kulturläden. (S. 105 - 108)
Der geistig-seelischen Verelendung des Stadtbewohners soll mit kulturtherapeutischen Maßnahmen entgegengetreten werden. Es wird vorgeschlagen, Kulturorte zu schaffen, die sich mit Lern-, Wohn- und Arbeitsorten zu einer mannigfaltigen Ordnung zusammenschließen.

Institutionen: Kommunikationszentren, Kulturläden.
I: 4.4

Tillmann, Klaus J.; Baer, Ulrich: EIN FELD FÜR STRATEGISCHES LERNEN. Schulischer Freizeitbereich: Konzeptionslos und bedeutungslos. (S. 111 - 114)
Der Autor beschreibt, daß die Schüler unter den gegenwärtigen Bedingungen an den Gesamtschulen einen Kompensationsbereich benötigen, um aktionsfähig zu bleiben, Isolation aufzubrechen und Identität zu stabilisieren.

Lern-/Erziehungsziel: Identität.
L: 2.12
Institutionen: Gesamtschulen.
I: 2.4

Woesler, Dietmar M.: "ALTERSÜBERGREIFEND" UND "MULTIFUNKTIONAL". Zur (politischen) Konzeption der Freizeiteinrichtungen. (S. 115 - 121)
Für die Problembereiche in der Familie und in Gruppen kann und müssen -nach Auffassung des Verfassers- Freizeitkonzeptionen für alle Altersgruppen mit vielfältigen Möglichkeiten und Lösungshilfen angeboten werden.

Methoden: Freizeitplanung.
M: 5.2
Institutionen: Spielplatz.
I: 4.1

Opaschowski, Horst W.: UNFREIWILLIGE FREIZEIT? Exemplarische Anmerkungen zur Situation arbeitsloser Jugendlicher.
(S. 123 - 128)
Um soziale Folgen von Jugendarbeitslosigkeit zu verhindern, wird ein umfassendes Handlungskonzept vorgeschlagen, in das Ziele der berufspädagogischen Arbeit, der Freizeitarbeit und der politischen Bildungsarbeit miteinbezogen werden.

Alters-/Zielgruppe: Jugendliche (arbeitslos).
A: 3/22

Mallin, Walter: DIE "HEILE WELT" DER DISNEY-PARKS. Plädoyer für eine bedürfnisorientierte Freizeitindustrie.
(S. 131 - 135)
Die gegenwärtige Freizeitlandschaft wird skizziert: eine Palette zumeist aktivierender Unterhaltungsmöglichkeiten, von der münzautomatischen Unterhaltung bis zum Bootfahren. In Disney-Parks ist der Mensch bereit, sich zeitweilig in einer alltagsfernen Dimension zu fühlen und dafür auch Eintritt zu zahlen.

Schlagwörter: Kommerzielle Freizeitgestaltung.

Gottschalch, Wilfried: DIE FREMDBESTIMMTEN KONSUMENTEN. Zur Kritik an der Freizeitindustrie.   (S. 137 - 141)
Die Geschichte der Freizeit wird kurz dargestellt und die gegenwärtige Situation, durch Freizeitindustrie, soziale Ängste und den "manipulativen Typ" Mensch geprägt, ausgeführt. Es werden Tendenzen festgestellt, daß mehr und mehr Menschen die Würde des Menschen in der Arbeitswelt anstreben.

Schlagwörter: Geschichte der Freizeit.

Opaschowski, Horst W. :

FREIZEITPÄDAGOGIK IN DER SCHULE
Aktives Lernen durch animative Didaktik.

Bad Heilbrunn/Obb.: Klinkhardt, 1977   171 Seiten

Ziel ist, die Reform der Bildung humaner und sozialer zu machen, trozt der Krise in der Bildungs- und Beschäftigungspolitik. Es wird der Versuch gemacht, eine "Freizeitpädagogik in der Schule" als "animative Didaktik" zu begründen und fachliches, humanes und soziales Lernen in einen organisatorischen und curricularen Zusammenhang zu bringen. Schulisches Lernen muß auf die Sozialisationserfahrungen in Familie und Freizeit bezogen sein, wenn eine Entfremdung des schulischen Lernens vom außerschulischen Handeln vermieden werden soll. Die "Freizeitpädagogik in der Schule" kann ein wichtiger Ansatzpunkt für soziales und kreatives Lernen im Sinne von "aktivem Lernen" werden.

Alters-/Zielgruppe:
A: 2/
   3/

Kinder und Jugendliche aller Schultypen.

Lern-/Erziehungsziele:
L: 1
   2

Entdeckung individueller Fähigkeiten. Entwicklung sozial-kultureller Initiativen. Anregung zur Selbsthilfe- und Gemeinschaftsaktionen. Ermutigung und Befähigung zu relativ autonomem Handeln. Entwicklung von Kreativität als: Problemlösungsvermögen, Flexibilität, Umstellungs- und Kombinationsfähigkeit; Spontaneität, Phantasie; Sensibilität, d.h. Empfindungs-, Ausdrucks- und Wahrnehmungsfähigkeit; Neugierverhalten, Entdeckungs-, Experimentierfreude; Innovationsbereitschaft. Entwicklung von Kommunikation als: Kontakt-, Verständigungs-, Diskussionsfähigkeit, Spiel- und Kooperationsfähigkeit. Entwicklung von Partizipation als: Konflikt- und Kritikfähigkeit; Toleranzfähigkeit; Beteiligungs- und Aktionsbereitschaft, Engagement, Solidarität.

Methoden:
M: 5

Animative Didaktik als: Partizipative Planung, informative Beratung, kommunikative Animation.

Institutionen:
I: 2

Schule.

Rahmenbedingungen:
R: 5

Bedeutung der Freizeit als Sozialisationsträger.

Opaschowski, Horst W. :

SOZIALE ARBEIT MIT ARBEITSLOSEN JUGENDLICHEN
Streetwork und Aktionsforschung im Wohnbereich

Opladen: Leske, 1976   130 Seiten

Da nur ein kleiner Teil der arbeitslosen Jugendlichen durch Institutionen psychosozial ansprechbar ist, ist es notwendig, neue Formen offener Beratung und Hilfe zu erproben. Ein solches Beispiel ist das in diesem Buch beschriebene Streetwork-Projekt im Arbeiterviertel Duisburg-Hamborn in Verbindung mit Aktionsforschung (ein sechsmonatiger Modellversuch), das an Ort und Stelle bei den akuten Problemen der arbeitslosen Jugendlichen ansetzt. Der Autor erläutert die Problemlage der Arbeitslosigkeit Jugendlicher und den Forschungsstand, er analysiert die Struktur Hamborns als Brennpunkt der Jugendarbeitslosigkeit und stellt die Konzeption des Streetwork-Projekts sowie dessen Realisation dar. Ausgehend von der Streetwork-Praxis in Hamborn zeigt er Möglichkeiten und Grenzen sozialer Hilfen auf, beschreibt vier Haltungstypen der arbeitslosen Jugendlichen (die Zuversichtlichen ca. 10%, die Pragmatischen ca. 50%, die Resignativen ca. 30%, die Apathischen ca. 10%), erläutert soziale Folgen der Jugendarbeitslosigkeit (wie: Familie als Rückzugsort, Reduzierung sozialer Kontakte, psychosoziale Verarmung, materialisierte Lebenshaltung) und widerlegt die verbreitete Meinung, daß Jugendarbeitslosigkeit eine steigende Kriminalität bedinge. Der Autor zeigt sozialpädagogische Konsequenzen auf, die sich aus dem Modellversuch ergeben und stellt weitere ausgewählte Programme, Projekte und Konzepte von Jugendhilfe, Sozialpädagogik und Sozialpolitik dar.

<u>Alters-/Zielgruppe:</u> A: 4/22	Arbeitslose Jugendliche, ca. 15 - 20 Jahre.

<u>Lern-/Erziehungsziele:</u>
L: 2.3
   2.42
   2.5
	Stabilisierung des Selbstwertgefühls; Überwindung der Isolierung; Kontaktaufnahme und Kommunikationsförderung; Förderung der Eigeninitiative; Stärkung der Arbeitsmotivation und Erhaltung der Berufsperspektive.

<u>Methode:</u> M: 2.2 5	Streetwork und Aktionforschung; Arbeitsmethode war das Gespräch mit den arbeitslosen Jugendlichen.
<u>Institutionen:</u> I: 1.4	Die Arbeit mit den arbeitslosen Jugendlichen fand im Kontaktbereich der Straße und des Wohnbereichs statt. Auf weitere Institutionen wird nicht eigens eingegangen.

Pichottka, Ilse:

SPIEL IST KEINE SPIELEREI
Ein Beispiel kindlicher Gestaltungskraft, Anschauungsunterricht in Wort und Bild.

München: dtv, 1975 89 Seiten

Die Autorin geht davon aus, daß Spielen kein bloßer Zeitvertreib für das Kind ist, sondern daß es im Spiel Grunderfahrungen macht und Kenntnisse gewinnt. Dieses Erfahrungslernen verdeutlicht die Autorin am Beispiel vom kindlichen Umgang mit den sogenannten Winkelbausteinen. Es ist mit dem Erleben von Freude am Spiel voraussetzend für die spätere schulische Motivation. Die Autorin will mit ihrem Buch Erwachsene dazu anregen, die Kinder zu beobachten, ihnen zuzuhören, mit Interesse am Spiel teilzunehmen und so zu weiterem Tun anzuregen und sich nicht belehrend in das Spiel einzumischen.

Alters-/Zielgruppe: A: 1/	Kinder im Vorschulalter.

Lern-/Erziehungsziele:
L: 1
   2.42
   3.3
	Erfahrungen machen; Erkenntnisse; Leistungserleben (das Selbstwertgefühl steigern); Entfaltung von Fähigkeiten.

Methoden: M: 4	Freies Spiel, Bau-/Gestaltungsspiel.
Institutionen: I: 1.1 1.3	Vorschule (Kindergarten), Familie.
Rahmenbedingungen: R: 7	Spielatmosphäre (Raum, Zeit, Material).
Schlagwörter:	Gestaltungsspiel.

Pöggeler, Franz (Hrsg.):

MODELLE DER FREIZEITERZIEHUNG

Düsseldorf: Deutsche Gesellschaft für Freizeit, 1978
      Edition Freizeit, Heft 25   174 Seiten

In diesem Buch werden Modelle von Freizeiterziehung vorgestellt und Berichte aus der Praxis dargestellt.

Alters-/Zielgruppe: Von Kindern bis zu alten Menschen.
A: 0/

Methoden: Freizeitpädagogische Ausbildung.
M: 5

Institutionen: Freizeitparks, Freizeitheime,
I: 4.2   Kreativitätsschule, Christliches
   4.21   Jugenddorf, Volkshochschulen, Fami-
   4.22   lienferienstätten, Jugendherbergen.
   4.5
   4.71

Schlagwörter: Kreativitätsschule.

INHALTSVERZEICHNIS

Pöggeler, Franz: ZUR PROBLEMATIK DES PRAXISDEFIZITS IN DER
    FREIZEITPÄDAGOGIK   (S. 4 - 10)

Schmettow, Bernhard Graf von: PARTIZIPATION IN DER SOZIAL-
    KULTURELLEN PRAXIS - Der Revierpark Gysenberg und seine
    Programme von 1974 - 1977   (S. 11 - 36)

Höfinghoff, Jürgen: MODELLE DER FREIZEITERZIEHUNG AM BEI-
    SPIEL REVIERPARK NIENHAUSEN   (S. 37 - 56)

Dietrich, Horst: BERICHT AUS DER HAMBURGER FABRIK
                                                 (S. 57 - 80)

Kuhn, Egon: FREIZEITPÄDAGOGIK IM STÄDTISCHEN FREIZEITHEIM
    LINDEN   (S. 81 - 89)

Wollschläger, Gunther: DIE KREATIVITÄTSSCHULE WUPPERTAL
                                                 (S. 90 - 99)

Görlich, Joachim: FREIZEITERZIEHUNG IM CHRISTLICHEN JUGEND-
    DORFWERK DEUTSCHLANDS   (S. 100 - 105)

Woesler, Dietmar M.: PRAXIS DER FREIZEITERZIEHUNG IN EINER
    VOLKSHOCHSCHULE   (S. 106 - 119)

Pust, Hans-Georg: AUS DER PRAXIS EINER EVANGELISCHEN FAMI-
    LIENFERIENSTÄTTE   (S. 120 - 135)

Eichler, Hans Gert: KREATIVE ANGEBOTE FÜR DAS LEBENSALTER
    DER UNBEGRENZTEN FREIZEIT   (S. 136 - 146)

Axt, Peter: EINFÜHRUNG IN DIE PRAXISMODELLE DER FREIZEIT-
    ERZIEHUNG - Probleme der Integration qualifizierter frei-

zeitpädagogischer Inhalte in sozialpädagogische Studiengänge (S. 147 - 155)

Pöggeler, Franz: PRAXIS DER FREIZEITERZIEHUNG IN DEUTSCHEN JUGENDHERBERGEN (S. 156 - 163)

Leirman, Walter: FREIZEIT UND FREIZEITERZIEHUNG IN BELGIEN: VERSUCH EINER EMPIRISCH ORIENTIERTEN ANALYSE (S. 164 - 171)

Prahl, Hans Werner:

FREIZEITSOZIOLOGIE
Entwicklungen, Konzepte, Perspektiven

München: Kösel, 1977   151 Seiten

Darstellung unterschiedlicher Definitionsversuche von Freizeit. Aufzeichnung der historischen Dimension der Freizeit. Skizzierung empirischer Untersuchungen der Sozialforschung über Freizeitverwendung und Erörterung dominanter Freizeitaktivitäten. Überprüfung der Hauptthesen der Freizeitsoziologie. Aufzeigen von pädagogischen und politischen Konsequenzen. Kennzeichnung von Defiziten und Aufgaben einer Soziologie der Freizeit.

Alters-/Zielgruppe: Bevölkerung der Bundesrepublik
A: O/   Deutschland.

Lern-/Erziehungsziele: Erziehung zu Emanzipation und ge-
L: 2   sellschaftlicher Partizipation. Er-
   4.31   haltung und Wiederherstellung der
   5   Gesundheit. Aufhellung der Privi-
                             legierung/Unterprivilegierung im
                             Freizeit-Bereich. Entwicklung von
                             Modellen und Alternativen der Zeit-
                             verwendung. Nutzung der Freizeit
                             zur Wissensaneignung und Selbstver-
                             wirklichung.

Methoden: Freizeitforschung.
M: 5.6

Preiser, Siegfried:

DAS SPIEL ALS PÄDAGOGISCHES MEDIUM

In: Walter Spiel (Hrsg.):
KONSEQUENZEN FÜR DIE PÄDAGOGIK (1). Die Psychologie des 20. Jahrhunderts, Bd. 11.

Zürich: Kindler, 1980   Seite 357 - 379

Ausgehend von einem knappen Abriß der in der bisherigen Literatur diskutierten Klassifikationen, Kennzeichen, Funktionen und theoretischen Erklärungsansätzen des Spiels, wird das Verhältnis von Spielen und Lernen diskutiert sowie auf die Vorzüge spielerischen Lernens und auf mögliche Ziele einer Spielpädagogik eingegangen. Aus diesen allgemeinen Überlegungen werden Hinweise auf praktisch-pädagogische Konsequenzen abgeleitet, u.a. zu den Themen Funktionsanalyse von Spielen, Kreativitätsförderung im Spiel, Spielprojekte und Spielcurricula, Gestaltung von Spielsituationen und Spieldiagnostik.

Alters-/Zielgruppe:	Keine Einschränkung

Lern-/Erziehungsziele:
L: 1
   1.3
   2
   3
   4
   4.1
   4.2
   5
	Allgemeine Beziehungen zwischen Spielen und Lernen
	Kreativitätsförderung
	Erholung

Methode:
M: 1
   2
   3
   4
	Spiele verschiedenster Art als Lernsituationen

Institutionen:
I: 1
   2
   3
   4
   5
	Hinweise auf die universelle Möglichkeit, spielerische Lernsituationen in den verschiedensten Institutionen zu schaffen

Schlagwörter:	Theorien des Spiels.

Prior, Harm (Hrsg.):

SOZIALES LERNEN

Düsseldorf: Schwann Handbuch, 1976   428 Seiten

Da die gesellschaftliche Entwicklung mehr und mehr Komplexität und zunehmende Kontingenz produziert, muß diesen Entwicklungstendenzen das individuelle Vermögen der Menschen angeglichen werden. Die Absicht dieses Buches ist es, eine orientierende Grundlage für den Gegenstand des "Sozialen Lernens" zu bieten. Um den komplexen Bereich pädagogisch-praktisch zu bewältigen, wird folgende Systematik entwickelt : Soziales Lernen als elementare Sozialerziehung; Soziales Lernen als gruppendynamisch-interaktionistische Funktion; Soziales Lernen als sozialpädagogische und kompensatorische Funktion; Soziales Lernen als emanzipative und politische Funktion. Zwei zentrale Fragen kennzeichneten die Grundsatzdiskussion in einer Arbeitsgruppe (= mehrsemestrige Seminararbeit mit Lehrerstudenten, Referendaren und Lehrern): Welche Chancen hat das Soziale Lernen als bewußt und gezielt betriebene Sozialerziehung innerhalb der gesellschaftlichen Sozialisationsbedingungen und der "pädagogischen Rigorosität der heutigen Schule"? Welche Wechselwirkungen bestehen innerhalb der Entwicklung und Förderung des Sozialverhaltens zwischen der mikrosozialen Interaktionsebene und der gesellschaftsstrukturellen Ebene; und welche Abgrenzung ist zwischen dem sozialen und dem politischen Leben möglich und notwendig?

Alters-/Zielgruppe: Schüler und deren Eltern.
A: 2/

Lern-/Erziehungsziele: Kritische Einstellung; Kritikfähig-
L: 1.4   keit; Kritikbereitschaft; Identität;
   2.12   Sensibilität für soziale Reize;
   2.2   planmäßige Einübung und Anwendung
   2.3   von Sprache und Kommunikation; An-
   2.4   regung der Schüler zur Zusammenar-
   2.42   beit, gegenseitigen Hilfe, Partner-
   2.43   oder Gruppenarbeit; Förderung von
                       Solidaritätsbereitschaft im Leben
                       der Schüler; Toleranz.

Methoden: Veränderung des Schulsystems auf
M: die sozialen Grundforderungen der
                       Pädagogik hin; Errichtung eines in-
                       tegrierten Gesamtschulsystems.

Institutionen: Schule mit den notwendigen Bildungs-,
I: 2.4   Spiel- und Jugendarbeitseinrichtun-
   5   gen; Therapeutische Einrichtungen.

Rahmenbedingungen: Funktion der verschiedenen Institu-
R: 4   tionen im Rahmen der gegenwärtigen
   5   politisch-ökonomischen Verhältnisse.

Projektgruppe Jugendbüro und Hauptschülerarbeit:

DIE LEBENSWELT VON HAUPTSCHÜLERN
Ergebnisse einer Untersuchung

München: Juventa, 1975   310 Seiten

Im Mittelpunkt der Projektarbeit der Hauptschulgruppe steht in praktischer wie theoretischer Hinsicht das Problem der Schulentfremdung. Das Schulprojekt gab der Lebensweltuntersuchung nicht nur den institutionellen Rahmen vor, sondern bestimmte auch dessen untersuchungsleitende Fragestellungen: Die speziellen Probleme, Bedürfnisse, Fähigkeiten und Defizite von Schülern der Hauptschuloberstufe anhand relevanter Lebenssituationen herauszufinden und aufzuzeigen, welche Einflüsse und Bedingungen für Schüler der Hauptschulklassen von Bedeutung sind. Das Lebensweltprojekt konzentrierte sich darauf, die Situation und Lebensgeschichte zweier charakteristischer Schülergruppen zu untersuchen. Die Gruppe der dem Augenschein nach entfremdeten Hauptschüler wurde als "Jugendsubkultur", die andere Gruppe der institutionsfrommen Schüler als "Familienzentrierte" bezeichnet. Die Beschreibung und Analyse der beiden Lebenswelten basiert vor allem auf den Untersuchungsmethoden der Gruppendiskussion und Gruppenbefragung.

Alters-/Zielgruppe:
A: 3/   Hauptschüler der 8. Klasse unter Berücksichtigung ihrer Schichtzugehörigkeit.

Lern-/Erziehungsziele:
L: 2   Soziales Lernen.

Methoden:
M: 1.2   Projektarbeit (Lebensweltuntersuchung) der Hauptschulgruppe.

Institutionen:
I: 1.1   Familie, Straße, Schule, Jugendclubs, (Sport u.a.) Vereine, Grünflächen, Freibad.
    1.4
    2.3
    4.21
    4.3
    4.43

Schlagwörter: Konfliktstrategien.

Rüssel, Arnulf:

DAS KINDERSPIEL
Grundlinien einer psychologischen Theorie

München: Beck'sche Verlagsbuchhandlung, 1965^2 183 Seiten

"Spiel ist eine lustvolle Tätigkeit, die nicht um außerhalb ihrer liegender Zwecke, sondern um ihrer selbst willen ausgeübt wird". Der Autor stellt das Kinderspiel, das ein sehr mannigfaltiges und formenreiches Geschehen ist, in all seinen Erscheinungsformen dar, er beschreibt und analysiert seine Ablaufformen, wobei er eine Einteilung der Kinderspiele in Gestaltungsspiele, Spiele der Hingabe, Rollenspiele und Regelspiele vornimmt, und kommt auf diesem phänomenologischen Wege zu seiner Theorie des Spiels. Das Kinderspiel ist die zeitlich ausgedehnteste Lebensäußerung des Kindes und stellt einen besonderen Lebensbereich dar, der mit zunehmendem Alter des Kindes sich schärfer gegen andere abhebt. Der Umstand, daß das Kind im allgemeinen mühelos in diesem Bereich bleibt, führt zur Annahme einer besonderen Ich-Zuständlichkeit im Spiel, die der Autor Spiel-Ich nennt. Er sieht keine Berechtigung, einen Spieltrieb anzunehmen. Was das Spielgeschehen in Gang hält, sind Antriebe ohne vorwärtsweisenden, zielgerichteten Charakter wie Bewegungsdrang, Nachahmung und Ansteckung, Erlebnisfreudigkeit und die sich daraus ergebende Lust an der Wiederkehr des Gleichen. Abschließend setzt der Autor seine Theorie zu bisherigen Spieltheorien in Beziehung, zu denen von Buytendijk, Chateau, Scheuerl, Hartmann, Huizinga, Haigis und Bally.

Alters-/Zielgruppe: Kinder (keine Altersangaben).
A: 1/
   2/

Lern-/Erziehungsziele: Das Spiel ist ein sich selbst genü-
L: 1   gendes Geschehen, in dem körperli-
   2   che, seelische und geistige Kräfte
   3   geübt werden.
   4

Methoden: Kinderspiele, u.a. Rollenspiel.
M: 2.3

Schlagwörter: Gestaltungsspiele, Regelspiele, Hin-
                        gabe-Spiele, Spieltheorie, Phänome-
                        nologie des Spiels.

Schedler, Melchior (Hrsg.):

MANNOMANN!
6x exemplarisches Kindertheater.

Köln: DuMont-Schauberg, 1973   270 Seiten

In diesem Buch werden Inszenierungen des internationalen Kindertheaters ausführlich dargestellt; es wird dokumentiert, wie sie zustande kamen; der Werdegang der Inszenierung wird genau beschrieben sowie die Wirkungen und Reaktionen, die sie hervorriefen. Außerdem wird über die Theatersituation in den jeweiligen Ländern berichtet. Die exemplarischen Inszenierungen von emanzipatorischem Kindertheater aus Italien, Polen, Schweden, der Tschechoslowakei, den USA und West-Berlin machen deutlich, welche thematische und formale Spannweite das Kindertheater haben kann: vom politisch angriffslustigen Realismus, unterhaltsamen Lehrspiel, hermetischen Kindertheater, kritischer Geschichtsrevision bis zur antiillusionistischen Ironie.

Alters-/Zielgruppe: Kinder.
A: 1/
   2/

Lern-/Erziehungsziele: Ziel dieser emanzipatorischen Kin-
L: 1   dertheaterarbeit ist die Erweite-
   2   rung der Wirklichkeitserfahrung und
   5.1   die kindliche Selbstverwirklichung.

Methoden: Internationales Kindertheater. Die
M: 3.12   Kinder wurden z.T. in die Vorberei-
                       tung der Inszenierung mit einbezo-
                       gen. Puppentheater.

Institutionen: Kindertheater.
I: 4.42

Schedler, Melchior:

SCHLACHTET DIE BLAUEN ELEFANTEN!
Bemerkungen über das Kinderstück.

Weinheim und Basel: Beltz, 1973   226 Seiten

Der Autor beschreibt die Kindertümelei als die Schwester der Reformpädagogik, die stimmige Gegenwirklichkeiten errichtet und doch weiß, daß das, was sie beschreibt, nicht sein kann. Im Besonderen setzt er sich mit dem Kaspertheater und Märchen auseinander. Die sehr komplexe Figur des Kasper und die seiner dargestellten Metamorphosen - vom Hanswurst bis zum heutigen Hilfslehrer - bringt näher erläuterte Erkenntnisse über die sozialen Veränderungen der letzten 270 Jahre mit sich. Märchen werden in ihrer geschichtlich-sozialen Einbettung dargestellt. Der Verfasser baut die Position einer in die gesellschaftlichen Zusammenhänge eingreifenden Phantasie auf, die sich nicht aus der Wirklichkeit herausdrängen läßt, sondern sich produktiv an ihr versucht.

Alters-/Zielgruppe: Kinder im Vor- und Grundschulalter.
A: 1/
   2/

Lern-/Erziehungsziele: Produktive, soziale Phantasie: Soziale, eingreifende Phantasie, die lernt, gesellschaftliche Positionen anzuzweifeln und zu verschieben; Durchschauen sozialer Mechanismen, um den Prozeß der Bewegung und Überwindung zu vermitteln.
L: 1.3
   1.4
   5.1

Methoden: Kindertheater, Handpuppenspiel, Kaspertheater, Kinderliteratur (Märchen).
M: 2.2
   2.3
   2.34

Institutionen: Figurentheater, Kindergarten, Vor- und Grundschule.
I: 1.3
   2.1
   2.2

Schlagwörter: Kaspertheater.

Schedler, Melchior (Hrsg.):

KINDERFERNSEHEN ANDERS
Entwürfe zu einem emanzipatorischen Fernsehen.

Köln: DuMont-Schauberg, 1975   149 Seiten

Das Fersehen wird in diesem Buch als das bequemste und eingängigste Medium bezeichnet, welches eine besondere Verantwortung zu tragen hat. Als zentrale Frage taucht auf: Kann das Fernsehen gerade denjenigen, die am meisten fernsehen, deren Möglichkeiten begrenzt sind (Unterschichtskinder), zeigen, was in der Welt los ist? Es wird dargestellt und begründet, auf welchem Stand das herkömmliche Kinderfernsehen in der Bundesrepublik Deutschland ist und welchen Einflüssen es unterliegt. Danach wird gezeigt, wie ein Kinderfernsehen beschaffen sein müßte, das die kindliche Erfahrungswelt wiedergibt und ihnen hilft, die Wirklichkeit zu erfassen. Neben den Erfahrungen mit dem "bürgerlichen Fernsehen" werden Berichte über mediendidaktische Modelle vorgestellt. Die Dokumentation über Modelle, ein "neues, anderes Kinderfernsehen" zu entwickeln, den "Zuschauer sprechen zu machen", die auf systematischer Filmarbeit mit Kindern beruht, nimmt den Hauptteil dieses Buches ein.

<u>Alters-/Zielgruppe:</u> A: 2/ 3/	Kinder und Jugendliche.

<u>Lern-/Erziehungsziele:</u>
L: 1.1
   1.3
   1.4
   2.4
   5.1
	Förderung der Konzentrationsfähigkeit, eine Sache genau zu untersuchen; Spaß am Erkenntnisprozeß; Entwicklung und Betonung von Phantasie, Spontaneität und Improvisation; die Welt aktiv umgestalten; Fernsehen und Kinofilme als "etwas Gemachtes erkennen und beurteilen"; Erkennen der gemeinsamen Interessen und daraus folgend gemeinsames Handeln; Auffinden alternativer Spielmöglichkeiten; Reduzierung von Besitzansprüchen und Konkurrenzverhalten; den Kindern ihre "Klassenlage" bewußt machen.

<u>Methoden:</u> M: 1.2 2.3	Projektarbeit; Rollenspiel.
<u>Institutionen:</u> I: 2 4.21	Schülerladen, Jugendfreizeitheim.
<u>Rahmenbedingungen:</u> R: 4	"Unterdrückungsmechanismen des kapitalistischen Systems"
<u>Schlagwörter:</u>	Kinderfernsehen.

Scherf, Elisabeth:

AUS DEM STEGREIF.
Soziodramatische Spiele mit Arbeiterkindern

In: H. M. Enzensberger & K. M. Michel (Hrsg.):
KURSBUCH 34

Berlin: Kursbuch, 1973   53 Seiten

In diesem Artikel beschreibt die Autorin die Ergebnisse eines zweijährigen, regelmäßigen und freiwilligen Kindertheaterspielens. Sie stellt die Entwicklung des Stegreifspiels, Korrekturen von Vorstellungen und die dramaturgischen Griffe, mit denen Stegreifspiele in Gang gesetzt und vollzogen werden können, dar. Eine Vielzahl von Erfahrungen der Spielleiterin werden vermittelt und variierende sozio-dramatische Szenen aufgeführt.

Alters-/Zielgruppe:
A: 2/41
                  Lernbehinderte Schulkinder.

Lern-/Erziehungsziele:
L: 2.1
   2.2
                  Passiv erlebte eigene Erfahrungen werden aktiv und spontan miteinander reproduziert. Nicht das Endresultat mit der besten Leistung ist das Ziel, sondern der Prozeß des Miteinander, der solidarisches Verhalten entstehen läßt.

Methoden:
M: 2.33
   3.12
                  Soziodramatische Darstellung aus dem Stegreif, wobei die Spielleiterin von den Kindern und die Kinder von ihr lernten. Es sollen nicht Gefühle und Phantasien dargestellt, sondern die Wirklichkeit anhand konkreter Handlungserfahrungen reproduziert werden.

Institutionen:
I: 2.2
                  Schulklasse.

Schilling, Johannes:

FREIZEITVERHALTEN JUGENDLICHER
Eine empirische Untersuchung ihrer Gesellungsformen und Aktivitäten.

Weinheim: Beltz, 1977   309 Seiten

Systematische Zusammenstellung von Bausteinen zu einer Theorie der Jugendkunde. Bereitstellung von Material für Erzieher, damit diese durch fundiertes Wissen zu einem besseren Verständnis des Freizeitverhaltens Jugendlicher gelangen, was Voraussetzung ist, um den Interessen, Bedürfnissen und Problemen Jugendlicher in den Angeboten der Jugendarbeit gerecht zu werden. Erstellung eines Gesamtkontextes, in dem Jugend in einer industriellen Gesellschaft gesehen und verstanden werden muß. Untersuchung des Freizeitverhaltens Jugendlicher, um ein klareres Bild der Freizeitlandschaft Jugendlicher und dementsprechende Anregungen für die Jugendarbeit zu erhalten. Versuch der Erstellung eines theoretischen Bezugsrahmens für den Bereich der informellen Gesellungsformen.

Alters-/Zielgruppe: A: 3/ 4/	"Sozial unauffällige" und "potentiell gefährdete" Jugendliche von 13 - 18 Jahren.

Lern-/Erziehungsziele:
L: 2
   5.1
   5.2
	Rekreation, Kompensation, Ideation, Emanzipation; Kultivierung von Geselligkeit und Kommunikation, Selbstverwaltung von Clubs, Experimentieren zum Erlernen neuer Rollen, Selbständigkeit und Eigenverantwortung, Politische Bildung.

Methoden:
M: 1
   2.2
   3
	Geselligkeit, Gebrauch von Massenmedien, Medienkunde, mobile Jugendarbeit.

Institutionen:
I: 1.1
   1.4
   4.21
   4.31
   4.5
	Familie, Jugendclub, Sportstätten, Kneipe, Diskothek, Kino, Straßen und Plätze, Schwimmbad.

Rahmenbedingungen: R: 3	Negative Bewertung von Passivität durch die Erwachsenengesellschaft. Unbrauchbarkeit des Begriffes "sinnvoll" in Bezug auf Freizeit.

Schildmeier, Angelika:

FREIZEITMÖGLICHKEITEN AUSLÄNDISCHER ARBEITNEHMER
Schriftenreihe des Bundesministers für Jugend, Familie und Gesundheit, Band 114.

Stuttgart: Kohlhammer, 1978   128 Seiten

Das Buch enthält eine Untersuchung über Freizeitmöglichkeiten ausländischer Arbeitnehmer in der Bundesrepublik Deutschland, die in vier ausgesuchten Gebieten vorgenommen wurde. Ziel und Fragestellung der Untersuchung waren: Beschreibung der Freizeitsituation ausländischer Arbeitnehmer in der Bundesrepublik Deutschland. Die Analyse der Freizeitbedingungen im Hinblick auf die Förderung der Eingliederung. Zum Freizeitverständnis der ausländischen Arbeitnehmer ist bedeutsam, daß der Freizeit in den Herkunftsländern eine andere Bedeutung zukommt als in Deutschland.

Alters-/Zielgruppe: A: 4/11 4/52 5/11 5/52	Ausländische Arbeitnehmer (Jugendliche, Männer, Frauen) in der Bundesrepublik Deutschland.
Lern-/Erziehungsziele: L: 2.3 2.4 5	Freizeitpolitische Ziele: Befriedigung der Nachfrage nach speziellen Freizeiteinrichtungen, Integration. Direkte Ziele der ausländischen Arbeitnehmer wurden nicht genannt; Freizeitaktivitäten und -wünsche: Kommunikation mit Landsleuten und Kontakt zu Deutschen.
Methoden: M: 2.2	Gesellige Freizeitaktivitäten werden bevorzugt (Besuche bei Landsleuten, Treffs in Gaststätten, Spazierengehen mit der Familie usw.); Fernsehen, Lesen. Freizeitplanung zur Verbesserung der Situation ausländischer Arbeitnehmer.
Institutionen: I: 1.1 4.52	Die meiste Freizeit verbringen ausländische Arbeitnehmer in ihrer Familie, in nationalspezifischen Organisationen, in Gaststätten und in Grünanlagen.
Rahmenbedingungen: R: 1 2 3 4	Klima in Deutschland, Kultur, rechtliche Situation. Angebot an Freizeiteinrichtungen. Individuelle Bedingungen wie Zeit, Finanzen, Wohnsituation, Arbeitssituation.
Schlagwörter:	Freizeitpolitik.

Scheuerl, Hans:

DAS SPIEL
Untersuchungen über sein Wesen, seine pädagogischen Möglichkeiten und Grenzen.

Weinheim: Beltz, 1973^9(1954) 244 Seiten

Dieses Buch versucht, die Frage zu klären, ob eine generelle "Theorie des Spiels" überhaupt einen einheitlichen Gegenstand haben kann. Der Verfasser versucht, den Gesamtbereich aller spielerischer Erscheinungen phänomenologisch ("durch denkende und schauende Vorbesinnung", die allen empirischen oder behavioristischen Untersuchungsmethoden vorausgehen muß oder ihnen immanent ist) zu erklären, und gibt folgende Grundfragen an: Was ist das Spiel? In welchen Erscheinungsformen begegnet es uns? Welche Konsequenzen ergeben sich aus seinem reinen Sosein für die Pädagogik? Die pädagogische Reformbewegung und spieltheoretische Hauptpositionen werden in Beziehung zu Anliegen des Buches historisch fundiert dargestellt, der Sprachgebrauch als Wegweiser zur Bestimmung des Spiels angeführt. Der Verfasser erörtert die verschiedenen Erscheinungsformen des menschlichen Spiels (z.B. Bewegungsspiel usw.) und zeigt das Verhältnis von Spielen und Lernen auf. Die weitere Untersuchung befaßt sich mit den Möglichkeiten und Grenzen der in der Reformpädagogik vorgezeichneten Wege und ihrer kritischen Interpretation im Hinblick auf: Das freie Spiel, das gebundene Spielen, das Experimentieren, das Lernspiel, die spielerische Einkleidung, die Spielhaltung. Der Autor beschreibt abschließend, daß die höchste erreichbare Haltung die ist, die alle Arbeit um ihrer selbst willen betreibt, wo die Arbeit selbst zum "Spiel" wird. Die vorliegende Analyse verbleibt auf der Ebene der phänomenologischen "Wesensaussagen" des Spiels.

Alters-/Zielgruppe: Kinder, auch Jugendliche und Erwachsene.
A: 1/
   3/
   5/

Lern-/Erziehungsziele: Heiterkeit, Leichtigkeit, Lustigkeit, Hingabe, "feierlicher Ernst", Lernen, "Spielende" Bewältigung von Anforderungen im Leben.
L: 1

Methoden: Bewegungsspiele, Leistungsspiele, Spiele mit Darstellungscharakter, Spiele mit Schaffenscharakter (spielendes Schaffen).
M: 2.31
   3.12

Institutionen: Alle Orte kindlicher Spielumwelt.
I:

Schlagwörter: Phänomenologie des Spiels, Spieltheorie.

Schmidtchen, Stefan:

KLIENTENZENTRIERTE SPIELTHERAPIE
(Beiträge zur Erziehungsberatung, Band 6)

Weinheim: Beltz, 1974, Neuausgabe 1978.　　　136 Seiten

In der Arbeit wird die klientenzentrierte Spieltherapie erläutert, dabei wird hauptsächlich auf die Arbeiten von V. Axline (Spieltherapie) und H. Ginott (Gruppenpsychotherapie mit Kindern) zurückgegriffen. Erweitert wird die nicht-direktive Methode durch Einbeziehung von lerntheoretischen Annahmen und Erkenntnissen. Im theoretischen Teil wird die Spieltherapie dargestellt; die Grundsätze des therapeutischen Verhaltens werden vorgestellt und erläutert. Die Ergebnisse der empirischen Untersuchungsreihen im zweiten Teil bestätigen die Hypothesen, daß klientenzentrierte Spieltherapie emotionale Schwierigkeiten verringert, intellektuelle Defizite abbaut, größere Selbständigkeit und Verringerung von Verhaltensstörungen bewirkt.

Alters-/Zielgruppe:　　　Vorschulkinder und Schulkinder, die
A: 1/4　　　　　　　　　　in der Regel mehrfach gestört sind.
　　2/4

Lern-/Erziehungsziele:　Abbau emotionaler Schwierigkeiten
L: 1.4　　　　　　　　　　wie Angst, Neurotizismus;
　　2　　　　　　　　　　　Verbesserung des Verbalverhaltens
　　2.12　　　　　　　　　und der geistigen Flexibilität; grö-
　　2.14　　　　　　　　　ßere Selbständigkeit (erweiterte
　　2.3　　　　　　　　　　Konflikttoleranz und verbesserte
　　2.42　　　　　　　　　Selbsteinschätzung); Abbau und Ver-
　　　　　　　　　　　　　ringerung von Verhaltensstörungen.

Methoden:　　　　　　　　Nicht-direktives Verhalten des The-
M: 1.2　　　　　　　　　　rapeuten in der Spielstunde.
　　2.3
　　2.31
　　2.32

Institutionen:　　　　　Therapeutische Einrichtungen.
I: 5.2

Rahmenbedingungen:　　　Gruppen- und Einzeltherapien sind
R: 1　　　　　　　　　　　ungenügend vorhanden (Wartezeiten)
　　5　　　　　　　　　　　und belasten finanziell.

Schlagwörter:　　　　　　Spieltherapie.

Schmidtchen, Stefan; Erb, Anneliese:

ANALYSE DES KINDERSPIELS
Ein Überblick über neuere psychologische Untersuchungen.

Köln: Kiepenheuer & Witsch, 1976   133 Seiten

In der vorliegenden Arbeit wird versucht, einen Überblick über den gegenwärtigen Stand der Spielforschung zu geben und die Bedeutung des Spiels für die allgemeine Entwicklung des Kindes anhand wichtiger theoretischer Modelle und empirischer Untersuchungen herauszuarbeiten. Die Beziehungen von Spiel und kognitiver Entwicklung, Spiel und sozialer Interaktion und die emotionale Funktion des Spiels werden erklärt. Als Ergebnis stellen die Autoren fest, daß sich das Spiel zwar auf theoretischer Ebene durch die motivationalen und kognitiven Modelle in Kombination mit lerntheoretischen Erkenntnissen erklären läßt, die mannigfaltig angeführten Untersuchungsergebnisse jedoch nicht befriedigen, und die Frage nach Umsetung dieser Erkenntnisse in die diagnostische und therapeutische Einzelfallhilfe offen bleiben.

Alters-/Zielgruppe:
A: 1/
   2/

Kinder zwischen 3 und 10 Jahren.

Lern-/Erziehungsziele:
L: 1
   2.1
   2.2
   2.4
   3.1

Ausbildung kognitiver und motorischer Fähigkeiten; Erweiterung des Vorstellungs- und Erfahrungshorizontes der Kinder; Üben von Aufmerksamkeit, Gedächtnis- und Kombinationsfähigkeit; Vergrößerung des Reaktionsrepertoires, damit bessere Anpassung an unvorhergesehene Umstände; Erwerb zahlreicher sozialer Fertigkeiten durch die Spielgruppe; Erweiterung des Verhaltensrepertoires und Kennenlernen zahlreicher Rollendefinitionen samt dazugehörigen Normen; flexible Selbstdarstellung; Hineinversetzen in die Situation anderer; emotionale Entlastung bei Kindern: unbewußte Wünsche, Strebungen, unbewältigte Erlebnisse, Frustrationsansammlungen, aggressive Verhaltenstendenzen verarbeiten.

Methoden:
M: 2.3
   2.32
   2.33

Symbolspiele, Rollenspiele, Regelspiele, Wettkampfspiele, soziodramatische Spiele.

Institutionen: Kindergarten, Schule, psychologi-
I: 1.3   sche (Spiel-) Therapie.
   2
   5.2
Schlagwörter: Spielforschung, Spieltheorie, Spiel-
                        therapie, Regelspiele, Wettkampf-
                        spiele.

Schmitz-Scherzer, Reinhard:

SOZIALPSYCHOLOGIE DER FREIZEIT
Bericht über den Stand der Freizeitforschung in Soziologie und Psychologie.

Stuttgart: Kohlhammer, 1974   175 Seiten

Der Autor versucht in diesem Buch, über den Stand der soziologischen und psychologischen Freizeitwissenschaft zu berichten. Es werden Ökologie, Medizin, Planung und politische Maßnahmen sowie Analysen ausgewählter Freizeitaktivitäten miteinbezogen. Der Autor stellt die Häufigkeit und die Verteilung von Freizeitaktivitäten sowie deren Strukturierungsmöglichkeiten vor. Die das Freizeitverhalten differenzierenden Merkmale (Determinanten) wie Geschlecht, Alter, Konfession, Familienstand, sozialer Status, Schulbildung, Berufstätigkeit und Einkommen werden in ihrer Bedeutung näher erläutert. Darauf werden "formale" (im Verhalten zutage tretende Aktivitäten, wie Größe der Aktivität, Qualität der Stimmung, Ausmaß der Anregbarkeit usw.) sowie "inhaltliche" Persönlichkeitsmerkmale (z.B. Intelligenz) und ihr Bezug zum Freizeitverhalten untersucht. Im Rahmen des hier vorgestellten Determinantenkonzepts wird die Verflechtung der verschiedenen Lebensbereiche und deren Verknüpfung mit der Persönlichkeit deutlich. Die empirisch fundierte Freizeittheorie ist ihrerseits eine unverzichtbare Grundlage von Freizeitplanung und der sich auf die Freizeit beziehenden politischen Maßnahmen. Freizeit selbst stellt eine Determinante für den gesamten Lebensvollzug dar.

Alters-/Zielgruppe:
A: 0/

Keine bestimmte Altersgruppe.

Lern-/Erziehungsziele:
L: 2.11
   4.1

Vielfältige Aktivitäten im Freizeitverhalten und daraus resultierende Zufriedenheit als Globalgröße.

Methoden:
M: 5.2

Die Planung von Freizeiteinrichtungen soll die optimale Förderung und Entwicklung des Menschen anregen und dabei Ziel- und Mittelkonzeptionen der Freizeitpädagogik und Freizeitdidaktik berücksichtigen.

Institutionen:
I: 1
   2

Hinweis auf die Vielfalt von Institutionen, mit Bezug auf die oben angeführten Determinanten.

Rahmenbedingungen:
R: 6

Interdisziplinäre Freizeitforschung

Schlagwörter:

Freizeittheorie, Freizeitpolitik.

Scr 81

Schmitz-Scherzer, Reinhard:

PENSIONIERUNG UND FREIZEIT

In: Francois Stoll (Hrsg.):
ANWENDUNGEN IM BERUFSLEBEN. Die Psychologie des 20. Jahrhunderts, Bd. 13.

Zürich: Kindler, 1981   Seite 1115 - 1136

Dieser Beitrag ist aufgegliedert in die Erörterung der psychologischen Aspekte der Pensionierung, die kurze Beschreibung und Analyse des Freizeitverhaltens, die Rolle der Freizeit, deren Möglichkeiten und Grenzen im individuellen Leben.

Alters-/Zielgruppe: A: 6/	Senioren.

Lern-/Erziehungsziele:
L: 2.2
   2.3
   4.1
   4.31
	Ermöglichung, Sicherung und Erweiterung von sozialen Kontakten; Integration und Erweiterung der Teilnahme am kulturellen Leben; Gesundheitshilfe.

Methoden: M: 5.2	Freizeitplanung muß die große Gruppe der Senioren im Blickwinkel haben und zur Schaffung spezifischer Angebote (z.B. Seniorenzentren) beitragen.

Institutionen:
I: 1
   4.3
   4.52
	Wohnung, Garten, Club-,Vereinshäuser, Gasthäuser.

Schmitz-Scherzer, Reinhard:

FREIZEIT

Frankfurt: Akademische Verlagsgesellschaft, 1974. 512 Seiten

Erörterung methodischer Fragen der Freizeitwissenschaft. Darstellung von Positionen und Ansätzen einzelner Wissenschaften zum Freizeitproblem: Relevanz der Mitarbeit verschiedener Wissenschaften an der Freizeitforschung. Determinanten des Freizeitverhaltens (allgemeine Freizeitwissenschaft) und Problematisierung einzelner Freizeitsysteme (spezielle Freizeitwissenschaft).

<u>Alters-/Zielgruppe:</u>　　Bevölkerungsschichten und -gruppen
A: O/　　　　　　　　　　　in der Bundesrepublik Deutschland.

<u>Methoden:</u>　　　　　　　(Exemplarisch) Sport, Spiel, Urlaub,
M: 1.1　　　　　　　　　　Verreisen, Fernsehen, Hörfunk, Kul-
　　3　　　　　　　　　　　turprogramme.
　　5.6

Scs 75

Schmitz-Scherzer, Reinhard:

ALTER UND FREIZEIT

Stuttgart: Kohlhammer, 1975　　　　　　　　　　103 Seiten

Das Freizeitverhalten älterer Menschen wird als ein Verhaltensbereich dargestellt, der von sozialen, ökonomischen, ökologischen, persönlichkeits- , sozial- und entwicklungspsychologischen Aspekten auf der einen Seite und Momenten der Gesundheit auf der anderen Seite bestimmt wird. Freizeit ist nicht nur ein gesellschaftliches Problem und von der Analyse der Gesellschaft her verstehbar; zusätzlich werden Verständnis für das zu beratende Individuum und seine spezifische Situation vorausgesetzt. Personale und soziale Bestimmungsgrößen sind eng miteinander verbunden.

Alters-/Zielgruppe:　　　　　Menschen über 50 Jahre.
A: 6/

Lern-/Erziehungsziele:　　　Aufklärung und Information über vorhandene Möglichkeiten der Freizeitgestaltung können spätere Klagen über Unzufriedenheit und Langeweile vermeiden helfen. Die freizeitorientierte Arbeit kann von der vielfach bestätigten Annahme ausgehen, daß die Zufriedenheit mit den eigenen Freizeitaktivitäten auch eine Zufriedenheit mit der allgemeinen Lebenssituation bewirkt.
L: 2.11

Methoden:　　　　　　　　　　Arbeit mit Gruppen und individuelle Beratung.
M: 5.2
　　5.3

Institutionen:　　　　　　　Altenclubs.
I: 4.23

Schmitz-Scherzer, Reinhard (Hrsg.):

AKTUELLE BEITRÄGE ZUR FREIZEITFORSCHUNG

Darmstadt: Steinkopff, 1977　　　　　　　199 Seiten

Die in dem vorliegenden Reader gesammelten Beiträge versuchen, die sozialwissenschaftlich orientierte Freizeitforschung näher zu beleuchten.

Rüppell, H.:
BEWERTUNG DES FREIZEITNUTZENS VON SPIELEN　　(S. 3 - 31)
Der formale Bezugsrahmen dieses Artikels ist der psychologischen Entscheidungstheorie entlehnt. Die dargestellte Methode bestimmt die Erlebnisqualitäten (durch Freizeit ausgelöste Gefühle) und Lernprozesse, die ein bestimmtes Freizeitverhalten bewirkt bzw. bewirken sollte. Es werden Möglichkeiten erläutert, die erwünschten Erlebnisqualitäten und Lernprozesse durch verschiedenartige Spiele zu vermitteln. Die "Multiattribute Nutzentheorie" wird als ein Verfahren zur quantitativen Bewertung des Nutzens von Spielen bzw. Freizeitaktivitäten vorgestellt.

<u>Lern-/Erziehungsziele:</u>　　Lernen in der Freizeit.
L: 2.5

Schmitz-Scherzer, R.:
FREIZEITTHERAPIE　　　　　　　　　　　　　　　(S. 32 - 38)
Der Autor stellt die Praxisberichte einzelner Therapieformen zusammen und stellt sie in den Zusammenhang mit in jüngster Zeit vorgeschlagenen psychologischen Beratungsmethoden

<u>Institutionen:</u>　　　Freizeittherapie.
I: 5.2

Wirth, E.:
FAMILIE UND FREIZEIT. THEORETISCHE UND EMPIRISCHE ANSÄTZE
　　　　　　　　　　　　　　　　　　　　　　(S. 39 - 50)
In der vorliegenden Publikation wird das Verhalten und Erleben in der Freizeit unter sozialpsychologischem Aspekt erörtert. Im Anschluß an ausgewählte Beiträge aus der Literatur zu den Beziehungen von Freizeit und Familie wird eine Untersuchung des Autors zu diesem Fragenkreis vorgestellt.

<u>Institutionen:</u>　　Familie.
I: 1.1

Angleitner, A.:
PERSÖNLICHKEIT UND FREIZEITVERHALTEN.
ERGEBNISSE UND FOLGERUNGEN　　　　　　　　(S. 51 - 63)
Der Autor stellt bereits vorliegende Untersuchungsergebnisse über Beziehungen zwischen Persönlichkeitsmerkmalen und Freizeitverhalten vor und untersucht die Brauchbarkeit verschiedener Persönlichkeitstheorien und ihrer

operationalisierten Meßinstrumente für die Freizeitforschung.

Rahmenbedingungen: Freizeitforschung.
R: 6

Schmitz-Scherzer, R.; Bierhoff-Alfermann, D.; Bierhoff, H.W.:
SPORT, FREIZEIT UND PERSÖNLICHKEITSMERKMALE (S. 64 - 74)
Ein Vergleich zwischen Sportlern und Nichtsportlern. In dieser Publikation wird versucht, der Frage nach dem Stellenwert sportlicher Aktivitäten nachzugehen. Zu diesem Fragenkomplex werden 3 Aspekte herausgearbeitet: das Verhältnis zwischen Sport und Freizeit; das Gewicht der Persönlichkeitsmerkmale Neurotizismus und Extraversion für das Sporttreiben und die Ausübung von Freizeitaktivitäten; Motive für sportliche Aktivitäten. Die Untersuchung zu diesem Fragenkomplex sowie deren Ergebnisse werden vorgestellt.

Methoden: Funktionsspiel und Sport.
M: 1.1

Schmitz-Scherzer, R.; Dombrowski, E.:
FREIZEITVERHALTEN UND BERUF (S. 75 - 101)
Ziel der vorliegenden Befragung war unter anderem, die Bedeutung des Kleingartens für künftige Bewohner in der Stadt und auf dem Lande zu erfassen. Bei der vorliegenden Untersuchung steht die Beziehung zwischen Freizeitverhalten und Beruf im Mittelpunkt, also die Frage, welche Freizeitmerkmale sich feststellen lassen in Abhängigkeit von Schulbildung, Wohnsituation und Beruf. Die Autoren kommen zu einigen Ergebnissen, die als Anhaltspunkte für künftige Untersuchungen genutzt werden können.

Schlagwörter: Kleingärten.

Bierhoff, H.W.; Schmitz-Scherzer, R.; Kranzhoff, E.; Alexa, M.:
SPIEL IM FREIEN (S. 102 - 115)
Zur Erfassung der Umwelt des Kindes.
Diese Analyse beschäftigt sich mit einer Klassifikation von Merkmalen, die für das kindliche Spiel im Freien von Bedeutung sind und stellt die Entwicklung des kindlichen Spiels mit zunehmendem Alter dar. Die Verfasser stellen eine empirische Untersuchung vor und klassifizieren die wichtigsten Variablen, die für das Spiel im Freien von Bedeutung sind.

Alters-/Zielgruppe: Kleinkinder, Schulkinder, Jugendliche.
A: 1, 2, 3.

Schlagwörter: Spiel im Freien.

Rupprecht, H.M.:
ZUR FREIZEIT AN GESAMTSCHULEN (S. 116 - 129)
Die freizeitpädagogischen Ansätze und Maßnahmen an Gesamtschulen in Nordrhein-Westfalen, die fast ausschließlich

private Initiativen der Schulen, Lehrer und Eltern sind, werden in dieser Publikation erörtert. Vorstellungen und Pläne von einer im Freizeitbereich "offenen Schule" (Schule für Schüler und Kommunen gleichzeitig Freizeitzentrum) werden vorgestellt.

Institutionen: Gesamtschulen.
I: 2.4

Lehr, U.:   (S. 130 - 136)
DER ÄLTERE MENSCH UND DAS FERNSEHEN
Die Autorin analysiert die Beziehung zwischen älteren Menschen und dem Fernsehen unter den Aspekten: der ältere Mensch als Fernsehkonsument; der ältere Mensch als Gegenstand der Darstellung; der ältere Mensch als aktiv Mitwirkender in verschiedenen Sendungen.

Alters-/Zielgruppe: Senioren.
A: 6

Methoden: Fernsehen als Medium.
M: 3

Gröning, G.:
THEORETISCHE ÜBERLEGUNGEN UND PRAKTISCHE UNTERSUCHUNGEN
ZUM PARKBESUCH ALTER LEUTE   (S. 137 - 186)
Untersuchungsgegenstand in diesem Beitrag ist die Nutzung von öffentlich zugänglichen Freiräumen -hier Parks- durch alte Leute. Die Idee der Emanzipation und emanzipatorischer Tendenzen alter Leute werden aufgezeigt und Werdegang, Ausführung und Auswertung einer Fragebogenforschung mit alten Menschen in Californien dargestellt. Der Autor stellt fest, daß die alten Leute Parks besuchen, um Öffentlichkeit zu finden und Kontakte herzustellen. Die Bereitschaft zur Mitarbeit bei der Parkplanung wurde aufgezeigt.

Alters-/Zielgruppe: Senioren.
A: 6

Lern-/Erziehungsziele: Kommunikationsfähigkeit, Emanzi-
L: 2.3   pation.
   5.1

Methoden: Freizeitplanung.
M: 5.2

Institutionen: Park.
I: 4.5

Schmidt, D.:
SPORT FÜR ALTERNDE UND ALTE MENSCHEN   (S. 187 - 198)
Der Verfasser stellt Untersuchungen über Sportaktivitäten älterer Menschen vor. Die Palette möglicher Sportaktivitäten älterer Menschen ist zwar zusammengeschrumpft, aber es gibt eine Reihe von praktikablen Sportarten. Barrieren für eine stärkere Verbreitung sportlichen Freizeitverhaltens sind vorwiegend motivationaler Art.

Scs 77/4

<u>Alters-/Zielgruppe:</u>   Senioren.
A: 6

<u>Lern-/Erziehungsziele:</u> Aktivierung.
L: 2.3
   4.1
   4.2
   4.3
   4.31
   4.32

<u>Methoden:</u>   Sport.
M: 1.1

Schmitz-Scherzer, Reinhard:

SOZIALPSYCHOLOGISCHE FAKTOREN DES FREIZEITVERHALTENS VON JUGENDLICHEN

In: Klaus Kennedy & Margrit Kennedy (Hrsg.):
FREIZEIT UND SCHULE

Braunschweig: Westermann, 1978　　　　　　　Seite 14 - 37

Alters-/Zielgruppe: A: 3/	Schüler von 12 - 15 Jahren.
Lern-/Erziehungsziele: L: 2 4	Möglichst umfassende Bildung und Qualifikation der Schüler unter Einbeziehung des Freizeitbereiches. Lernen von freizeitrelevanten Fähigkeiten und Fertigkeiten. Selbstbestimmte Erfahrungen. Minimierung der Fremdbestimmung. Regeneration. Entwicklung von Neigungen und sozialem Engagement.

Methoden:
M: 1
   2
   4
   5.1
	Information über freizeitspezifisches Wissen und Freizeitmöglichkeiten. Freizeiterziehung, Elternarbeit, Freizeitsport, Hobbies, soziale Aktivitäten (gesellige Veranstaltungen, Clubarbeit, Arbeitsprojekte im sozialen Feld), Spiele, polytechnische Angebote, Medien, Schulveranstaltungen, Öffentlichkeitsarbeit.

Institutionen: I: 2.4 2.7	Gesamt- und Ganztagsschulen.
Rahmenbedingungen: R: 5	Rolle von Familie und Schule bei der Entwicklung und Ausgestaltung des Freizeitverhaltens.

Scs 81

Schmitz-Scherzer, Reinhard:

PSYCHOLOGIE DER FREIZEIT

In: Francois Stoll (Hrsg.):
ANWENDUNGEN IM BERUFSLEBEN. Die Psychologie des 20. Jahrhunderts, Bd. 13.

Zürich: Kindler, 1981   Seite 1017 - 1042

Es werden verschiedene Definitionen des Freizeitbegriffs vorgestellt. Bestimmungsgrößen der Freizeit wie z.B. Persönlichkeit, Familie, Beruf und soziale, ökonomische, gesundheitliche Momente werden kurz behandelt. Die verschiedenen Freizeitinteressen und das Erleben der Freizeit werden gestreift. So wie unter dem Begriff "Freizeit" versammeln sich unter dem der "Freizeittherapie" verschiedene Definitionen, Erkenntnisse und wissenschaftliche sowie praktische Erfahrungen. Die verschiedenen Formen der "Freizeittherapie" werden im letzten Teil des Beitrages näher erläutert.

Alters-/Zielgruppe: A: O/	Keine bestimmte Altersgruppe.

Lern-/Erziehungsziele:
L: 2.1
   2.2
   2.3
	Zufriedenheit, Sensibilität, Kommunikationsfähigkeit.

Methoden: M:	"Freizeittherapie" (Campingtherapie, Gruppentherapie, Kunsttherapie, Sporttherapie, Musik-, Lesetherapie, Spieltherapie).
Rahmenbedingungen: R: 4	Freizeit ist nicht vom Individuum und seiner Situation loslösbar.
Schlagwörter:	Freizeittherapie.

Sei 76

Seidl, Erna u.a.:

ROLLENSPIELE
für Grundschule und Kindergruppen. 100 Modelle aus der Praxis.

München: Bayerischer Schulbuchverlag, 1976   308 Seiten

Vorstellung durchstrukturierter und erprobter Unterrichtseinheiten mit Protokollen als methodische Vorbilder und zur Lernzielbestimmung. Theoretische Ansätze zur Rollenspielmethode aus der Sicht von Psychologie, Soziologie und Linguistik.

Alters-/Zielgruppe: Kinder im Alter von 6 bis 10 Jahren.
A: 2/

Lern-/Erziehungsziele: Soziales Lernen; Kreatives Lernen;
L: 1   Erziehung zur Emanzipation - Befä-
   2   higung zu kritischem Verhalten; Fä-
   3.4   higkeit zur Ambiguitätstoleranz,
    Selbstexploration, Frustationstoleranz, Empathie; Entwicklung von Konfliktlösungsstrategien; Aufnehmen, Verarbeiten und Weiterleiten von Informationen; Förderung partnerbezogener Redeformen und Gesprächsstrategien.

Methoden: Rollenspiel (didaktisch angeleite-
M: 2.2   tes); Gruppenarbeit, Partnerarbeit,
   2.32   Verwendung des Orffschen Schulwer-
   2.33   kes.
   4.3

Institutionen: Grundschule, Kindergruppen.
I: 1.3
   2.2

Shaftel, Fanny R.; Shaftel, George:

ROLLENSPIEL ALS SOZIALES ENTSCHEIDUNGSTRAINING

München, Basel: Ernst Reinhardt, 1973   229 Seiten

Im Mittelpunkt des Buches, das sich an Studenten und Dozenten der Erziehungswissenschaften (einschließlich der Fach- und Fachoberschulen) wendet, steht die Diskussion der Methode Rollenspiel, ihre erzieherische Notwendigkeit und die Frage, wie Kinder mit Hilfe von Rollenspielgeschichten zur aktiven Auseinandersetzung mit sozialen Problemen (Wert- und Interessenkonflikte, Gruppenverhalten u.ä.) angeleitet werden können. Rollenspiel wird als Übungsfeld für das Treffen von Entscheidungen, als Erziehungsmittel für den Lehrer, um Spannungen und ihre Ursachen zu diagnostizieren, und als Mittel zur Verbesserung des emotionalen Klimas in Gruppe und Klasse betrachtet. Der didaktische Aufbau des Rollenspiels, als gruppenspezifische Problemlösungs-Methode, vollzieht sich in verschiedenen Stufen, die erläutert werden. Die Autoren beschreiben zwei Formen von Rollenspiel, das Soziodrama und als Vorstufe dazu das dramatische Spiel. Der zweite Teil des Buches beinhaltet Problemgeschichten als Grundlagen des Rollenspiels, die sich auf personal-soziale Verhältnisse beziehen. Sie sind nach drei Lernzielbereichen eingeteilt: 1. zur persönlichen Integrität, 2. zur Verantwortung der Gruppe gegenüber dem Einzelnen und 3. zum Selbstwertgefühl. Im Anhang ist eine Kontrolliste für den Ablauf von Rollenspielen dargestellt.

Alters-/Zielgruppe:
A: 1/
   2/

Kinder vom Vorschulalter bis zum frühen Jugendalter (im Buch keine Altersangabe).

Lern-/Erziehungsziele:
L: 1.4
   2.12
   2.2

Individuelle Integrität, Selbstwertgefühl; Gruppenverantwortlichkeit (dazu gehört ein rational bewußtes Wertsystem und intelligentes, sensibles und verantwortungsbewußtes Problemlösen).

Methoden:
M: 2.33

Rollenspiel als gruppenspezifische Problemlöse-Methode. Die Autoren unterscheiden dabei das dramatische Spiel und das Soziodrama.

Institutionen:
I: 1.3
   2.1
   2.2

Kindergarten, Vorschule, Schule.

Shr 80

Schröder, Brigitte:

KINDERSPIELE UND SPIELE MIT KINDERN
Eine Dokumentation.

München: Deutsches Jugendinstitut, 1980   119 Seiten

Versuch, in Form einer themen- und adressatenbezogenen Literaturdokumentation auf jugend-, familien- und bildungspolitisch aktuelle Fragen einzugehen und dabei auch die Informations- und Orientierungsbedürfnisse der Praxis zu berücksichtigen. Auseinandersetzung mit dem "Kinderspiel" sowie mit Zielsetzungen und Praxis des pädagogisch angeleiteten Spiels mit Kindern. Die Dokumentation setzt an den Erfordernissen von Kindergarten und Vorschule an und legt Wert vor allem auf Beiträge aus Sammelwerken und Readern, da diese auf bibliographischem Wege oft schwer auffindbar sind.

Alters-/Zielgruppe:
A: 1/
   1/31
   1/33
   1/41
   1/42

3 - 6jährige Kinder unter Berücksichtigung gestörter und behinderter Kinder.

Lern-/Erziehungsziele:
L: 1
   2

Entwicklung sozialer Beziehungs- und Verhaltensbedürfnisse. Ausbildung der komplexen Wahrnehmungsfähigkeiten bis hin zur sozialen Phantasie.

Methoden:
M: 1.1
   2.1
   2.3
   5.1

Spieltherapie, freies und pädagogisch angeleitetes Spiel.

Institutionen:
I: 1.3
   2.1

Kindergarten, Vorschule.

Rahmenbedingungen:
R: 3
   5

Entstehung von "Kindheit" und ihre Auswirkungen auf das Spiel des Kindes.

Schützenberger, Anne:

EINFÜHRUNG IN DAS ROLLENSPIEL
Anwendung in Sozialarbeit, Wirtschaft, Erziehung und Psychotherapie (unter Mitarbeit von Jean-Pierre Arfeuil)

Stuttgart: Klett-Cotta, 1976   110 Seiten
(Konzepte der Humanwissenschaft)

Angesichts des Ausmaßes an psychischen Störungen in der heutigen Gesellschaft hält die Autorin eine Kurztherapie für die wirksamste Hilfe. Dabei scheinen das Psychodrama (nach Moreno) und das mehr pädagogisch ausgerichtete Rollenspiel den Erfordernissen einer weitreichenden ökonomischen und wirksamen psychotherapeutischen Betreuung besonders gut zu entsprechen. Die Autorin klärt die Begriffe "Psychodrama" (als Form der Gruppenpsychotherapie) und "Rollenspiel" (als pädagogische Aktionsmethode zum Erlernen praktischer Fertigkeiten und Techniken) ab; sie geht auf das Leben und Werk Morenos ein, stellt Schulen und Techniken des Psychodramas und des Rollenspiels vor. Weiterhin beschreibt sie den Ablauf des Spiels (Themen, Formen und Phasen), zeigt verschiedene Anwendungsbereiche in Pädagogik, Therapie, Rehabilitation, Ausbildung und im Unterricht auf und geht auf einige Probleme beim Psychodrama und beim Rollenspiel ein.

Alters-/Zielgruppe:
A: O/

Kinder und Erwachsene; sogenannte 'Normale', Charaktergestörte, Neurotiker, Psychotiker.

Lern-/Erziehungsziele:
L: 1.3
   1.4
   2.12
   2.13

Selbstverwirklichung: Spontaneität, Kreativität. Anpassung an neue Situationen, Einstellungsänderung, Selbstbild, Abbau von Hemmungen.

Methoden:
M: 2.33

Psychodrama und Rollenspiel.

Institutionen:
I: 2
   5

Pädagogik, Therapie, Ausbildung.

Rahmenbedingungen:
R: 5

Relation von Verbreitung psychischer Störungen und Therapieangebot.

Schulz-Dornburg, Ursula; Zimmer, Jürgen u.a.:
ABENTEUERSPIELPLÄTZE
Ein Plädoyer für wilde Spiele.

Düsseldorf: Econ, 1972   207 Seiten

In diesem Buch werden Spielsituationen gesammelt, vorgestellt und geprüft. Es werden verschiedene Abenteuerspielplätze beschrieben. Eine Reihe von Kriterien wird entwikkelt, die das Angebot und die Bedeutung der einzelnen Spielsituationen bewerten helfen. Die Kriterien werden einzeln auf den Standort, die Einrichtung, Ausstattung und die Spielmaterialien und die Betreuung der Kinder bezogen. Abenteuerspielplätze stellen ein "Lerngelände" für Betreuer dar und sie vermitteln Gelegenheiten, mitgebrachte Maßstäbe der Beobachtung und Beurteilung kindlichen Verhaltens fallenzulassen und soziale, kooperative, solidarische Verhaltensformen aufzubauen.

<u>Alters-/Zielgruppe:</u>   Kinder unter Berücksichtigung ihrer
A: 2/   schichtspezifischen Möglichkeiten
                            und Bedingungen.

<u>Lern-/Erziehungsziele:</u> Umwelt erfahren; Konfliktsituatio-
L: 1.1   nen lösen; Rollen üben - Rollendi-
   2.14   stanz gewinnen; Lernen von Sozial-
   2.4   formen; Lernen, was eine Gemein-
   2.44   schaft ist; Bewältigung von Aggres-
   2.5   sivität; Lernen von Fertigkeiten;
   3.1   Anregung und Kontrolle über Motorik.

<u>Methoden:</u>   Projekte, Spielaktionen.
M: 1.2

<u>Institutionen:</u>   Abenteuer- und Bauspielplätze als
I: 4.11   Einrichtungen, die die sonst nicht
                            institutionalisierten "wilden" Spie-
                            le von Kindern auf der Straße, im
                            Hinterhof, auf Baustellen, in Ab-
                            bruchhäusern, Gärten und Parks auf-
                            greifen, verarbeiten und einbezie-
                            hen.

<u>Schlagwörter:</u>   Wilde Spiele, Spielaktionen.

Stuckenhoff, Wolfgang:

SPIEL, PERSÖNLICHKEIT UND INTELLIGENZ
Anleitung zum intelligenzfördernden Einsatz von Spiel, Spielmaterialien und Rollenspiel bei Kindern.

Ravensburg: Otto Maier, 1975   159 Seiten

Im ersten Kapitel behandelt der Autor das Spiel des Kindes und den Einsatz von Spielmaterialien in Orientierung an der Entwicklungspsychologie. Dabei geht er besonders auf die Bedeutung des Spielens für die Persönlichkeits- und Intelligenzentwicklung ein. Große Bedeutung haben äußere Einflüsse auf das kindliche Spiel, vor allem das elterliche Verhalten und die Einstellung der Eltern dem kindlichen Spiel gegenüber. Das zweite Kapitel befaßt sich mit einem Beispiel kindlichen Spiels, dem Rollenspiel und seiner großen Bedeutung für die Persönlichkeitsentwicklung in den verschiedenen entwicklungspsychologischen Stadien. Es werden verschiedene Formen des Rollenspiels beschrieben sowie Materialien vorgestellt, einschließlich praktischer Hinweise für die elterliche Mitwirkung.

Alters-/Zielgruppe:
A: 1/
    2/

Kinder vom Babyalter bis zur Pubertät.

Lern-/Erziehungsziele:
L: 1.1
    1.3
    2.12
    2.2
    2.5

Der Autor sieht das Spiel als wichtige Voraussetzung für die Persönlichkeits- und Intelligenzentwicklung an. Basisziele dafür sind: Umwelterfahrung; Kreativität (=Originalität, Flexibilität, Sensibilität, Umgestaltungsfähigkeit, Fähigkeit zu strukturierend-veränderndem Denken, Fähigkeit zu eigener Komposition); Ich-Entwicklung; Gleichgewicht von Ich-Identität und sozialer Identität.

Methoden:
M: 2.3
    5

Eine zurückhaltend-uneigennützige Spielanleitung; Vorbild der Eltern oder Erwachsenen und ihre Bejahung des kindlichen Spiels; ein reiches, jedoch nicht zu unübersichtliches Spiele- und Materialangebot.

Institutionen:
I: 1.1

Familie.

Rahmenbedingungen:
R: 7

Erzieherverhalten, Erziehereinstellung zum Kind und zum Spiel, Spieleangebot (Material, Spielzeug), genügend Raum zum Spielen.

Schlagwörter:

Spielzeug.

Stuckenhoff, Wolfgang:

ROLLENSPIEL IN KINDERGARTEN UND SCHULE
Eine Rollenspieldidaktik. Neue Reihe Pädagogik.

Paderborn: Schöningh, 1978   125 Seiten

Darstellung einer Theorie-Praxis-Konzeption für Rollenspiel, um dessen Kreativpotential und Motivationsintensität für die Schule nutzbar zu machen. Anregungen für Kindergarten und Eltern. Handbuch für eine kindgemäße, spielerische Erziehung zum menschlichen Miteinander in einer demokratischen Gesellschaft.

Alters-/Zielgruppe:
A: 1/
    2/
    3/
	Kinder im Alter von 3 bis 15 Jahren.

Lern-/Erziehungsziele: L: 1 2	Soziale Phantasie als: Entwicklung alternativer Lösungsstrategien in Konfliktsituationen. Fähigkeit zu kreativ-divergierendem Denken, bezogen auf soziale Interaktionsprozesse. Rollendistanz als: Erkenntnisfähigkeit für die psychosozialen Hintergründe der Verschiedenheit von Rollenverhalten. Ambivalenz-Toleranz als: Erkenntnis der Relativität eigener Wertsetzungen. Respektierung der Wertsetzungen der Sozialpartner. Ambiguitätstoleranz als: Fähigkeit, unterschiedliche Rollenansprüche und Rollenerwartungen antizipieren und sich darauf einstellen zu können. Empathie als: Einfühlungsfähigkeit und Sensibilität für die Beziehungsstrukturen in der Klasse oder Gruppe. Kommunikative Kompetenz als: Fähigkeit, den Gesprächs- bzw. Interaktionspartner in der Eigenständigkeit seiner Symbolsprache verstehen zu können.
Methoden: M: 2.3	Rollenspiel.

Institutionen:
I: 1.1
   1.3
   2.2
   2.3
	Kindergarten, Grundschule, Sekundarstufe (Hauptschule und andere weiterführende Schulen).

Sturm, Hertha; Brown, J. Ray (Hrsg.):

WIE KINDER MIT DEM FERNSEHEN UMGEHEN
Nutzen und Wirkung eines Mediums

Stuttgart: Klett-Cotta, 1979   330 Seiten

Reader zur Information des Normallesers mit Beiträgen aus den Bereichen Psychologie, Sozialpsychologie und Soziologie. Generelle Bewertung der Rolle, die das Fernsehen im Leben der Kinder spielt. Interpretation des Fernseh-Angebots in seiner Gesamtheit. Auf dem Sozialisationsprozeß beruhender Forschungsansatz mit den drei Schwerpunkten Einfluß-Matrix, Sehsituation und Kontext der Wirkungen. These: Die Massenmedien sind potentielle Sozialisationsagenten, weil auch sie - ebenso wie Familie, Schule und Gleichaltrige - Informationen an das Kind herantragen und ihm Verhaltensbeispiele vorführen.

<u>Alters-/Zielgruppe:</u>   Vorschulkinder von 3 - 6 Jahren.
A: 1/   Schulkinder von 7 - 12 Jahren. Ju-
   2/   gendliche ab 13 Jahren.
   3/

<u>Lern-/Erziehungsziele:</u> Soziales Lernen.
L: 2

<u>Methoden:</u>   Fernsehen. Empirische Untersuchun-
M: 3.22   gen.
   5.6

<u>Institutionen:</u>   Fernsehen in der Familie.
I: 1.1

<u>Schlagwörter:</u>   Kinderfernsehen.

Stündl, Herbert:

FREIZEIT- UND ERHOLUNGSSPORT IN DER DDR
Marxistische Grundlagen, Ziele und Organisation 1946 - 1976. Beiträge zur Lehre und Forschung im Sport, Band 62.

Schorndorf: Karl Hofmann, 1977   126 Seiten

Zusammenfassende Darstellung der geistigen Grundlagen, der Organisation und der Inhalte des Freizeit- und Erholungssports in der DDR. Aufarbeitung der vielfältigen Beziehungen zwischen Freizeit und Sport. Untersuchung, auf welche Art und Weise der Freizeit- und Erholungssport in der DDR wirkt und wie er zur Bildung der "allseitig entwickelten sozialistischen Persönlichkeit" beiträgt. Anregung der Diskussion über die Lösung der "Freizeitprobleme" durch Sport.

Alters-/Zielgruppe: Kinder, Jugendliche, Erwachsene.
A: 2/
   3/
   4/
   5/

Lern-/Erziehungsziele: Erhaltung und Verbesserung der Gesundheit; Reproduktion der Arbeitskraft; Steigerung der Leistungsfähigkeit; sinnvolle Gestaltung der Freizeit; Steigerung der Lebensfreude durch Sport im Kollektiv; aktives Erschließen der Umwelt durch Reisen und Wandern.
L: 2.5
   4

Methoden: Freizeit- und Sport-Erziehung durch Körperübungen, "die vom intentionsfreien Spiel bis zur planmäßig betriebenen Übung reichen".
M: 1.1

Institutionen: Schule, Betriebssport-Gruppe, Sportverbände, Freizeitstätten, Erholungsgebiete (Urlaub, Naherholung).
I: 2
   3
   4.31
   4.6

Rahmenbedingungen: Ideologischer Überbau, Organisationsstruktur, geschlechts- und altersspezifische Unterschiede.
R: 3
   4

Tews, Hans Peter u.a.:

FREIZEIT UND BEHINDERUNG
Schriftenreihe des Bundesministers für Jugend, Familie und
Gesundheit, Band 47

Stuttgart: Kohlhammer, 1976   233 Seiten

Problemstudie. Aufstellung eines Forschungsprogrammes. Aufzeigen, welche Aktivitäten im Behindertenbereich entfaltet werden. Bestandsaufnahme der Ergebnisse bezüglich Beziehungen zwischen Freizeit und Behinderung. Erarbeitung von Vorschlägen für Prioritäten von Forschung und Förderung von Aktivitäten der Praxis.

Alters-/Zielgruppe:
A: 5/3

Überwiegend behinderte Erwachsene (vergleichsweise behinderte Jugendliche und behinderte Senioren).

Lern-/Erziehungsziele:
L: 2
3
4.1
4.3

Abbau von Isolation; Kommunikationsfähigkeit, Lebensqualität, Aktivierung, Leistungssteigerung, Kompensation, Wiederherstellung, Abbau von Benachteiligung.

Methoden:
M: 1
2.2
3.1
3.2
5.2
5.3

Defizitansatz, Bedürfniskonzept, Rehabilitationskonzept, Medienprojekte, Hilfen im häuslichen Bereich, Behindertensport, behindertengerechter Wohnungsbau, Urlaub, Reisen, Geselligkeit, Information, Kontakte, Therapie, Freizeitberatung, Weiterbildung.

Institutionen:
I: 1.1
1.2
4
5

Familien, Krankenhäuser, Heime, Berufsförderungswerke, Freizeitstätten, Behindertenclubs.

Rahmenbedingungen:
R: 5

Freizeitbedingungen und -verhalten von Nichtbehinderten zum Vergleich.

Thomas, Alexander:

HANDLUNGSPSYCHOLOGISCHE ANALYSE DES FREIZEITSPORTS
Eine empirische Untersuchung am Hochschulsport.
Reihe: Dokumente zum Hochschulsport.

Hamburg: Czwalina, 1978   155 Seiten

Die Arbeit liefert im Zusammenhang der Ergebnisse der bisherigen Freizeitforschung eine handlungspsychologische Analyse des Hochschulsports, konkretisiert anhand einer empirischen Untersuchung an der FU Berlin. Ihre Ergebnisse erscheinen sowohl für die theoretische Erfassung des Hochschulsports als auch für seine organisatorische Gestaltung relevant. Zuerst werden einige theoretische Grundlagen und Ergebnisse bisheriger Freizeitforschung und der handlungspsychologische Forschungsansatz dargestellt. Es folgen die Beschreibung der Forschungsmethode und die Befragungsergebnisse unter verschiedenen, themenrelevanten Gesichtspunkten. In einem letzten Abschnitt werden die Ergebnisse unter Berücksichtigung der theoretischen Zielvorstellungen interpretiert und auf ihre Bedeutung für ein besseres Verständnis freizeitsportlichen Handelns im allgemeinen Hochschulsport hin analysiert. Die statistischen Angaben gehen auf zwei Untersuchungsreihen zurück, die sich auf folgende Themengebiete beziehen: Angaben zur Person; Angaben über aktiv betriebene Haupt- und Nebensportarten; Beginn der sportlichen Tätigkeit; Erlebnisse während der Übungen; Bedeutung des Sports im Alltagsleben; Verhältnis von Schulsport und Freizeitsport; Einstellung zum Hochschulsport.

Alters-/Zielgruppe: Studenten.
A: 4/21
   5/21

Lern-/Erziehungsziele: Überwiegend körperbezogene Ziele
L: 2.4   (Entspannung, Aktivierung, Gesund-
   2.41   erhaltung, Steigerung der Leistungs-
   2.42   fähigkeit) werden in den Umfragen
   4.1   als Ziele angegeben, daneben aber
   4.2   auch sozioemotionale Ziele.
   4.32

Methoden: Kreative Tätigkeit, Wettkampfspie-
M: 1.1   le, Gruppenspiele.
   4.6

Institutionen: Hochschule, daneben auch Sportver-
I: 2.6   eine.

Rahmenbedingungen: Mehr männliche als weibliche Stu-
R: 3   denten treiben Sport, was unter an-
   7   derem darauf zurückzuführen ist,
                         daß die Einstellung der Eltern zur
                         Motivation beitrug. Für die meisten
                         Veranstaltungen sind Platzbeschrän-
                         kungen eingeführt.

Tit 76

Titgemeyer, Udo (Hrsg):

URLAUB FÜR UND MIT BEHINDERTE(N)
Chancen und Schwierigkeiten der Integration.
Loccumer Protokolle 10/1976

Loccum: Evangelische Akademie, 1976   135 Seiten

Überblick über die Problematik von Behindertenurlaub (Berichte von Behinderten). Darstellung von Urlaubsmaßnahmen von Organisatoren. Urlaubsangebote von Touristikunternehmen.

Alters-/Zielgruppe: Behinderte Erwachsene.
A: 5/3

Lern-/Erziehungsziele: Erholung, Integration.
L: 2.1
   4.2

Methoden: Urlaub unter verschiedensten Bedin-
M: 3.1   gungen (Gegenden, Fortbewegungsmit-
   5.3   tel, Wohnmöglichkeiten).

Institutionen: Ferienwohnungen, Hotels, Camping-
I: 4.6   plätze, Kreuzfahrt-Schiffe usw.;
                             Sozialbehörden, Träger von Urlaubs-
                             maßnahmen, Kur- und Bäderverwaltun-
                             gen, Touristikunternehmen.

Rahmenbedingungen: Isolation, Mobilitätsbeschränkungen
R: 3   durch nicht behindertengerechte Ge-
   7   bäude und Transportmittel.

Vohland, Ulrich (Hrsg.):

JUGENDARBEITSLOSIGKEIT
Sozial- und berufspädagogische Maßnahmen

Rheinstetten: Schindele, 1980   281 Seiten

Analyse der gegenwärtigen Bemühungen von Sozialarbeitern um das Problem der Jugendarbeitslosigkeit. Umfassender Erfahrungsbericht, was Sozialarbeiter und Sozialpädagogen tatsächlich leisten und leisten können. Erörterung, welche Aufgaben speziell in der Sozialpädagogik gelöst werden müssen im Hinblick auf Maßnahmen zur Betreuung von jungen Arbeitslosen. Neue Entwürfe, Ergänzungen, Alternativvorschläge, konkrete Handlungsorientierungen für eine zukünftige Gestaltung sozialpädagogischer Tätigkeiten zur Betreuung junger Arbeitsloser.

Alters-/Zielgruppe: Junge Arbeitslose.
A: 3/22
    4/22

Lern-/Erziehungsziele: Förderung beruflicher Lernhaltungen;
L: 1   Vermittlung der Arbeitstugenden
    2   Pünktlichkeit, Leistung und Ordnung;
    3   Förderung von Interaktions- und Kontaktfähigkeit; Förderung der sozialen Kompetenz zur Erkenntnis und Durchsetzung eigener Interessen; Verhinderung psycho-sozialer Auswirkungen der Jugendarbeitslosigkeit bzw. psycho-soziale Stabilisierung; Abbau der Isolation; Stärkung des Selbstbewußtseins und der Eigenaktivitäten; Personale Selbstverwirklichung.

Methoden: Information über berufsvorbereitende
M: 1.2   Maßnahmen; Bildungsveranstaltun-
    2.2   gen; Kurse und Tagungen; Anregung
    2.3   zur Stellensuche, zur Aufnahme ei-
    4.1   ner Arbeit, zur Aufrechterhaltung
    4.2   einer Berufsperspektive; Soziale
    5.1   Gruppenarbeit; Soziale Einzelhilfe; Gesprächstherapie; Selbsthilfegruppen; Beratung; Diskussion; Simulationsspiel, Rollenspiele, Lehrgänge, Einbeziehung der Erziehungsverpflichteten.

Institutionen: Beratungsstellen, Abschlußklassen
I: 1.1   von Haupt- und Sonderschulen, Be-
    1.2   rufsschulen, Volkshochschulen, Ar-
    1.4

2.3　　　　　　　　　　beitsverwaltung, Jugendverbände, Er-
2.8　　　　　　　　　　ziehungsheime.
2.9
3.1
3.11
4.21
4.71
5.1
5.2

<u>Rahmenbedingungen:</u>　　Personelle Ausstattung; gesell-
R: 1　　　　　　　　　　schaftliche Erwartungen an jugend-
　　3　　　　　　　　　liche Arbeitslose; strukturelle Be-
　　5　　　　　　　　　dingungen von Arbeitslosigkeit.

Wacker, Ali:

ARBEITSLOSIGKEIT
Soziale und psychische Voraussetzungen und Folgen.
(Veröffentlichung des Psychologischen Seminars der TU Hannover).

Frankfurt am Main: Europäische Verlagsanstalt, 1976
189 Seiten

Der Autor definiert Arbeitslosigkeit als Mangel an Arbeitsgelegenheit für arbeitswillige Personen. Er sieht sie als Massenerscheinung in bestimmten Phasen des konjunkturellen Verlaufs. Arbeitslosigkeit wird sowohl unter dem Aspekt des Arbeitsplatzverlustes als auch in ihren totalisierenden Auswirkungen auf den Lebenszusammenhang dargestellt.
Der Autor beschreibt: Psychosomatische Verarbeitungsformen; Auswirkungen auf die familiale Situation (auf das Verhältnis der Ehepartner, auf die Kinder und Jugendlichen); Veränderungen in der Orientierung zur Arbeit; Gesellschaftliche und politische Orientierung. Der Autor stellt sozialpsychologische Studien zur Arbeitslosigkeit dar und bezieht sich in seinen Ausführungen auf weitere Forschungsergebnisse aus der Zeit der Weltwirtschaftskrise und der heutigen Zeit. Er versucht, charakteristische Reaktions- und Erfahrungsweisen (Verzweiflung, Verminderung des Selbstwertgefühls, Resignation usw.) vor dem Hintergrund allgemein-psychologischer Konzepte und Überlegungen verständlich zu machen.

Alters-/Zielgruppe:
A: 5/22

Arbeitslose (der Autor geht von Arbeitern aus).

Lern-/Erziehungsziele:
L: 1.4
   2.42

Aufarbeitung ihrer Situation, gesellschaftlich-politisches Bewußtsein, Klassenbewußtsein, solidarisches Handeln, kollektive Einflußnahme.

Methoden:
M: 4

Kollektive Abwehrkämpfe zur Verhinderung von Arbeitslosigkeit (bei drohenden Entlassungen bzw. Betriebsstillegungen).

Institutionen:
I: 3.1
   3.2

Betriebe, Gewerkschaften.

Rahmenbedingungen:
R: 3
   5

Konjunktur beeinflußt das Ausmaß der Arbeitslosigkeit. Werte der Gesellschaft und moralische Sichtweisen beeinflussen das Erleben der Arbeitslosigkeit (Arbeitslosigkeit gilt als selbstverschuldet; Arbeitslose gelten als faul, Müßiggänger...).

Wacker, Ali (Hrsg.):

VOM SCHOCK ZUM FATALISMUS?
Soziale und psychische Auswirkungen der Arbeitslosigkeit.

Frankfurt a.M.: Campus, 1978
           (Campus: Soziale Probleme)   266 Seiten

Die in diesem Buch enthaltenen Forschungsberichte und Literaturstudien befassen sich mit der Situation arbeitsloser Erwachsener, ihren psychischen, sozialen und gesundheitlichen Problemen als Folge der Arbeitslosigkeit. Es wird der Frage nachgegangen, ob Arbeitslosigkeit heute einen Freiraum mit zwar finanziellen Einschränkungen darstellt, oder ob Entlassung, Erfahrungen bei der Stellensuche und Ausgrenzung aus dem Arbeitsprozeß schwerwiegende Folgen nach sich ziehen.

Wacker, Ali: ANSÄTZE, PROBLEME UND GRENZEN PSYCHOLOGISCHER ARBEITSLOSENFORSCHUNG. (S. 15 - 37)

Harrison, Richard: DIE DEMORALISIERENDE ERFAHRUNG LÄNGERFRISTIGER ARBEITSLOSIGKEIT. (S. 38 - 56)
Ausgehend von vorwiegend neueren Untersuchungen aus England werden Auswirkungen längerfristiger Arbeitslosigkeit als individuelles und als allgemeines Problem gesehen. Die demoralisierende Wirkung resultiert aus einer vierfachen Zwangslage des Arbeitslosen: 1. den finanziellen Sorgen, 2. der Organisation des täglichen Lebens, 3. der sinkenden Selbstachtung und 4. dem Problem, eine neue Stelle zu bekommen.

Brinkmann, Christian: FINANZIELLE UND PSYCHOSOZIALE BELASTUNG WÄHREND DER ARBEITSLOSIGKEIT (S. 57 - 91)
Der Bericht enthält Ergebnisse einer 1975 durchgeführten Repräsentativbefragung von Arbeitslosen, die ein Jahr zuvor arbeitslos gemeldet waren. Es ist ein breites Spektrum von Problembereichen angesprochen: veränderte Zeitperspektive, soziale Beziehungen, familiäre Situation, Identitätskrisen usw..

Hentschel, Ulrich: POLITISCHE EINSTELLUNGEN VON ARBEITSLOSEN. (S. 92 - 106)

Bahmüller, Reinhard: ARBEITSLOSE ALS POLITISCHES KONFLIKTPOTENTIAL? (S. 107 - 133)

Windolf, Paul; Klemm, Sabine: ZUM PROBLEM VON ARBEITSLOSEN ANGESTELLTEN. (S. 134 - 178)

Mohr, Gisela; Frese, Michael: ARBEITSLOSIGKEIT UND DEPRESSION. ZUR LANGZEITARBEITSLOSIGKEIT ÄLTERER ARBEITER. (S. 179 - 193)
Mit ihren theoretischen Überlegungen (aus verhaltenstheoretisch und kognitiv-orientierter Sicht) sowie mit empirischen Daten bestätigen die Verfasser die Hypothese,

daß Arbeitslosigkeit depressive Zustandsbilder hervorruft, wobei die Variablen: Kontrolle, Aktivitäten und finanzielle Belastungen moderierend wirken.

Thomann, Klaus-Dieter: DIE GESUNDHEITLICHEN AUSWIRKUNGEN DER ARBEITSLOSIGKEIT (S. 194 - 240)

Wacker, Ali: ARBEITSLOS UND AGGRESSIV? -Zum Verhältnis von Arbeitslosigkeit, Aggression und Kriminalitätsentwicklung. (S. 241 - 264)
Anhand von Pressenotizen und Hinweisen aus älteren und neueren Studien zur Arbeitslosigkeit illustriert der Autor allgemeine Krisenreaktionen (Anpassung, Ausflippen, Rückzug in illusionäre Traumwelten, psychischer Zusammenbruch usw.) und aggressive Reaktionsmuster bei Arbeitslosen (1. Affektstau und -entladung, 2. Verlagerung in Irrealitätsschichten, 3. Wendung gegen die eigene Person, 4. Aufbau neuer Selbstschutzmechanismen). Ein Zusammenhang zwischen Arbeitslosigkeit und Kriminalitätsentwicklung kann durch Untersuchungen nicht bestätigt werden. Lediglich bei gewissen Anomie-Indikatoren, wozu auch die Arbeitslosenquote eines Gebietes zählt, ist Kriminalität verstärkt vorhanden.

Alters-/Zielgruppe: Arbeitslose Erwachsene ab 20 Jahren.
A: 4/22
5/22

Rahmenbedingungen: Arbeitsplatzmangel, gesellschaftliche Werte.
R: 3
4
5

Warns, Else:

DIE SPIELENDE KLASSE
Ideen, Vorschläge und Texte für Schule und Gruppe.

Wuppertal: Jugenddienst-Verlag/J. Pfeiffer, 1976. 207 Seiten

Das Buch beinhaltet 22 Spielprojekte, die die Autorin mit Schülerinnen und Schülern eines Gymnasiums entwickelt hat. Alle Spiele beziehen sich auf die menschliche Kommunikation. Spiel und Theater machen die Konflikte erfahrbar und deutbar, die mit geglückter oder mißlungener Kommunikation zusammenhängen. Lernen geschieht über konkrete Vorgänge und Erlebnisse im vielschichtigen Geflecht persönlicher und gesellschaftlicher Bezüge. Folgende Spielformen stellt die Autorin dar: Spiele zur Wahrnehmung (Spiele und Übungen zur Lockerung und zur Erfahrung zwischenmenschlicher Beziehungen); Spielketten für den Unterricht (Einbeziehung von Interaktionsspielen in den Religionsunterricht); Spiele mit Rollen (Rollenspiele zum Nachdenken und Besprechen bestimmter Themen und Problematiken); Pantomime; Spiele mit Material und Bewegung; Spiele mit Textgrundlagen; Spiele zu bestimmten Anlässen.

Alters-/Zielgruppe:
A: 2/
3/
4/

Die Autorin hat die dargestellten Spiele mit Schülern von der 3. bis zur 13. Klasse entwickelt.

Lern-/Erziehungsziele:
L: 1.1
1.4
2.14
2.2
2.3
2.4

Wahrnehmung der Mitmenschen und der eigenen Person; Fähigkeit zu Anpassung oder zu Widerstand; Kooperation; Rollenverhalten, Rollenflexibilität; Fähigkeit zu sachlicher und hilfreicher Kritik und zum Ertragen von Kritik; Klärung von gesellschaftlichen Situationen; Reflexion über Einsatz und Wirkung verschiedener Mittel bei Spielaufführungen.

Methoden:
M: 2.3
3.12
3.13
4.6

Wahrnehmungsspiele, Spielketten, Rollenspiel, Pantomime, Spiele mit Material und Bewegung, Szenendarstellen, Textdarstellen, Entwicklung und Darstellen von Problemstücken.

Institutionen:
I: 2

Schule.

Wegener-Spöhring, Gisela:

SOZIALES LERNEN IM SPIEL.
Untersuchungen seiner Möglichkeiten und Grenzen im Bereich Schule.

Kiel: Dissertation im Fachbereich Philosophie, 1978
41 S. Anhang, 27 S. Literaturliste.   237 Seiten

Die Autorin geht der Frage nach, ob Spiel als Methode des sozialen Lernens überhaupt und innerhalb der Schule geeignet ist. Unter Einbeziehung von pädagogischer Literatur klärt sie den Begriff des sozialen Lernens ab, fragt nach der Möglichkeit von sozialem Lernen in der Schule stellt Struktur- und Verhaltensmerkmale von Spiel dar und untersucht das Spiel als Methode sozialen Lernens. Obwohl sie die Schule als keinen geeigneten Raum für soziales Lernen hält, plädiert sie schließlich für das Spiel in der heutigen Schule, um dadurch eine Annäherung an die "Schule als Erfahrungsraum" zu ermöglichen.

Alters-/Zielgruppe: A: 2/ 3/	Schüler.
Lern-/Erziehungsziele: L: 2	Ziel ist soziales Lernen, dessen übergeordnete Lernziele Emanzipation, Solidarität und Kompetenz sind. Soziales Lernen im Spiel meint die Entfaltung von Interaktionskompetenz. Ziele für die Schule: Kommunikationsfähigkeit, Abbau von Isolation, Kooperation, Konfliktbewältigung.
Methoden: M: 2.3 (1.1)	Spiel wird als Methode sozialen Lernens dargestellt. Die Autorin hält das Interaktionsspiel in der Schule für sinnvoll.
Institutionen: I: 2	Schule.
Rahmenbedingungen: R: 2 3	Struktur- und Verhaltensmerkmale von Spiel, institutionelle Bedingungen der Schule.

Wendlandt, Wolfgang (Hrsg.):

ROLLENSPIEL IN ERZIEHUNG UND UNTERRICHT

München, Basel: Reinhard, 1977
            (Uni-Taschenbücher 717)   200 Seiten

Das Buch gibt einen Überblick über verschiedene Anwendungsgebiete und Durchführungsformen des Rollenspiels im Erziehungs- und Unterrichtsprozeß. Dabei werden unterschiedliche Ansätze (lernpsychologisch, sozialisationsorientiert, verhaltenstherapeutisch usw.) zur theoretischen Fundierung der Rollenspielarbeit sowie Möglichkeiten der Überprüfung aufgezeigt. Die einzelnen Autoren beziehen sich in ihren Beiträgen auf empirische Untersuchungen und insbesondere auf Rollenspiel-Beispiele.

Wendlandt, Wolfgang: VERHALTENSMODIFIKATION DURCH ROLLEN-
    SPIEL.   (S. 15 - 49)

    Alters-/Zielgruppe: Verhaltensauffällige Kinder.
    A: 2/4
       3/4

    Lern-/Erziehungsziel: Soziales Handeln; es wird auf
    L: 2   Selbstsicherheit als Teilbereich
       2.12   eingegangen.

    Methoden: Verhaltenstherapeutisches Rollen-
    M: 2.33   spiel.

    Institutionen: Erziehungseinrichtungen, Schule.
    I: 2

Silbereisen, Rainer K.: FÖRDERUNG SOZIAL-KOGNITIVER PRO-
    ZESSE DURCH ROLLENSPIEL?   (S. 51 - 65)

    Alters-/Zielgruppe: Kinder.
    A: 1/
       2/

    Lern-/Erziehungsziel: Förderung der Rollenübernahme
    L: 1   (= sozial-kognitive Orientie-
       2   rungsprozesse als Teil von kom-
              petentem Sozialverhalten).

    Methoden: Rollenspiel.
    M: 2.33

    Institutionen: Erziehungseinrichtungen, Schule.
    I: 2

Rähme, Gerard: FUNKTION UND MÖGLICHKEITEN VON ROLLENSPIELEN
    INNERHALB EINES SOZIALISATIONSORIENTIERTEN DEUTSCHUNTER-
    RICHTS.   (S. 67 - 87)

    Alters-/Zielgruppe: Schüler (im Beispiel Sek. I).
    A: 2/

| Lern-/Erziehungsziel: | Ausbau der sprachlichen Kommu-
| L: 2.3 | nikationsfähigkeit.
| 3.4 |

| Methoden: | Rollenspiel als Unterrichtsmetho-
| M: 2.33 | de.

| Institutionen: | Schule (Deutschunterricht).
| I: 2 |

Langschmidt, Heidrun: SELBSTSICHERHEITSTRAINING BEI GRUND-
SCHÜLERN KULTURELL BENACHTEILIGTER SCHICHTEN.
(S. 89 - 110)

| Alters-/Zielgruppe: | Grundschüler aus kulturell be-
| A: 2/ | nachteiligten Schichten.

| Lern-/Erziehungsziel: | Selbstsicherheit (Abbau der Un-
| L: 2.12 | sicherheit gegenüber dem Lehrer
| 2.13 | und seiner Rolle); Emanzipation
| | und Kompensation.

| Methoden: | Rollenspiel als Selbstsicher-
| M: 2.33 | heitstraining.

| Institutionen: | Grundschule.
| I: 2.2 |

Wendlandt, Wolfgang: ROLLENSPIEL IM SONDERPÄDAGOGISCHEN BE-
REICH.   (S. 112 - 143)

| Alters-/Zielgruppe: | Behinderte und verhaltensauffäl-
| A: 2/3 | lige Kinder und Jugendliche (im
| 2/4 | Beispiel: verhaltensgestörte und
| 3/2 | sprachbehinderte Kinder).
| 3/4 |

| Lern-/Erziehungsziel: | Aufbau und Festigung sozial-emo-
| L: 2 | tional sinnvollen Verhaltens;
| 2.12 | insbesondere Erhöhung der Selbst-
| 3.4 | sicherheit, wobei das sprachli-
| | che Agieren besonders bedeutsam
| | ist.

| Methoden: | Verhaltenstherapeutisches Rollen-
| M: 2.33 | spiel.

| Institutionen: | Sonderschule (Förderunterricht).
| I: 2.8 |

Heckmann, Wolfgang: ANGELEITETES ROLLENSPIEL IN ANKNÜPFUNG
AN DEN BESUCH EINES KINDERTHEATERS.   (S. 145 - 165)

| Alters-/Zielgruppe: | Kinder (Vorschul- und Grundschul-
| A: 1/ | alter).
| 2/ |

| Lern-/Erziehungsziel: | Reflexion gesellschaftlicher
| L: 1.4 | Probleme, spielendes Erarbeiten
| 2.4 | herrschaftsfreier Sozialbezie-
| | hungen, Einstellungsänderung, im
| | Theater angesprochene Probleme
| | in Beziehung zur eigenen Welt
| | setzen.

Methoden: Angeleitetes Rollenspiel.
M: 2.33

Institutionen: Vorschule, Schule, Erziehungs-
I: 2   einrichtungen.
   2.1

Hoefert, Hans-Wolfgang; König, Ferdinand: ZUR FUNKTION VON
ROLLENSPIELEN IM LEHRVERHALTENSTRAINING. (S. 167 - 194)

Alters-/Zielgruppe: Lehrer.
A: 5/6

Lern-/Erziehungsziel: Selbstkontrolle (Erkenntnis von
L: 2.12   Widerständen in der eigenen Per-
   2.2   son), Verhaltensvariabilität
   2.4   (flexibles Verhalten), Interak-
                       tionskompetenz.

Methoden: Verhaltenstherapeutisches Rollen-
M: 2.33   spiel.

Institutionen: Lehreraus- und -weiterbildung.
I: 2.6

Schlagwörter: Lehrerverhaltenstraining.

Werner, Axel:

JUGEND UND FREIZEIT

In: Hans-Georg Wehling (Hrsg.):
JUGEND ZWISCHEN AUFLEHNUNG UND ANPASSUNG. Einstellungen - Verhaltensweisen - Lebenschancen.

Stuttgart: Kohlhammer, 1973   20 Seiten

Freizeit wird in diesem Artikel als von einzelnen Tätigkeiten unabhängige, verhaltensbeliebige Zeit aufgefaßt. Durch die Rationalisierung und Automatisierung der Produktionsweise ergibt sich für die arbeitenden Menschen ein immer größerer Anteil an freier Zeit. Andererseits folgt aus dieser Entwicklung und der damit einhergehenden Arbeitsteilung ein gewisser Wirklichkeits- und Existenzverlust. Die Menschen versuchen deshalb oft, die einseitige und unbefriedigende Arbeit während der Freizeit in einer "sekundären Umwelt" zu kompensieren. Der Autor geht weiterhin näher auf das Freizeitverhalten, die Freizeitaktivitäten, die Freizeiteinrichtungen und -angebote, sowie die ökonomische Seite der Freizeit bei Jugendlichen ein.

Alters-/Zielgruppe:
A: 3/
    4/

Jugendliche und Heranwachsende.

Lern-/Erziehungsziele:
L: 1
    2.13

Der Jugendliche sucht Entlastung vom Druck der Schule und Arbeitswelt bei entsprechenden Freizeitgelegenheiten. Im handwerklichen Hobby z.B. hat der einzelne wieder die Möglichkeit, das Material und die Selbstbestätigung im Erfolg unmittelbar zu erfahren. Innerhalb der Gruppe soll der Jugendliche zur Willensbildung, zur selbständigen Zielentwicklung, zur selbstverantwortlichen Planung und Durchführung von Vorhaben, zur Interpretation und kritischen Verarbeitung von Erlebnissen und Konflikten innerhalb der Gruppe befähigt werden. Die Initiative in der Freizeit sollte von den Jugendlichen ausgehen: keine von Erwachsenen vorgegebenen Zielsetzungen und Programme.

Methoden:
M: 3
    4
    5.2
    5.3
    5.4

Freizeitaktivitäten, Gruppenarbeit; der Erwachsene hält sich im Hintergrund und berät oder leitet Gruppen und Clubs an. Freizeitplanung und Zentralisierung von Freizeiteinrichtungen stoßen zwar auf Probleme, sind aber in der gegenwärtigen gesellschaftlichen Situation notwendig.

Institutionen:
I: 1.1
   2
   4.2
   4.21
   4.3
   4.51
   4.52

Familie, Schule, Diskotheken, Wirtschaften, Nachbarschaft, Jugendhäuser, Vereine, Kirchliche Organisationen.

Werner, Axel; Harms, K.B.:

FREIZEIT IN DER BUNDESREPUBLIK DEUTSCHLAND
Freizeitverhalten, Freizeitplanung, Freizeit in politischen
Theorien. Schriftenreihe der Hessischen Landeszentrale für
politische Bildung, Band 15.

Wiesbaden: Hessische Landeszentrale für politische Bildung,
1975   132 Seiten

Allgemein verständliche Darstellung der Ergebnisse sozialwissenschaftlicher Untersuchungen, das Problem "Freizeit" betreffend. Abgrenzung verschiedener theoretischer Positionen zur Freizeit. Vorstellung empirischer Forschungsergebnisse zu Freizeitformen und -inhalten sowie Freizeitverhalten sozialer Gruppen. Besondere Erörterung der Bereiche "Freizeit und Konsum", "Moderne Freizeitpädagogik" sowie "Freizeit und Planung". Kritik der "vergnügungsfeindlichen" Pädagogik. Forderung, die Probleme der steigenden Freizeit und des steigenden Konsums in Lernprobleme und Formen der Lernorganisation zu übersetzen.

Alters-/Zielgruppe: Bevölkerung der Bundesrepublik
A: 0/   Deutschland unter besonderer Berück-
   3/   sichtigung einzelner sozialer Grup-
   6/   pen wie Jugendliche, (Haus-)Frauen,
   5/11   alte Menschen, Arbeiter, ausländi-
   5/13   sche Arbeitnehmer.
   5/52

Lern-/Erziehungsziele: Verfeinerung und Kultivierung der
L: 2.2   sozialen Beziehungen. Förderung der
   2.3   Willensbildung bei den von der Frei-
   5.1   zeitplanung Betroffenen.

Methoden: Konsumpädagogik als Aufgabe der So-
M: 5.2   zialerziehung; Analyse der Freizeit-
   5.3   situation und Freizeitplanung als
   5.6   Aufgabe kommunaler Behörden; kriti-
                      sche Erforschung vorhandener Frei-
                      zeitanlagen; Ermöglichen von infor-
                      meller Kommunikation.

Institutionen: Freizeiteinrichtungen, die verschie-
I: 4   dene Aktivitäten zusammenfassen und
                      verschiedene Benutzer zusammenfüh-
                      ren.

Rahmenbedingungen: Gesellschaft des Überflusses.
R: 4
   5

Wiederhold, Karl A. (Hrsg.):

SOZIALES LERNEN IN DER GRUNDSCHULE

Kastellaun: Henn, 1976   216 Seiten

Die vorliegenden Beiträge spiegeln die unterschiedlichen Auffassungen und theoretischen Ansätze zum Thema "Soziales Lernen" wieder. Die angestrebten Lernziele umfassen eine weite Palette, die von Anpassung bis hin zum Widerstand reicht.

Wittenbruch, Wilhelm:
PERSPEKTIVEN DES SOZIALEN LERNENS IM SCHULISCHEN RAUM
(S. 9 - 53)

Ausgehend von der Frage, was die Schüler an sozialen Verhaltensweisen in der Schule lernen, entwickelt der Verfasser das Konzept "Schüler als Partner in Schule und Unterricht" (kommunikative Didaktik). Im erzieherischen Handeln von Lehrern und Schülern sollen menschliche Existenzformen erfahren und humane Verhaltensdispositionen erworben werden können.

Lern-/Erziehungsziele: Selbstbestimmung, Humane Verhaltens-
L: 2.1   dispositionen.

Methoden: Kommunikative Didaktik.
M: 1
   3

Osterwald, Udo:
ZUR PROBLEMATIK DES SOZIALEN LERNENS IN DER INSTITUTION SCHULE
(S. 55 - 74)

Soziales Lernen soll auf das Leben in seinen vielfältigen Bezügen vorbereiten. Der Unterricht in der Schule erfährt seine Zweckbestimmtheit aus dem Funktionszusammenhang von Schule und gesellschaftlichen Mächten. Die Forderung nach sozialem Lernen ist in sich, nach der Auffassung des Verfassers, eine Kritik der überlieferten Formen schulischer Erziehung und damit mit einer Kritik der bestehenden gesellschaftlichen Verhältnisse identisch.

Lern-/Erziehungsziele: Kreativität, politisch-soziale Kom-
L: 1.3   petenz, Kommunikations- und Kritik-
   2.1   fähigkeit, Kooperation, Solidarität,
   2.14   Emanzipation und Selbstbestimmung.
   2.3
   2.4
   2.42
   5.1

Rahmenbedingungen: Gesellschaftliche Mächte.
R: 4

Schade, Burkhard:

PSYCHOLOGIE DES SOZIALEN LERNENS (S. 75 - 89)

Der Verfasser geht der Frage nach: Was ist soziales Lernen? Soziales Lernen beginnt da, wo jemand durch Beobachtung und Nachahmung das Verhalten eines anderen Menschen übernimmt. Der Verfasser betrachtet kritisch die Rolle des Lehrers im Umfeld sozialer Lernprozesse.

Lern-/Erziehungsziele: Kooperative und sozial-integrative
L: 2.1   Verhaltensweisen.
   2.4

Vorsmann, Norbert:

METHODISCHE VORAUSSETZUNGEN DES SOZIALEN LERNENS IM UNTERRICHT
(S. 91 - 122)

Der Verfasser postuliert, daß die Bedingungen, unter denen schulisches Lernen stattfindet, das Gegenteil von dem bewirken, was soziales Lernen erklärtermaßen erreichen möchte. "Leistungsdruck und Anpassungszwang bestimmen das schulische Gedeihen", sie lähmen Solidarität und Subsidiarität. Der "heimliche Lehrplan" überlagert den offiziellen. Der Autor verdeutlicht methodische Voraussetzungen und Implikate des sozialen Lernens an einigen Punkten unterrichtlicher Praxis.

Lern-/Erziehungsziele: Balance aus "Systemzwang" und
L: 2.11   "Selbstbestimmung", "Zielorientie-
   2.13   rung" und "freiem Spielraum".

Wiederhold, Karl A.:

ERZIEHUNG ZUR KONFLIKTFÄHIGKEIT - EIN LERNZIEL DES GRUNDSCHULUNTERRICHTS
(S. 123 - 150)

Die Absicht dieses Aufsatzes ist es, die unterschiedlichen Konfliktursachen und Konfliktverläufe darzustellen. An einem Unterrichtsbeispiel wird verdeutlicht, auf welche Weise schon im 2. Grundschuljahr die Konfliktstabilität gefördert werden kann.

Lern-/Erziehungsziele: Erziehung zur Kooperation; Entwick-
L: 2.4   lung von Problembewußtsein hinsicht-
                      lich des eigenen Verhaltens.

Jamroszcyk, Jürgen J.:

DAS ROLLENSPIEL ALS MÖGLICHKEIT ZUR FÖRDERUNG KOMMUNIKATIVER UND SOZIALER KOMPETENZ
(S. 151 - 167)

In diesem Aufsatz wird die Relevanz des Rollenspiels im Hinblick auf die Bedeutung der Förderung der kommunikativen und sozialen Kompetenz aufgezeigt.

Lern-/Erziehungsziele: Selbstverwirklichung, Sensibilisie-
L: 2.13   rung für die Empfindungen anderer
   2.2   Menschen.

Bunk, Hans-Dieter:
SOZIALE STUDIEN: FREIZEIT (S. 169 - 198)
Da die Freizeit für immer mehr Menschen zum Zentrum der Lebenserwartung wird und bereits im Leben der Schüler einen breiten Raum einnimmt, sollte und müßte die Schule darauf reagieren. Der Verfasser stellt die Unterrichtseinheit "Freizeit" vor, durch die folgende Verhaltensweisen aufgebaut werden sollen:

Lern-/Erziehungsziele:	Affirmative Verhaltensweisen, kritische Verhaltensweisen, Verhaltensweisen der Wahrnehmung von Gruppeninteressen, Verhaltensweisen der Mitbestimmung.
L: 1.4	
2.2	
2.3	
2.4	

Bunk, Hans-Dieter; Kondratowicz v. A. :
GASTARBEITER - EIN INHALTSFELD DES SOZIALEN LERNENS IN DER GRUNDSCHULE (S. 199 - 214)
Die unterrichtlichen Möglichkeiten zur Erweiterung von Sachwissen und zum Abbau von Vorurteilen sollten an den sachstrukturellen, emotionalen und motivationalen Stand der Kinder anknüpfen, mit den Zielen:

Lern-/Erziehungsziele:	Lernen, mit anderen zusammen solidarisch und effizient zu arbeiten; lernen, Emotionen bei sich selbst und anderen wahrzunehmen, zu verstehen und mit ihnen umzugehen, lernen, im Sinne sozialer Emanzipation politisch handlungsfähig zu werden.
L: 1.1	
2.2	
2.42	
5.1	

Alters-/Zielgruppe:	Grundschüler, Kinder und Jugendliche aller pädagogischer Bereiche.
A: 2/	
3/	

Methoden:	Projektarbeit, Rollenspiel, Gruppenarbeit, Methodenkonzepte des Unterrichtes.
M: 1.2	
2.3	

Institutionen:	Schule.
I: 2	

Wiechell, Dörte:

MUSIKALISCHES VERHALTEN JUGENDLICHER
Ergebnisse einer empirischen Studie - alters-, geschlechts- und schichtspezifisch interpretiert.
Schriftenreihe zur Musikpädagogik.

Frankfurt: Diesterweg, 1977   240 Seiten

Untersuchung einer vermuteten tiefgreifenden Wandlung im musikalischen Verhalten Jugendlicher seit etwa 1967/68. Erfassung von Daten zur sozio-ökonomischen und psycho-sozialen Situation von Jugendlichen (Sozialisation, Familienkonstellation, Rahmenbedingungen musikalischen Verhaltens). Darstellung unterschiedlicher musikalischer Verhaltensweisen Jugendlicher unter differenzierenden sozio-ökonomischen und psychosozialen Einflüssen (rezeptives und aktives Verhalten). Vermittlung von Entscheidungshilfen bei anstehenden didaktischen Fragen. Schaffung einer Grundlage für eine kompensatorische bzw. komplementäre "Musikerziehung", eingebunden in "politische Bildung" im erweiterten Sinne.

Alters-/Zielgruppe:
A: 3/
   4/

Jugendliche zwischen 12 und 20 Jahren.

Lern-/Erziehungsziele:
L: 1
   2.44
   2.5

Wahrnehmungsschärfung, Informationserweiterung; Versuche zum Erzeugen von Distanz und Fähigkeit zu kritischer Reflexion; Vorurteilsabbau; Hinführen zu produktivem und kreativem Agieren.

Methoden:
M: 3.11
   3.21
   3.31
   4.3

Musikpädagogik.

Institutionen:
I: 2.3
   2.4
   2.5
   2.9

Gesamschulen, Gymnasien, Realschulen, Berufsschulen.

Winter, Gerhard:

KOGNITIVE UND EMOTIONALE ASPEKTE VON ARBEIT UND ARBEITS-
LOSIGKEIT IM SELBSTKONZEPT JUGENDLICHER

In: Siegfried Preiser (Hrsg.):
KOGNITIVE UND EMOTIONALE ASPEKTE POLITISCHEN ENGAGEMENTS.
Fortschritte der Politischen Psychologie, Bd. 2.

Weinheim: Beltz, 1982   Seite 67 - 84

Zentrale Aufgabenstellung eines größeren Projekts ist die Untersuchung der mit beruflicher Arbeit verbundenen Wertvorstellungen und der negativen Auswirkungen eines möglichen Arbeitsplatzverlustes. Als Ansatzpunkte der Analyse dienen vier Funktionen, die Arbeit normalerweise im Alltagsleben Berufstätiger einnimmt: 1. Arbeit dient der Rhythmisierung des Alltags, sie ordnet die Abfolge der einzelnen produktiven und reproduktiven Lebenstätigkeiten; 2. Arbeit bedeutet Kontaktchancen und begründet einen wesentlichen Teil des sozialen Status; 3. aus nicht entfremdeter, erfolgreicher Arbeitstätigkeit resultieren in der Regel Leistungserlebnisse, deren Folgen sich positiv auf die Selbstachtung, das Selbstwertgefühl und die Motivation zum Weiterleben auswirken; 4. Teilhabe am Arbeitsprozeß ist eine wichtige Station der politischen Sozialisation.

Der Autor berichtet zusammenfassend über die Ergebnisse mehrerer Untersuchungen an Haupt- und Berufsschülern sowie jugendlichen Arbeitslosen, insbesondere über subjektive Erklärungsmuster für eigene Leistungs- und Arbeitserfahrungen (Kausalattribuierung), über zukunftsbezogene Zeitperspektive und Initiative, über Selbstbild und Selbstwertgefühl; dabei werden auch regionale, sozioökonomische und geschlechtstypische Einflußfaktoren berücksichtigt.

Alters-/Zielgruppe: Hauptschüler, Berufsschüler, arbeits-
A: 3/21   lose Jugendliche
   3/22

Lern-/Erziehungsziele: Positives Selbstkonzept, Vertrauen
L: 2.12   in die eigene Handlungskompetenz,
   2.13   Hoffnung auf eigene Einflußchancen

Methoden: Selbsthilfegruppen, Fortbildungs-
M: 1   und Beschäftigungsprogramme für Ar-
   4   beitslose

Institutionen: Arbeitsplatz, überbetriebliche und
I: 3   gewerkschaftliche Bildungs- und
   4.7   Weiterbildungseinrichtungen

Wittig, Horst E. :

SCHULE UND FREIZEIT
Ein Beitrag zum pädagogischen Problem der Jugendkulturhilfe. Mit einer Dokumentation zur Freizeitpädagogik.
Wirtschaft und Schule, Schriftenreihe der Deutschen Volkswirtschaftlichen Gesellschaft e.V., Band 9

Bad Harzburg: Verlag für Wissenschaft, Wirtschaft und Technik, Neuausgabe 1964. 224 Seiten

---

Begrenzter Versuch zur Lösung der pädagogischen Aufgabe, die den Pädagogen das Freizeitproblem der Gegenwart im Bereich der Schulerziehung stellt. Darstellung der soziologischen Voraussetzungen und pädagogischen Problemstellungen aus der gesamtgesellschaftlichen Verfassung unserer Gegenwart heraus. Schulpraktische Aufgabenstellung zur Freizeiterziehung als Lebens- und Kulturhilfe. Beitrag zur (außerschulischen) Jugendkulturhilfe.

Alters-/Zielgruppe:
A: 2/
3/
4/

Schulkinder und Jugendliche an Haupt- und Berufsschulen.

Lern-/Erziehungsziele:
L: 1.4
2.11
2.4
4.1
5.3

Sinnvolle Freizeiterfüllung, sinnvoller Gebrauch der Freizeit; Erzieherische Einwirkung auf "harteinnengeleitete" sowie auf "weicheaußengeleitete" Freizeitinteressen und Freizeitverhaltensweisen; selektives Freizeitverhalten.

Methoden:
M: 3
4

Freizeitbildung: Künstlerisches Gestalten und Werken; Sport, Spiel (Schach), Musik, Wandern, Theater, (wertvolle) Filme, ("gute") Lektüre (z.B. Presse: Die Welt, FAZ, Das Parlament, Die Zeit, Rheinischer Merkur (!)), Rundfunk- und Schallplattenaufnahmen mit klassischer Musik (Erziehung zum Schweigen), Fernsehen (in verantwortungsvoller Selektion), Konzert.

Institutionen:
I: 2

Haupt- und Berufsschule in Zusammenarbeit mit Einrichtungen, die die Nutzung obiger Medien ermöglichen.

Rahmenbedingungen:
R: 4

Festigung und Fortentwicklung der bestehenden Gesellschaftsordnung.

Zielniok, Walter J.; Schmidt-Thimme, Dorothea:

GESTALTETE FREIZEIT MIT GEISTIG BEHINDERTEN

Rheinstetten-Neu: Schindele, 1977, 1983³   421 Seiten

Analyse der Freizeitförderung bei geistig Behinderten. Bestandsaufnahme der vielfältigen Formen der Freizeitgestaltung. Anregung von Erfahrungsaustausch unter den Mitarbeitern im Freizeitbereich der Behinderten.

Alters-/Zielgruppe:
A: 0/33
   1/33
   2/33
   3/33

Geistig behinderte Kinder, Jugendliche und Erwachsene.

Lern-/Erziehungsziele:
L: 1
   2.1
   2.5
   4

Entfaltung und Aktivierung der Gesamtpersönlichkeit der Behinderten. Emanzipatorische Erziehung im Sinne von Selbständigkeit der Behinderten. Differenziertes Bildungsangebot im Freizeitbereich mit dem Ziel ständiger Anregung zu selbständiger Lebensführung. Integration von Behinderten in altersgleichen Gruppen Behinderter und Nichtbehinderter.

Methoden:
M: 1.1
   3
   4
   5.3

Spielen, Bildnerisches Gestalten, Werken, Musizieren, Tanz, Sport, Urlaub und Verreisen, Kochen, Freizeiterziehung in der Schule, Freizeit- und Bildungsmaßnahmen von Volkshochschule und Heimvolkshochschule, Trainingkurse zur Förderung der Selbständigkeit.

Institutionen:
I: 1.1
   1.2
   2.8
   4
   5.3

Sonderschulen, Volkshochschulen, Freizeit-, Erholungsheime und Heimvolkshochschulen, (ehrenamtlich betreute) Clubs, Initiativen und Projekte, Familien, Stationäre Einrichtungen.

Rahmenbedingungen:
R: 3

Isolation bzw. Integration von Behinderten.

Zulliger, Hans:

HEILENDE KRÄFTE IM KINDLICHEN SPIEL

Stuttgart: Klett, 1952
Frankfurt: Fischer TB, 1970 (Band 6006)   123 Seiten

Das frei erfundene Spiel ist nach Ansicht des Autors die eigentliche "Sprache" des Kindes, die man als Erwachsener lernen muß, wenn man den wirklichen Zugang zur kindlichen Psyche finden, wenn man "erziehen" will. Erste Bedingung dafür ist das Verständnis kindlichen Denkens. Die Verknüpfung der infantilen Denkkategorien mit der Trieb-Entwicklung zeigt der Autor am Beispiel eines von Kindern phantasierten Landes auf. Weiter wird auf die Unterschiede zwischen der Erwachsenen- und der Kinderpsychotherapie eingegangen und zur Spieltherapie übergeleitet. Anstelle der Assoziationsmethode beim Erwachsenen verwendet man in der Kinderpsychotherapie die Spieltechnik. Während ursprünglich und auch später noch von manchen Therapeuten der Sinn des kindlichen Spiels gedeutet wurde, gelangt der Autor durch seine Erfahrungen zur Erkenntnis, daß das spielerische Erleben zur Verarbeitung von Konflikten wichtiger ist und oft zum Erfolg führt (d.h. Störungen beseitigt), denn für Kinder ist Spiel Wirklichkeit, ebenso wie die Symbole reale Dinge oder Personen sind. Zum Schluß geht der Autor auf familiäre Ursachen für kindliche Fehlentwicklungen ein. Er zeigt, daß kindliche Verhaltensprobleme für Eltern oft eine Notwendigkeit sind, um von Ehekonflikten abzulenken.

Alters-/Zielgruppe:
A: 1/4
    2/4

Kinder (sogenannte "Schwierige"). Nach Ansicht des Autors kann die Spieltherapie bei Kindern bis zu 10 - 12 Jahren angewandt werden.

Lern-/Erziehungsziele:
L: 2.1

Förderung der Integration des Individuums; der voll angepaßte, voll arbeits-, liebes- und gemeinschaftsfähige Mensch. Direkter Zweck des Spiels: Aufdecken des pathogenen Konflikts; psychotherapeutische Bearbeitung des Konflikts; Möglichkeit zu kultivierter Triebbefriedigung, zu Triebumsetzungen und Sublimierungen; Sichtbarmachen von Anhaltspunkten für schädliche Milieueinflüsse.

Methoden:
M: 2
   4

Spiel als therapeutische Methode (Spieltherapie).

Institutionen:
I: 5.2

Spieltherapie.

Schlagwörter:

Spieltherapie.

III. REGISTERTEIL

ALTERS- UND ZIELGRUPPENREGISTER

Das Register ist zunächst nach Altersgruppen geordnet (Code vor dem Schrägstrich), innerhalb jeder Altersgruppe nach spezifischen Zielgruppen (Code nach dem Schrägstrich).

O/   KEINE BESTIMMTE ALTERSGRUPPE

Agr 76	Bec 78	Böt 69	Buc 74	But 76
Cze 80	Den 76	Die 76	Fle 78	Fli 76
Gru 76	Hec 73	Kög 76	Krm 75	Küg 71
Lau 76	Len 74	Len 75	Lüd 72	Med 77
Nah 74	Nat 74	Opa 77	Pög 78	Pra 77
Pre 80	Scr 74	Scs 74	Köh 81	Scs 81
Shü 76				

O/1 Berufstätige

Krm 75   Maa 76   Mos 83

   O/11 Arbeiter/Lohnabhängige

   Deu 75   Now 76

   O/13 Hausfrauen

   Cze 80   Deu 75

   O/21 In Ausbildung

   Deu 75

   O/22 Arbeitslose

   Mos 83   Now 76

O/3 Behinderte

Cze 80   Nah 75   Opa 76

   O/33 Geistig Behinderte

   Zie 77

O/4 Verhaltensauffällige

Nah 75

O/5 Soziale Randgruppen

Nah 75

   O/52 Ausländer

   Cze 80   Opa 76

1/ KLEINKINDER/VORSCHULKINDER 0 - 6 JAHRE

Bie 74	Büh 78	Büt 76	Cha 76	Cla 73
Cro 79	Cze 80	Dau 73	Deu 75	Dil 75
Els 73	Fli 72	Fli 73	Frh 76	Fro 76
Frt 75	Gar 78	Geb 76	Hab 78	Has 76
Hee 75	Het 73	Hoo 77	Kün 72	May 77
Maz 77	Moo 68	Nah 74	Nar 74	Nie 76
Opa 76	Pic 75	Rüs 65	Sce 73	Scd 73
Scl 54	Scn 76	Scs 77	Shr 80	Sha 73
Stu 75	Stu 78	Stu 79	Wen 77	

1/3 Behinderte

Bun 73   Has 76   Nor 75

1/31 Körperbehinderte

Klu 76   Shr 80

1/32 Sinnesbehinderte

Löw 73   Löw 76

1/33 Geistig Behinderte

Moo 68   Shr 80   Zie 77

1/4 Verhaltensauffällige

Has 76   Klu 76   Moo 68   Scn 78   Zul 52

1/41 Lern- und Leistungsgestörte

Klu 76   Shr 80

1/42 Psychisch Gestörte

Axl 72   Shr 80

1/5 Soziale Randgruppen

Has 76   May 73

2/ SCHULKINDER 6 - 12 JAHRE

		Bie 74	Büh 78	Büt 76
Cha 76	Cob 77	Cro 79	Cze 80	Dau 73
Deu 75	Die 74	Dil 75	Ebe 76	Fli 72
Fli 73	Fre 76	Frh 76	Fro 76	Frt 75
Geb 76	Gol 73	Gün 72	Has 76	Hee 75
Het 73	Höl 73	Hof 73	Hoy 78	Kar 78
Kle 76	Koc 81	Koh 76	Kra 79	Krs 75
Krs 76	Kub 77	Kün 72	Leh 76	May 77
Maz 77	Mes 61	Moo 68	Nah 72	Nah 74
Nah 75	Nar 74	Nie 76	Opi 77	Opa 78
Pri 76	Rüs 65	Sce 73	Scd 73	Sce 75
Scn 76	Scs 77	Shz 72	Sei 76	Sha 73
Stu 75	Stu 78	Stü 77	Stu 79	War 76
Weg 78	Wen 77	Wie 76	Wit 64	

2/3 Behinderte
        Bun 73   Has 76   Kre 71   Lez 74   Nor 75
        Wen 77

    2/32 Sinnesbehinderte
         Löw 76

    2/33 Geistig Behinderte
         Moo 68   Zie 77

2/4 Verhaltensauffällige
        Bit 73   Büt 78   Has 76   Moo 68   Scn 78
        Wen 77   Zul 52

    2/41 Lern- und Leistungsgestörte
         Büs 72   Büt 78   Fro 76   Scf 73

    2/42 Psychisch Gestörte
         Axl 72   Fro 76

2/5 Soziale Randgruppen
        Frö 74   Har 77   Has 76   May 73

3/ JUGENDLICHE   11 - 16 Jahre
        Baa 72   Bie 74   Böh 73
        Cob 77   Cze 80   Dam 80   Deu 75   Die 74
        Dil 75   Ebe 76   Fre 76   Fri 77   Fro 76
        Gie 68   Gie 71   Gra 73   Gün 72   Hee 75
        Her 63   Het 73   Höl 73   Hok 78   Hoy 78
        Kar 78   Koh 76   Kra 79   Krs 75   Krs 76
        Kub 77   Kün 72   Leh 76   Lüt 72   Lüd 78
        Maz 77   Mes 61   Nah 72   Nah 74   Nah 75
        Nar 74   Nie 76   Opa 76   Opi 77   Opa 78
        Pro 75   Sce 75   Sci 77   Scl 54   Scs 77
        Scs 78   Stu 78   Stu 77   Stu 79   War 76
        Weg 78   Wer 73   Wer 75   Wie 77   Wie 76
        Wit 64

    3/11 Arbeiter/Lohnabhängige
         Bac 75   Now 76

    3/2 Nicht-Berufstätige
        Wen 77

    3/21 In Ausbildung
         Bur 77   Fri 76   Win 82

    3/22 Arbeitslose
         Böh 78   Bur 77   Opi 76   Voh 80   Now 76
         Stu 79   Win 82

3/3 Behinderte
        Bun 73   Ess 77   Kre 71   Lez 74   Nor 75

  3/31 Körperbehinderte
        Kli 76

  3/33 Geistig Behinderte
        Zie 77

3/4 Verhaltensauffällige
        Bit 73   Klu 76   Wen 77

  3/41 Lern- und Leistungsgestörte
        Büs 72   Klu 76

3/5 Soziale Randgruppen
        Har 77   May 73

4/ HERANWACHSENDE 16 - 25 JAHRE
        Böh 73   Chr 76   Cob 77   Dam 80   Die 74
        Gan 77   Gie 71   Gra 73   Her 63   Ken 69
        Kle 76   Lüt 72   Maz 77   Nah 72   Nah 74
        Nah 75   Sci 77   Stü 77   War 76   Wer 73
        Wie 77   Wit 64

  4/11 Arbeiter/Lohnabhängige
        Bur 77   Höb 75   Sci 78

  4/21 In Ausbildung
        Bur 77   Hoy 78   Tho 78

  4/22 Arbeitslose
        Bur 77   Hei 78   Ops 76   Voh 80   Wac 78

4/3 Behinderte
        Ess 77   Kre 71

  4/52 Ausländer
        Sci 78

5/ ERWACHSENE 25 - 65 JAHRE
        Chr 76   Dam 80   Die 74   Fre 76   Gie 68
        Her 63   Jüt 76   Kle 76   Man 76   May 77
        Nah 72   Nah 74   Scl 54   Stü 77

5/1 Berufstätige
    Deu 73   Gie 68   Kle 76

  5/11 Arbeiter/Lohnabhängige
      Höb 75   Höf 75   Man 76   Sci 78   Wer 75

  5/12 Selbständige/Führungskräfte
      Höb 75

  5/13 Hausfrauen
      Opa 76   Wer 75

  5/21 In Ausbildung
      Tho 78

  5/22 Arbeitslose
      Wac 76   Wac 78

5/3 Behinderte
    Tew 76   Tit 76

  5/52 Ausländer
      Bec 74   Man 76   Sci 78   Wer 75

5/6 Eltern und Erzieher
    Frh 76   Het 73   Koh 76   May 73   Wen 77

6/ SENIOREN AB 55 JAHRE
    Chr 76   Cze 80   Deu 75   Fre 76   Kle 76
    Koh 76   Man 76   Nah 74   Nah 75   Opa 76
    Scs 75   Scs 77   Scr 81   Wer 75

  6/11 Arbeiter/Lohnabhängige
      Höb 75

  6/12 Selbständige/Führungskräfte
      Höb 75

  6/23 Rentner/Pensionäre
      Kle 76

6/6 Eltern und Erzieher
    Hab 78

LERN-, LEHR-, ERZIEHUNGS- BZW. LEBENSZIELREGISTER

1 KOGNITIVE ZIELE

Axl	72			Bec	78	Bit	73	Büh	78
Büs	72	Cha	76	Cob	77	Dau	73	Deu	75
Die	74	Die	76	Ess	77	Fli	72	Fli	73
Gan	77	Gar	78	Gra	73	Gru	76	Hab	78
Hec	73	Het	73	Höf	75	Hof	73	Hoo	77
Jüt	76	Klu	76	Koc	81	Köh	81	Krm	75
Kub	77	Lau	76	Leh	76	May	73	May	76
Maz	77	Nie	76	Now	76	Opi	77	Pic	75
Pre	80	Rüs	65	Scd	73	Scl	54	Scn	76
Shr	80	Sei	76	Stw	78	Voh	80	Wen	77
Wer	73	Wie	77	Zie	77				

1.1 Wahrnehmungsfähigkeit, Gedächtnis

Cro	79	Cze	80	Ess	77	Fri	76	Fri	77
Gol	73	Ken	69	Kün	72	Len	74	Lez	74
Löw	73	Nor	75	Sce	75	Shz	72	Stu	75
War	76	Wie	76						

1.2 Logisches Denken

Fri 76   Gün 72   Nor 75

1.3 Schöpferisches Denken, produktives Gestalten

Bac	75	Bie	74	Cze	80	Den	76	Die	76
Dil	75	Fre	76	Fri	76	Geb	76	Gün	72
Hee	75	Her	63	Höl	73	Hok	78	Kra	79
Krs	75	Krs	76	Kün	72	Leh	76	Lez	74
May	77	Nah	75	Nar	74	Nor	75	Pre	80
Sce	73	Sce	75	Shü	76	Stu	75	Wie	76

1.4 Bewertung und Kritikfähigkeit

Bac	75	Büt	76	Bur	77	Cro	79	Cze	80
Dam	80	Die	76	Ebe	76	Fri	76	Fri	77
Frö	74	Frt	75	Gie	71	Gol	73	Gün	72
Hee	75	Höl	73	Ken	69	Krs	75	Krs	76
Kün	72	Leu	74	Len	75	Lez	74	Lüt	72
Nah	75	Opa	77	Pri	76	Sce	73	Sce	75
Scm	78	Shü	76	Sha	73	Wac	76	War	76
Wen	77	Wie	76	Wit	64				

2 SOZIO-EMOTIONALE ZIELE

Axl	72	Baa	72	Bac	75	Bec	78	Böh	73
Büh	78	Büs	72	Büt	78	But	76	Cha	76
Cob	77	Deu	75	Fli	72	Fli	73	Fri	77
Fro	76	Gan	77	Gar	78	Gra	73	Gru	76
Hec	73	Hee	75	Het	73	Höb	75	Höl	73

```
            Hok 78    Kar 78    Krm 75    Kre 71    Kub 77
            Lau 76    Len 74    Len 75    May 73    May 76
            Mes 61    Nah 75    Nar 74    Now 76    Opa 77
            Opi 77    Opa 78    Pra 77    Pre 80    Pro 75
            Rüs 65    Scd 73    Sci 77    Scm 78    Scs 78
            Shr 80    Sei 76    Stw 78    Stw 79    Tew 76
            Voh 80    Weg 78    Wen 77
```

2.1 Persönliche Lebensqualität

```
            Bec 74    Bit 73    Böt 69    Buc 74    Bun 73
            Cze 80    Dam 80    Deu 73    Fle 78    Gie 71
            Gol 73    Hab 78    Hei 78    Hoy 78    Kög 76
            Köh 81    Küg 71    Lüd 72    Maa 76    Man 76
            May 77    Moo 68    Mos 83    Nor 75    Opi 76
            Scf 73    Scs 81    Sen 76    Tit 76    Wie 76
            Zie 77    Zul 52
```

2.11 Zufriedenheit

```
            Her 63    Scr 74    Scs 75    Wie 76    Wit 64
```

2.12 Selbstbild/Identität

```
            Bur 77    Die 76    Dil 75    Ebe 76    Ess 77
            Frh 76    Fri 76    Frö 74    Frt 75    Har 77
            Her 63    Kra 79    May 77    Opa 76    Opi 76
            Pri 76    Scm 78    Sha 73    Shü 76    Stu 75
            Wen 77    Win 82
```

2.13 Selbstverwirklichung, Emanzipation

```
            Agr 76    Dil 75    Els 73    Geb 76    Gie 68
            Har 77    Her 63    Jüt 76    Koh 76    Krs 76
            Kün 72    Leh 76    Maz 77    Nah 74    Nat 74
            Opi 76    Shü 76    Wen 77    Wer 73    Wie 76
            Win 82
```

2.14 Frustrations- und Konflikttoleranz

```
            Baa 72    Bit 73    Buc 74    Büt 76    Frö 74
            Gün 72    Koc 81    Scm 78    Shz 72    War 76
            Wie 76
```

2.15 Angstbewältigung

```
            Bur 77    Dau 73    Ess 77    Nor 75
```

2.16 Spielfähigkeit

```
            Bec 78    Els 76    Fli 76    Het 73
```

2.2 Soziale Sensibilität

```
                      Büt 78    Bur 77    Cro 79    Dam 80
            Dau 73    Den 76    Dil 75    Fre 76    Frh 76
            Frö 74    Geb 76    Gol 73    Klu 76    Köh 81
            Opa 76    Pri 76    Scf 73    Scn 76    Scr 81
            Scs 81    Sha 73    Stu 75    War 76    Wen 77
            Wer 75    Wie 76
```

2.3 Kommunikationsfähigkeit

	Bec 74	Buc 74	Bur 77	Cze 80
Dau 73	Den 76	Deu 73	Die 74	Dil 75
Els 76	Fre 76	Frh 76	Fri 76	Geb 76
Gol 73	Gün 72	Har 77	Höf 75	Ken 69
Köh 81	Koh 76	Krs 75	Krs 76	Lüd 72
Lüt 72	Med 77	Opa 76	Opi 76	Ops 76
Pri 76	Sci 78	Scm 78	Scr 81	Scs 81
Scs 77	War 76	Wen 77	Wer 75	Wie 76

2.31 Verbale Kommunikation

Fri 76   Lez 74

2.32 Nonverbale Kommunikation

Els 76   Ess 77   Nor 75

2.4 Kooperation

		Bie 74	Bit 73	Büt 76
Dam 80	Dau 73	Den 76	Die 76	Dil 75
Ess 77	Fle 78	Fre 76	Frh 76	Frö 74
Geb 76	Gün 72	Hab 78	Har 77	Her 63
Ken 69	Koh 76	Kra 79	Krs 75	Krs 76
Leh 76	Lez 74	Maa 76	May 77	Moo 68
Opa 76	Pri 76	Sce 75	Sci 78	Scn 76
Shz 72	Tho 78	War 76	Wen 77	Wie 76
Wit 64				

2.41 Hilfsbereitschaft

Buc 74   Cla 73   Lez 74   Tho 78

2.42 Solidarität

Cla 73	Die 76	Ebe 76	Fre 76	Hof 73
Klu 76	May 77	Mos 83	Opa 76	Ops 76
Pic 75	Pri 76	Scm 78	Tho 78	Wac 76
Wie 76				

2.43 Soziale Toleranz

Cla 73	Hof 73	Krs 76	Kün 72	Lez 74
Opa 76	Pri 76			

2.44 Aggressionsbewältigung

Büt 76	Büt 78	Els 76	Opa 76	Shz 72
Wie 77				

2.5 Lernbereitschaft, Neugier, Interessen

		Bec 74	Bie 74	Bit 73
Büt 78	Bur 77	Dam 80	Dau 73	Die 74
Els 76	Frö 74	Frt 75	Hab 78	Har 77
Hof 73	Ken 69	Kle 76	Klu 76	Koc 81
Kög 76	Koh 76	Kra 79	Krs 75	Maa 76
Maz 77	Nie 76	Opa 76	Ops 76	Scs 77
Shz 72	Stu 75	Stü 77	Wie 77	

3 PRAGMATISCHE ZIELE

          Axl 72   Bec 78   Cha 76   Deu 75   Fli 72
          Gar 78   Gru 76   Hec 73   Hee 75   Kre 71
          May 73   Pre 80   Rüs 65   Tew 76   Voh 80

3.1 Motorische Fertigkeiten

          Bie 74   Dau 73   Dil 75   Geb 76   Het 73
          Scn 76   Shz 72

3.2 Sensorische Fertigkeiten

          Löw 73   Nor 75

3.3 Psychomotorische Fertigkeiten

          Fli 73   Geb 76   Har 77   Pic 75

3.4 Sprachliche Fertigkeiten

          Cob 77   Frö 74   Geb 76   Hoo 77   Kub 77
          Löw 76   Sei 76   Wen 77

4 KÖRPERBEZOGENE ZIELE

          Agr 76   Axl 72   Bec 78   But 76   Chr 76
          Deu 75   Ess 77   Fli 72   Gar 78   Gol 73
          Gru 76   Hec 73   Höb 75   Jüt 76   Kle 76
          May 73   Mes 61   Nah 75   Now 76   Pre 80
          Rüs 65   Scs 78   Stü 77   Zie 77

4.1 Aktivierung

          Bac 75   Bac 75   Hec 73   Hec 75   Küg 71
          Len 75   Opa 78   Pre 80   Scr 74   Scr 81
          Scs 77   Tew 76   Tho 78   Wit 64

4.2 Entspannung

          Bac 75   Böt 69   Bun 73   Die 76   Fle 78
          Hec 73   Hee 75   Her 63   Het 73   Hok 78
          Kar 78   Ken 69   Koh 76   Krm 75   Küg 71
          Len 75   Lüt 72   Opa 78   Pre 80   Scs 77
          Tho 78   Tit 76

4.3 Physische Leistung

          Deu 73   Scs 77   Tew 76

4.31 Gesunderhaltung

          Böt 69   Bun 73   Her 63   Krm 75   Len 75
          Pra 77   Scr 81   Scs 77

4.32 Steigerung der Leistungsfähigkeit

          Nor 75   Scs 77   Tho 78

4.33 Kompensation von Behinderung
       Lez 74   May 77   Nor 75

5   WELTANSCHAULICHE/GESELLSCHAFTSPOLITISCHE ZIELE
       Böh 73   Chr 76   Deu 75   Ess 77   Hoy 78
       Krm 75   Lüd 72   Now 76   Opa 77   Pra 77
       Pre 80   Sci 78

5.1 Gesellschaftliche Emanzipation
       Baa 72   Bac 75   Dam 80   Die 74   Die 76
       Fre 76   Gie 68   Gie 71   Gol 73   Gra 73
       Kar 78   Köh 81   Lau 76   Leh 76   Len 74
       Len 75   Maa 76   May 76   Med 77   Mos 83
       Nah 74   Scd 73   Sce 73   Sce 75   Sci 77
       Scs 77   Wer 75   Wie 76

5.2 Demokratisches Verhalten
       Agr 76   Baa 72   Dam 80   Die 76   Gie 71
       Klu 76   Len 74   Lüt 72   Man 76   May 76
       Nah 74   Sci 77

5.3 Religiöse Orientierung/Sinnfindung
       Böt 69   Deu 73   Mes 61   Opi 76   Wit 64

METHODENREGISTER

1 EINÜBUNG UND AUSFÜHRUNG VON FUNKTIONEN UND FÄHIGKEITEN

Axl 72	Bac 75	Büh 78	But 76	Cha 76
Dam 80	Fri 77	Gra 73	Gru 76	Has 76
Hee 75	Hoo 77	Hoy 78	Kle 75	Kre 71
Len 75	May 76	Maz 77	Mes 61	Mos 83
Nah 74	Nah 75	Opa 78	Pre 80	Sci 77
Scs 78	Tew 76	Win 82		

1.1 Funktionsspiel und Sport

Agr 76	Cla 73	Fle 78	Fli 73	Fre 76
Her 63	Höb 75	Höl 73	Jüt 76	Klu 76
Kög 76	Koh 76	Kra 79	Krm 75	Krs 76
Lez 74	Löw 73	Löw 76	Lüt 72	Opi 76
Scs 74	Scs 77	Scs 77	Shr 80	Stü 77
Tho 78	Weg 78	Zie 77		

1.2 Projekt

Agr 76	Bec 74	Bit 73	Böh 73	Bur 77
Ess 77	Frt 75	Gan 77	Geb 76	Hab 78
Hok 78	Ken 69	Kra 79	Leh 76	Man 76
May 73	Now 76	Pro 75	Sce 75	Scm 78
Shz 72	Voh 80	Wie 76		

2 SYMBOLISCHES HANDELN

Axl 72	Büh 78	Büt 78	Cha 76	Gru 76
Hee 75	Hoy 78	May 76	Maz 77	Opa 78
Pre 80	Scs 78	Zul 52		

2.1 Traum, Phantasie

Shr 80

2.2 Gespräch, Diskussion

Bac 75	Bac 75	Böh 73	Bur 77	Cro 79
Dam 80	Dil 75	Ess 77	Fri 77	Frö 74
Gan 77	Geb 76	Het 73	Höl 73	Krs 75
Kün 72	Len 75	Lüt 72	Man 76	May 73
Mes 61	Ops 76	Sce 73	Sci 78	Sci 77
Sei 76	Tew 76	Voh 80		

2.3 Symbolspiel

Axl 72	Bac 75	Bac 75	Bit 73	Büs 72
Büt 76	Büt 78	Cla 73	Cob 77	Dau 73
Dil 75	Els 73	Fli 72	Fli 73	Fre 76
Fri 77	Fro 76	Frt 75	Gar 78	Geb 76
Gol 73	Hab 78	Has 76	Het 73	Klu 76
Koh 76	Krs 75	Kre 71	Kub 77	Man 76
Moo 68	Rüs 65	Sce 73	Sce 75	Scn 76
Scm 78	Shr 80	Stu 75	Stu 78	Voh 80
War 76	Weg 78	Wie 76		

2.31 Spontanes Rollenspiel

    Ebe 76   May 73   Scl 54   Scm 78

2.32 Freies Rollenspiel

    Büt 76   Dam 80   Fli 72   May 77   Scn 76
    Scm 78   Sei 76

2.33 Strukturiertes Rollenspiel (auch Psychodrama, Soziodrama)

    Cla 73   Cro 79   Den 76   Die 74   Ebe 76
    Frh 76   Fri 76   Frö 74   Har 77   Koc 81
    Krs 76   May 77   Scf 73   Scn 76   Shü 76
    Sei 76   Sha 73   Wen 77

2.34 Puppenspiel

    Kün 72   Lez 74   May 77   Sce 73

2.35 Simulationsspiel

    Dau 73   Fli 72   Fro 76   Leh 76

3 AUFNAHME UND VERARBEITUNG VON UMWELT

    Böh 73   But 76   Gar 78   Gra 73   Höl 73
    Hof 73   Hok 78   Hoy 78   Kar 78   Nah 74
    Nar 74   Opa 78   Pre 80   Sci 78   Sci 77
    Scs 74   Wer 73   Wit 64   Zie 77

3.1 Direkte Rezeption

    Agr 76   Ess 77   Fle 78   Gan 77   Het 73
    Ken 69   Krm 75   May 73   May 76   Mes 61
    Tew 76   Tit 76

3.11 Musikveranstaltung

    Höb 75   Koh 76   Lüt 72   Wie 77

3.12 Szenische Darstellung

    Büs 72   Fli 72   Scd 73   Scf 73   Scl 54
    War 76

3.13 Verbale Darstellung

    Now 76   War 76

3.2 Indirekte Rezeption (über Medien)

    Agr 76   Bec 74   Bec 74   Bur 77   Dam 80
    Die 74   Fle 78   Gün 72   Hof 73   Kög 76
    Krm 75   Len 75   Tew 76

3.21 Musik in Rundfunk und Fernsehen

    Lüt 72   Wie 77

3.22 Filme (z.B. Kino und TV)
   Gan 77   Kün 72

3.23 Nachrichten und Berichte

3.3 Konservierte Medien
   Bac 75   Bac 75   Dam 80   Die 74   Fro 76
   Hab 78   May 76   Med 77   Scs 77

3.31 Tonträger wie Band, Video usw.
   Gan 77   Wie 77

3.32 Literatur
   Dam 80   Now 76

4 GESTALTUNG VON MATERIELLER UND SOZIALER UMWELT
   Axl 72   Büh 78   But 76   Cha 76   Cla 73
   Dil 75   Fli 72   Frt 75   Gan 77   Gra 73
   Gru 76   Gün 72   Has 76   Hee 75   Her 63
   Höl 73   Hoo 77   Hok 78   Hoy 78   Krm 75
   Lüt 72   Maa 76   May 73   May 76   Maz 77
   Moo 68   Mos 83   Nah 75   Opa 78   Pic 75
   Pre 80   Scs 78   Wac 76   Wer 73   Win 82
   Wit 64   Zie 77   Zul 52

4.1 Werken
   Dam 80   Ess 77   Fre 76   Fro 76   Gru 76
   Höb 75   Kra 79   Voh 80

4.2 Malen
   Kra 79   Voh 80

4.3 Musizieren
   Buc 74   Fre 76   Fro 76   Geb 76   Höb 75
   Kra 79   Nor 75   Sei 76   Wie 77

4.4 Tanzen
   Fle 78   Kra 79

4.5 Texten
   Dam 80   Frö 74

4.6 Szenisches Gestalten
   Büs 72   Dam 80   Dau 73   Ebe 76   Frö 74
   Geb 76   Hab 78   Krs 75   Lez 74   Nor 75
   Tho 78   War 76

4.7 Dokumentation erstellen
   Dam 80

4.8 Aktive Medienarbeit

Bac 75	Dam 80	Frö 74	Len 75	Lez 74
Med 77	Now 76			

5 INDIREKTE METHODEN

Böt 69	Buh 78	Deu 75	Lau 76	Nat 74
Nah 75	Nar 74	Nie 76	Ops 76	Opi 77
Pög 78	Stu 75			

5.1 Erzieherarbeit

Buc 74	Buc 74	Büt 78	Cro 79	Cze 80
Fre 76	Frh 76	Frö 74	Frt 75	Geb 76
Hab 78	Has 76	Klu 76	Koc 81	Kra 79
Krs 75	Kün 72	May 76	Nat 74	Opa 78
Scs 78	Shr 80	Voh 80		

5.2 Freizeitplanung

Agr 76	Bec 74	Bie 74	Bun 73	But 76
Cze 80	Dil 75	Frt 75	Kög 76	Koh 76
Len 75	Nat 74	Opa 76	Opi 76	Opi 76
Sci 78	Scr 74	Scr 81	Scs 75	Scs 77
Tew 76	Wer 73	Wer 75		

5.3 Freizeitberatung

Agr 76	Böh 73	Bun 73	But 76	Gan 77
Her 63	Kög 76	Len 75	Nah 74	Nat 74
Opa 76	Scs 75	Tew 76	Tit 76	Wer 73
Wer 75	Zie 77			

5.4 Supervision

Axl 72   Wer 73

5.5 Aus- und Fortbildung von Freizeitpädagogen

Cze 80	Deu 75	Die 76	May 73	Nah 74
Opa 78				

5.6 Empirische Untersuchungsmethoden

Die 74	Pra 77	Scs 74	Stu 79	Wer 75

INSTITUTIONENREGISTER

1. **WOHN- UND LEBENSBEREICH**

Deu 73	Gru 76	Lau 76	Len 75	May 76
Nah 72	Nat 74	Now 76	Opa 77	Pre 80
Scr 74	Scr 81			

1.1 Familie, Wohngemeinschaft

	Böh 73	Böt 69	Büh 78	Cha 76
Chr 76	Els 73	Fle 78	Fli 73	Fro 76
Het 73	Hof 73	Küg 71	Kun 72	Löw 73
Löw 76	Moo 68	Pic 75	Pro 75	Sci 78
Sci 77	Scs 77	Stu 75	Stu 78	Stu 79
Tew 76	Voh 80	Wer 73	Zie 77	

1.2 Heim

Bit 73	Fre 76	Tew 76	Voh 80	Zie 77

1.21 Kinderheim

Opa 76

1.22 Jugendheim

Gie 68   Opa 76

1.23 Altersheim

Fre 76   Nah 75

1.3 Kindergarten, -tagesstätte

Büh 78	Cro 79	Fli 73	Frh 76	Geb 76
Gol 73	Hab 78	Hee 75	Hoo 77	Kün 72
May 77	Maz 77	Mes 61	Nah 75	Pie 75
Sce 73	Scu 76	Shr 80	Sei 76	Sha 73
Stu 78				

1.4 Straße

Baa 72	Bac 75	Böh 73	But 76	Frt 75
Hee 75	Hof 73	Med 77	Ops 76	Pro 75
Sci 77	Voh 80			

2. **SCHULE**

Axl 72			Bit 73	Böh 73
Böt 69	But 76	Cob 77	Den 76	Deu 75
Die 74	Die 76	Fri 77	Gru 76	Hee 75
Hoy 78	Kar 78	Kle 76	Koc 81	Kra 79
Krs 75	Kub 77	Küg 71	Kün 72	Lau 76
May 76	Maz 77	Mes 61	Nah 72	Nah 74
Nat 74	Nah 75	Nar 74	Opa 77	Opi 77
Pre 80	Sce 75	Scn 76	Scr 74	Shü 76
Stü 77	War 76	Weg 78	Wen 77	Wer 73
Wie 76	Wit 64			

2.1 Vorschule

Büh 78	Büt 76	Cha 76	Cla 73	Cro 79
Cze 80	Dau 73	Frh 76	Fro 76	Geb 76
Gol 73	Kün 72	Leh 76	Opi 76	Sce 73
Shr 80	Sha 73	Wen 77		

2.2 Grundschule

Büh 78	Büt 76	Büt 78	Cha 76	Cro 79
Dau 73	Fli 73	Frh 76	Fro 76	Geb 76
Gol 73	Krs 76	Leh 76	Sce 73	Scf 73
Sei 76	Sha 73	Stu 78	Wen 77	

2.3 Haupt- und Realschule

| Böh 78 | Dau 73 | Fri 76 | Fro 76 | Krs 76 |
| Leh 76 | Pro 75 | Stu 78 | Voh 80 | Wie 77 |

2.4 Gesamtschule

| Hok 78 | Lüd 78 | Opi 76 | Opa 78 | Pri 76 |
| Scs 77 | Scs 78 | Wie 77 | | |

2.5 Gymnasium

Leh 76   Wie 77

2.6 Hochschule

Tho 78   Wen 77

2.7 Ganztagsschule/Hort

Gol 73   Hok 78   Lüd 78   Opa 78   Scs 78

2.8 Sonderschule

| Büs 72 | Ess 77 | Fro 76 | Klu 76 | Lez 74 |
| Löw 73 | Löw 76 | Voh 80 | Wen 77 | Zie 77 |

2.9 Berufsschule

Voh 80   Wie 77

3 ARBEITSBEREICH

Chr 76	Gru 76	Höf 75	Moa 76	Mos 83
Nah 72	Nah 75	Nat 74	Pre 80	Stü 77
Win 82				

3.1 Betrieb

Höb 75   Kle 76   Koh 76   Voh 80   Wac 76

3.11 Überbetriebliche Ausbildungsstätte

Bur 77   Man 76   Voh 80

3.12   Betriebliche Freizeit-/Erholungsstätte
       But 76   Fre 76

3.2 Gewerkschaft
       Böh 73   Koh 76   Wac 76

3.21   Gewerkschaftliche Ausbildungsstätte
       Bur 77   Man 76

3.22   Gewerkschaftliche Freizeitstätte
       Gie 71

4 FREIZEITSTÄTTEN/KULTURELLE EINRICHTUNGEN

Agr 76	Böt 69	But 76	Chr 76	Den 76
Deu 75	Die 76	Fre 76	Gru 76	Kle 76
Kög 76	Krm 75	Lau 76	Len 75	May 76
Nah 75	Nat 74	Opa 77	Pre 80	Tew 76
Wer 75	Zie 77			

4.1 Spielplatz

Bie 74	Die 76	Dil 75	Frt 75	Gün 72
Has 76	May 73	May 77	Maz 77	Nie 76
Opi 76				

4.11   Abenteuerspielplatz

Cze 80	Dil 75	Hee 75	Opa 76	Opi 76
Shz 72				

4.2 Gemeinde- und Bürgerhaus, Gemeinschaftszentrum

   Cze 80   Med 77   Pög 78   Wer 73

4.21   Jugendfreizeitstätte

	Bac 75	Böh 73	Böh 78	Cze 80
Die 74	Die 76	Ebe 76	Frö 74	Fro 76
Gan 77	Gie 68	Gie 71	Gra 73	Har 77
Hee 75	Höl 73	Klu 76	Lüt 72	Maz 77
Med 77	Mes 61	Nah 74	Now 76	Opa 76
Pög 78	Pro 75	Sce 75	Sci 77	Voh 80
Wer 73				

4.22   Familienfreizeitstätte

   Pög 78

4.23   Altenfreizeitstätte

   Scs 75

4.3 Vereine und Verbände

                Bec 74   Dam 80   Fle 78   Frt 75
        Her 63 Ken 69   Koh 76   Nah 72   Opa 76
        Pro 75 Scr 81   Wer 73

    4.31 Sportvereine

        Jüt 76   Now 76   Sci 77   Stü 77

    4.32 Musische Vereine

4.4 Kulturelle Stätten

        Baa 72   Bec 74   Cze 80   Maz 77   Med 77
        Opa 76   Opi 76

    4.41 Museum/Ausstellung

        Koh 76

    4.43 Theater/Konzertsaal

        Nah 72   Scd 73

    4.43 Kino

        Pro 75

4.5 Öffentliche Konsumeinrichtungen

        Bac 75   Köh 81   Opa 76   Opi 76   Pög 78
        Sci 77   Scs 77

    4.51 Diskotheken

        Baa 72   Wer 73

    4.52 Kneipen

        Fle 78   Nah 72   Sci 78   Scr 81   Wer 73

4.6 Tourismus

        Bun 73   Höl 73   Ken 69   Mes 61   Nah 74
        Stü 77   Tit 76

4.7 Weiterbildungseinrichtungen

        Böh 73   Bur 77   Die 74   Die 76   Frh 76
        Fri 77   Fro 76   Gie 68   Gie 71   Küg 71
        Man 76   Mos 83   Nah 72   Opa 76   Win 82

    4.71 Volkshochschule

        Bec 74   Gie 68   Jüt 76   Opa 76   Opi 76
        Pög 78   Voh 80

5   THERAPEUTISCHE EINRICHTUNGEN
            Gru 76   Pre 80   Pri 76   Shü 76   Tew 76

5.1 Beratungsstellen
            Böh 73   Böh 78   Böt 69   Cze 80   Voh 80

5.2 Psychologische Therapie
            Axl 72   Fli 73   Gar 78   Moo 68   Scn 76
            Scm 78   Scs 77   Voh 80   Zul 52

5.3 Heilpädagogische Einrichtungen
            Bun 73   Fli 73   Fro 76   Kre 71   Löw 73
            Löw 76   Moo 68   Nor 75   Zie 77

5.4 Krankenhäuser

REGISTER DER RAHMENBEDINGUNGEN

1 FINANZIERUNGSPROBLEME

Axl 72	But 76	Deu 75	Dil 75	Ess 77
Fre 76	Gan 77	Gra 73	␣Gün 72	Lau 76
Len 75	Man 76	May 73	Nah 72	Nah 74
Nat 74	Sci 78	Scm 78	Voh 80	

2 GESETZLICHE BESTIMMUNGEN, JURISTISCHE PROBLEME

Dau 73	Deu 75	Dil 75	Ess 77	Fri 76
Frt 75	Gan 77	Lau 76	Len 75	Med 77
Nah 72	Nah 74	Nat 74	Nie 76	Sci 78
Weg 78				

3 SOZIOKULTURELLE BEDINGUNGEN (Z.B. LEISTUNGS-/KON-KURRENZDENKEN, TABUS)

Agr 76	Bec 74	Böh 73	Böh 78	Böt 69
Büt 76	Bur 77	But 76	Cha 76	Cob 77
Dam 80	Deu 73	Ebe 76	Fle 78	Fli 73
Fro 76	Gan 77	Gol 73	Gol 73	Har 77
Hei 78	Höb 75	Höf 75	Höl 73	Hof 73
Jüt 76	Ken 69	Kra 79	Krs 75	Kub 77
Len 75	May 76	Maz 77	Moo 68	Nah 72
Nah 74	Nat 74	Nar 74	Opa 78	Sci 78
Sci 77	Shr 80	Stü 77	Tho 78	Tit 76
Voh 80	Wac 76	Wac 78	Weg 78	Zie 77

4 POLITISCHE REALITÄTEN UND GESELLSCHAFTLICHE BEDINGUNGEN

Agr 76	Baa 72		Bac 75	Bie 74
Böh 73	Böt 69	Büt 76	Cla 73	Deu 73
Die 74	Els 73	Gie 71	Gra 73	Gün 72
Har 77	Höf 75	Jüt 76	Kle 76	Köh 81
Koh 76	Krs 76	Kub 77	Len 75	Lüt 72
Lüd 78	Maa 76	May 76	Med 77	Mos 83
Nah 72	Nah 75	Nar 74	Now 76	Opa 78
Pri 76	Sce 75	Sci 78	Scs 81	Stü 77
Wac 78	Wer 75	Wit 64		

5 ÖKOLOGISCHE UND SOZIOÖKONOMISCHE KONTEXTBEDINGUNGEN

Agr 76	Bac 75	Bec 74	Böh 78	Böt 69
Buc 74	Ebe 76	Els 73	Ess 77	Fle 78
Gan 77	Gol 73	Har 77	Has 76	Hei 78
Kle 76	Krm 75	Küg 71	Len 75	Lüd 72
Lüt 72	Maa 76	Nah 75	Opa 78	Opi 76
Opi 77	Pri 76	Scm 78	Scs 78	Shr 80
Shü 76	Tew 76	Voh 80	Wac 76	Wac 78
Wer 75				

6   FREIZEITFORSCHUNG
              Baa 72   Bie 74   Böt 69   Büt 76   Die 76
              Fle 78   Fli 72   Ham 71   Nah 74   Scr 74
              Scs 75

7   SONSTIGE RAHMENBEDINGUNGEN
              Büh 78   Cha 76   Cro 79   Fli 72   Gar 78
              Gru 76   Hok 78   Kra 79   Lau 76   Man 76
              Pic 75   Stu 75   Tho 78   Tit 76

AUTORENREGISTER

Das Autorenregister beinhaltet Verfasser, Herausgeber und herausgebende Institutionen.

Affeld, D. Opi 76
Agricola, S. Agr 76
Alexa, M. Scs 77
Angleitner, A. Scs 77
Ausschuß deutscher Leibes-
  erzieher Mes 61
Axt, P. Pög 78

Baacke, D. Baa 72
Backhaus, E. Bac 75
Backhaus-Starost, A. Bac 75
Baer, V. Opi 76
Bahmüller, R. Wac 78
Ballstaedt, St.-P. Den 76
Bartnitzki, H. Koc 81
Bednarik, K. Gie 68
Behrens, S. Bit 73
Bergler, R. Gie 68
Bierhoff-Alfermann, D.
  Scs 77
Bierhoff, H.W. Scs 77
Binger, L. Koc 81
Bittner, G. Bit 73
Bleistein SJ, R. Opi 76
Blücher, V. Graf Gie 68
Böhnisch, L. Böh 73, Böh 78
Böttcher, H. Böt 69
Bollermann, G. Die 76
Bornemann, E. Böt 69
Brinkmann, R. Wac 78
Brown, R. Stv 79
Buchhofer, B. Buc 74
Bühler, H. Büh 78
Büschel, G. Büs 72
Büttner, Chr. Büt 76,
  Büt 78, Koc 81
Bundesarbeitsgemeinschaft
  "Hilfe für Behinderte",
  Bun 73
Bundesminister für Jugend,
  Familie und Gesundheit,
  Chr 76, Die 76
Bunk, H.-D. Wie 76
Burger, A. Böh 78, Bur 77
Butler, C.J. von, But 76

Callies, E. Dau 73
Cernik, V. Opi 76

Chateau, J. Cha 76
Christiansen, G. Chr 76
Claus, J. Cla 73
Coburn-Staege, U. Cob 77
Croissier, S. Cro 79
Czerwenka-Wenkstetten, G.,
  Cze 80

Damm, D. Dam 80
Daublebsky, B. Dau 73
Denker, R. Den 76
Deutsche Gesellschaft für
  Freizeit Dew 73, Deu 75
Diel, A. Die 74
Diem, L. Die 76
Dietrich, H. Pög 78
Dillenburger, H. Dil 75
Dombrowski, E. Scs 77
Dreßler-Andreß, H. Gie 68

Ebert, H. Ebe 76, Koc 81
Edelstein, W. Dau 73
Eichler, H.G. Pög 78
Elschenbroich, D. Els 73
Enzensberger, H.M. Els 73,
  Hof 73, Scf 73
Erb, A. Scn 76
Esser, J. Ess 77

Faulstich-Wieland, H. Böh 78
Fey-Kornau, F. Büh 78
Fischer, D. Fre 76
Flakowski, H. Het 73
Fleischhauer, K. Fle 78
Flitner, A. Fli 72, Fli 73,
  Fli 76, Hec 73
Frenzel, U. Fre 76
Frese, M. Wac 78
Freudenreich, D. Frh 76
Freyhoff, V. Fro 76
Friedrichs, J. Buc 74
Fries, A. de Fri 76
Fritz, J. Fri 77
Fröhlich, P. Frö 74
Froese, L. Gie 68
Frommberger, H. Fro 76
Frommlet, W. Frt 75

Ganser, B.   Gan 77
Garvey, C.   Gar 78
Gebauer, K.   Geb 76
Giesecke, H.   Gie 68, Gie 71
Glaser, H.   Opi 76
Görlich, J.   Pög 78
Götz, J.   Bit 73
Gold, V.   Gol 73
Gottschalch, W.   Opi 76
Gräßler, H.   Frh 76
Grauer, G.   Gra 73, Lüd 72
Gröning, G.   Scs 77
Grunfeld, F.   Gru 76
Günther-Thoma, K.   Gün 72

Haberkorn, R.   Hab 78
Habermas, J.   Gie 68
Häußler, H.   Fri 76
Hammerich, K.   Ham 71
Harder, V.   Bit 73
Harms, K.B.   Wer 75
Harrison, R.   Wac 78
Hartung, J.   Har 77
Hase, D. von   Has 76
Haug, F.   Koc 81
Heckhausen, H.   Hec 73
Heckmann, W.   Cla 73, Wen 77
Heer, E.   Hee 75
Heer, W.   Hee 75
Heilmeyer, J.   Frö 74
Heimann, P.   Gie 68
Heinemann, K.   Hei 78
Hentschel, V.   Wac 78
Henze, R.   Gün 72
Hertzfeld, G.   Her 63
Heß, G.   Cro 79
Hetzer, H.   Het 73
Hittmair   Dev 73
Höbermann, F.   Höb 75, Höf 75
Hoefert, H.-W.   Wen 77
Höfinghoff, J.   Pög 78
Hölzel, S.   Höl 73
Hoffmann, H.   Opi 76
Hoffmann's Comic Theater   Hof 73
Hoof, D.   Hoo 77
Hopf, D.   Dav 73
Hoyer, K.   Hok 78, Hoy 78, Kar 78, Lüd 78, Opa 78, Scs 78

IG Chemie, Papier, Keramik   Gie 68
Institut für Marxistische Studien u. Forschungen   Maa 76

Jambroszyky, J.J.   Wie 76
Jütting, D.H.   Jüt 76

Kamper, D.   Fli 76
Karst, U.V.   Kar 78
Keller, M.   Dau 73
Kennedy, M.   Hok 78, Hoy 78, Kar 78, Lud 78, Opa 78, Scs 78
Kentler, H.   Ken 69
Klatt, F.   Gie 68
Klemm, S.   Wac 78
Klemp, A.   Kle 76
Klemp, J.   Kle 76
Kluge, K.-J.   Buh 78, Klu 76
Kochan, B.   Koc 81
Köberling, J.   Frh 76
Kögler, A.   Kög 76
Köhler, O.   Köh 81
König, F.   Wen 77
Koester, V.   Büt 78
Köstlin-Gloger, G.   Cro 79
Kohl, H.   Koh 76, Opi 76
Kommission für wirtschaftlichen und sozialen Wandel   Len 74
Kommuniqué des ZK der SED   Gie 68
Kraft, P.   Kra 79
Kramer, D.   Kim 75
Kranzhoff, E.   Scs 77
Krappmann, L.   Dau 73, Koc 81
Krause, S.   Krs 75, Krs 76
Krenzer, R.   Kre 71
Krüger, W.   Böh 78
Kube, K.   Kub 77
Küng, E.   Küg 71
Künnemann, H.   Kün 72
Kuhn, E.   Pög 78

Langschmidt, H.   Wen 77
Laufer, H.   Lau 76
Lehmann, J.   Leh 76
Lehmann, K.-D.   Chr 76
Lehr, U.   Scs 77
Leirman, W.   Pög 78
Leithäuser, Th.   Ken 69
Lenzen, H.   Lez 74
Lenz-Romeiss, F.   Len 74, Len 75, Opi 76
Lessing, H.   Ken 69
Löwe, A.   Löw 73
Lüdtke, H.   Buc 74, Lüd 72, Lüd 78, Lüt 72

Maase, K.   Maa 76
Mallin, W.   Opi 76
Mann, M.   Man 76
Mayrhofer, H.   Frt 75, May 73,
  May 76, May 77, Maz 77
Mediengruppe Köln   Med 77
Meissner, K.   Opi 76
Mester, L.   Mes 61
Michel, K.M.   Els 73,
  Hof 73, Scf 73
Möhring, V.   Opi 76
Möller, P.   Has 76
Mohr, G.   Wac 78
Mollenhauer, K.   Gie 68
Moor, P.   Moo 68
Morel, J.   Deu 73
Müller, L.   Koc 81
Müller, S.   Die 76

Nahrstedt, W.   Nah 72, Nah 74,
  Nah 75, Nat 74
Narr, R.   Nar 74
Niermann, J.   Nie 76
Nordhoff, P.   Nor 75
Nowicki, M.   Now 76

Opaschowski, H.W.   Opa 76,
  Opa 77, Opa 78, Opi 76,
  Opi 77, Ops 76
Orff, G.   Fli 76
Osterwald, V.   Wie 76

Paris, V.   Ebe 76, Koc 81
Patschke, U.   Klu 76
Pichotta, I.   Pic 75
Pöggeler, F.   Pög 78
Popp, W.   Koc 81
Portele, G.   Leh 76
Portmann, A.   Fli 76
Prahl, H.W.   Pra 77
Preiser, S.   Pre 80
Prior, H.   Pri 76
Projektgruppe Jugendbüro
  und Hauptschülerarbeit,
  Pro 75
Pust, H.-G.   Pög 78

Röhme, G.   Wen 77
Reim, D.   Böh 78
Richard, H.   Opi 76
Richard, J.   Koc 81
Robbins, C.   Nor 75
Rotter, H.   Deu 73
Rüssel, A.   Rüs 65
Rüppell, H.   Scs 77
Rupprecht, H.M.   Scs 77

Savier, M.   Böh 78
Schade, B.   Wie 76
Schäfer, G.   Bit 73
Scharmann, D.L.   Gie 68
Schedler, M.   Scd 73, Sce 73,
  Sce 75
Schelsky, H.   Gie 68
Scherf, E.   Scf 73
Scheuert, H.   Scl 54
Schildmeier, A.   Sci 78
Schilling, J.   Sci 77
Schmettow, G. Graf von
  Agr 76, Opi 76, Pög 78
Schmidt, D.   Scs 77
Schmidtchen, S.   Scm 78,
  Scn 76
Schmidt-Ott, J.   Cla 73
Schmidt-Thimme, D.   Zie 77
Schmitt, R.   Koc 81
Schmitz, E.   Böh 78
Schmitz-Scherzer, R.   Hec 73,
  Scr 74, Scr 81, Scs 74,
  Scs 75, Scs 77, Scs 78
Schönegge, L.   Gün 72
Schöttler, B.   Die 76
Schöttler, K.-O.   Die 76
Schröder, B.   Shr 80
Schützenberger, A.   Shü 76
Schulz, W.   Gie 68
Schulz-Dornburg, V.   Shz 72
Schuster, E.   Gie 68
Seidel, G.   Koc 81
Seidenspinnner, G.   Böh 78,
  Bur 77
Seidl, E.   Sei 76
Shaftel, E.   Sha 73
Shaftel, G.   Sha 73
Siegle, V.   Bit 73
Silbereisen, R.   Wen 77
Spiel, W.   Cze 80, Pre 80
Spies, W.   Fro 76
Stoll, F.   Köh 81, Scr 81
Strobel, H.   Bit 73
Stuckenhoff, W.   Stu 75,
  Stu 78
Stündl, H.   Stü 77
Sturm, H.   Stu 79

Tews, H.P.   Tew 76
Thomann, K.-D.   Wac 78
Thomas, A.   Tho 78
Thomas, C.   Fli 76, Tho 78
Tillmann, K.   Opi 76
Titgemeier, U.   Tit 76
Toman, W.   Deu 73

Vohland, U. Voh 80
Vonessen, F. Fli 76
Vorsmann, N. Wie 76

Wacker, A. Wac 76, Wac 78
Waerden, B.L. van der Fli 76
Warns, E. War 76
Wegener-Spöhring, G. Weg 78
Wehling, H.-G. Wer 73
Wehmeyer, G. Man 76
Wendlandt, W. Wen 77
Wer, A. Wer 73
Werner, A. Wer 75
Weyer, W. Opi 76
Wiechell, D. Wie 77
Wiederhold, K.A. Wie 76
Windolf, P. Wac 78
Winkler, J. Die 76
Wirth, E. Scs 77
Wittenbruch, W. Wie 76
Wittig, H.E. Wit 64
Woesler, D.M. Opi 76, Pög 78
Wollschläger, G. Pög 78

Zacharias, W. Frt 75, Maz 77, May 73, May 76, May 77
Zielniok, W.J. Zie 77
Zimmer, J. Shz 72
Zulliger, H. Zul 52

STICHWORTREGISTER

Das Stichwortregister enthält entweder einen Querverweis auf die Systematischen Register A (Alters-/Zielgruppen), L (Lern-/Erziehungsziele), M (Methoden), I (Institutionen) und R (Rahmenbedingungen) oder direkt auf einzelne Publikationen. Querverweise werden durch den Kennbuchstaben des Systematischen Registers und die Kennziffer der Untergliederung gegeben (z.B. A /21 oder L 2.31); direkte Verweise erfolgen durch Angabe der Code-Bezeichnung für die betreffende Publikation (z.B. Fri 77). Bei den Querverweisen empfiehlt es sich, auch unter benachbarten, über- oder untergeordneten Gliederungspunkten zu suchen.

Abenteuerspielplatz   I 4.11
Aggressionsbewältigung   L 2.44
Aktionsspiele   Fri 77
Aktivierung   L 4.1
Alleinstehende   A /7
Altenfreizeitstätte   I 4.23
Altersheim   I 1.23
Angstbewältigung   L 2.15
Animation   Nah 75, Opa 76
Arbeiter   A /11
Arbeiterkinder   Ebe 76
Arbeitsbereich   I 3
Arbeitslose   A /22
Arbeitslose Mädchen   Böh 78, Bur 77
Arbeitszeitverkürzung   Küg 71, Lüd 72, Maa 76
Ausbildung   A /21
Ausbildungsstätte   I 3.11, I 3.21
Ausländer   A /52
Ausstellung   I 4.41

Basteln   Gru 76
Behinderte   A /3
Beratungsstellen   I 5.1
Berufsschule   I 2.9
Berufstätige   A /1
Betrieb   I 3.1
Bürgerhaus   I 4.2

Curriculum   Bar 75, Cro 79, Dau 73, Hab 78, Jüt 76, Kub 77, Lau 76, May 76, Maz 77, Opi 77

Demokratie   L 5.2
Didaktisches Material   Hoo 77
Diskothek   I 4.51
Diskriminierte Frauen   A /51
Diskussion   M 2.2
Drogenabhängige   A /43

Einübung M 1
Eltern A /6
Emanzipation L 2.13, L 5.1
Entspannung L 4.2
Erholungsstätte I 3.12
Erwachsene A 5/
Erzieher A /6
Erzieherarbeit M 5.1

Familie A /8, I 1.1
Familienfreizeitstätte I 4.22
Feste Kra 79, Nar 74
Ferienfreizeit I 4.1, I 4.2
Filme M 3.22
Finanzierung R 1
Frauen, diskriminierte A /51
Freiheit Koh 76, Nah 72
Freispiel Fli 73, Hoo 77
Freizeitaktivitäten M 1, M 2, M 3, M 4
Freizeitberatung M 5.3, Her 63, Nah 74, Nat 74
Freizeitberufe Die 76, Fre 76, Lau 76, Nah 75
Freizeitforschung R 6
Freizeitgesellschaft Opa 76
Freizeitpädagoge M 5.5
Freizeitparks I 4.5
Freizeitplanung M 5.2
Freizeitpolitik Len 75, Maa 76, Opi 76, Sci 78, Scr 74
Freizeitsoziologie Pra 77
Freizeitstätte I 3.12, I 3.22, I 4
Freizeittheorie Lüt 72, Scr 74
Freizeittherapie Scs 81
Frustrationstoleranz L 2.14
Führungskräfte A /12
Funktionsspiel M 1.1

Ganztagsschule I 2.7
Gedächtnis L 1.1
Geistig Gehinderte A /33
Gemeindehaus /B 4.2
Gemeinschaftszentrum I 4.2
Gesamtschule I 2.4
Geschichte der Freizeit Gie 68, Nah 72, Nah 74, Opi 76
Geschichten- und Märchenspiele Geb 76
Gesellschaft R 4
Gesellschaftspolitik L 5
Gesellschaftsspiele May 77
Gespräch M 2.2
Gestaltungsspiele Pic 75, Rüs 65
Gesundheit L 4.31
Gewerkschaft I 3.2
Gewerkschaftliche Freizeitpolitik Maa 76
Grundschule I 2.2
Gymnasium I 2.5

Haupt- und Realschule   I 2.3
Hausfrauen   A /13
Heilpädagogische Einrichtungen   I 5.3
Heim   I 1.2
Heranwachsende   A 4/
Hilfsbereitschaft   L 2.41
Hingabespiele   Rüs 65
Hochschule   I 2.6
Hörgeschädigte Kinder   Löw 73, Löw 76

Identität   L 2.12
Inhaltsanalyse   R 6
Interessen   L 2.5

Jugendarbeit   A 3, A 4
Jugendfreizeitstätte   I 4.21
Jugendliche   A 3/
Juristische Probleme   R 2

Kasperltheater   Sce 73
Kennenlernspiele   Den 76, Fri 77
Kinderfernsehen   Sce 75, Stu 79
Kindergarten, -tagesstätte   I 1.3
Kino   I 4.43
Kleingarten   Scs 77
Kleinkinder   A 1/
Kneipe   I 4.52
Körper   L 4
Körperbehinderte   A /31
Kollektivspiele   Cla 73
Kommerzielle Freizeitgestaltung   Opi 76
Kommunikationsfähigkeit   L 2.3
Kompensation   L 4.33
Konfliktspiele   Bar 75, Büt 76
Konfliktstrategien   Pro 75
Konflikttoleranz   L 2.14
Konkurrenzsspiele   Büt 76
Konsumeinrichtungen   I 4.5
Konzertsaal   I 4.42
Kooperation   L 2.4
Kooperationsspiele   Büt 76
Krankenhäuser   I 5.4
Kreativität   L 1.3
Kreativitätsschule   Pög 78
Kriminelle   A /44
Kritikfähigkeit   L 1.4
Kulturelle Einrichtungen   I 4
Kulturelle Stätten   I 4.4

Landbevölkerung   Fle 78
Lebensqualität   L 2.1
Lehrerverhaltenstraining   Wen 77
Leistungssteigerung   L 4.32
Lernbereitschaft   L 2.5

Lern- und Leistungsgestörte   A /41
Literatur   M 3.32
Logisches Denken   L 1.2
Lohnabhängige   A /11

Märchen   M 2.2, Geb 76
Malen   M 4.2
Massenmedien   M 3, M 3.22, I 4.5, R 4
Medien   M 3.2, M 3.3, M 4.8
Modellversuch   Gün 72
Motorik   L 3.1
Mütter   A /61
Museum   I 4.41
Musik   M 3.11, M 3.21, M 3.31, M 4.3
Musiktherapie   Fli 76, Nor 75
Musische Vereine   I 4.32
Muße   Nah 72, Opi 76

Nachrichten   M 3.23
Neugier   L 2.5
Nicht-Seßhafte   A /54

Obdachlosensiedlung   Har 77
Ökologische Bedingungen   R 5

Park   I 4.5
Partizipation   Agr 76
Pensionäre   A /23
Phänomenologie   R 6, Baa 72, Fli 72, Rüs 65, Scl 54
Phantasie   M 2.1
Physische Leistung   L 4.3
Politik   R 4
Projekte   M 1.2, M 4.7
Psychisch Gestörte   A /42
Psychodrama   M 2.33
Psychomotorik   L 3.3
Psychotherapie   I 5.2
Puppenspiel   M 2.34

Rahmenbedingungen   R 7
Randgruppen   A /5
Regelspiele   Fli 73, Rüs 65, Scn 76
Religiöse Orientierung   L 5.3
Rentner   A /23
Rezeption   M 3.1, M 3.2, M 3.3
Rollenspiel   M 2.31, M 2.32, M 2.33

Schöpferisches Denken   L 1.3
Schule   I 2
Schulkinder   A 2/
Schweden   Nah 75
Selbständige   A /12
Selbstbild   L 2.12
Selbsterziehung   Krs 76

Selbstverwirklichung L 2.13
Senioren A 6/
Sensibilität L 2.2
Sensorik L 3.2
Simulationsspiel M 2.35
Sinnesbehinderte A /32
Sinnfindung L 5.3
Solidarität L 2.42
Sonderschule I 2.8
Soziodrama M 2.33
Soziokulturelle Bedingungen R 3
Sozioökonomische Bedingungen R 5
Spielaktionen Frt 75, Geb 76, Gün 72, Hee 75, May 73, May 76, Shz 72
Spielanlage Opi 76
Spielbus May 73
Spiele im Freien Scs 77
Spielesammlung Gru 76, May 77
Spielfähigkeit L 2.16
Spielforschung Scn 76
Spielgemeinschaft (Familie) Het 73
Spielleiterverhalten Büh 78, Büt 78, Dan 73
Spielmilieu Fli 72
Spielplatz I 4.1
Spielprogramme Frt 75
Spieltherapie M 2.3, I 5.2, Bit 73, Els 73, Fli 72, Fli 73, Fli 76, Klu 76, Moo 68, Scm 78, Scn 76
Spielzeug Axl 72, Els 73, Hof 73, Hoo 77, Klu 76, Stu 75
Sport M 1.1
Sportvereine I 4.31
Sprache L 3.4
Sprachentwicklungsgestörte Kinder Löw 76
Stadt Opi 76
Straße I 1.4
Supervision M 5.4
Symbolisches Handeln M 2
Symbolspiel M 2.3
Szenische Darstellungen M 3.12, M 4.6

Tanzen M 4.4
Theater I 4.42
Theorien des Spiels Fli 72, Hec 73, Hoo 77, Pre 80, Rüs 65, Scl 54, Scn 76
Therapeutische Einrichtungen I 5
Toleranz L 2.43
Tourismus I 4.6

Umweltgestaltung M 4
Umweltverarbeitung M 3
Untergrund Baa 72
Unterprivilegierte Kinder Frö 74

Väter A /62
Verbände, Vereine I 4.3

Verhaltensauffällige   A /4
Verhaltensmodifikation   Klu 76
Volkshochschule   I 4.71
Vorschule   I 2.1
Vorschulkinder   A 1/

Wahrnehmungsfähigkeit   L 1.1
Weiterbildungseinrichtung   I 4.7
Weltanschauung   L 5
Werken   M 4.1
Wettkampfspiele   Scn 76
Wilde Spiele   Shz 72
Wohnbereich   I 1

Zigeuner   A /53
Zufriedenheit   L 2.11

Helmut Moser/Siegfried Preiser (Hg.)
Umweltprobleme und Arbeitslosigkeit
Gesellschaftliche Herausforderungen an die Politische Psychologie. (Fortschritte der Politischen Psychologie, Band 4.) 1984. 264 Seiten. Broschiert DM 48,--
ISBN 3-407-58219-6

Die Politische Psychologie hat einige der drängenden gesellschaftlichen Herausforderungen unserer Zeit aufgegriffen und auf wissenschaftlicher Basis Ansätze zu deren Klärung und Bewältigung beigesteuert. Im vorliegenden Band geht es insbesondere um aktuelle Probleme der Arbeitslosigkeit, des Umweltbewußtseins und der Umweltpolitik. Dabei werden sowohl Fragen der Lebens- und Wohnumwelt als auch der Freizeit und Arbeitswelt behandelt. Im Bereich der Arbeitslosigkeit geht es vor allem um neuere Erkenntnisse über deren psychosoziale Auswirkungen. Neben diesen problemspezifischen Themenstellungen findensich auch Auseinandersetzungen mit grundlegenden Fragen des politischen Handelns und den hierfür relevanten Beiträgen der Politischen Psychologie. Die Zusammenstellung der Arbeiten, die größtenteils auf Kongreßbeiträge in München und Washington aus dem Jahre 1982 zurückgehen, zeugt einerseits von gesellschaftlich-politischem Engagement der Beteiligten, andererseits von wissenschaftlicher und methodischer Sachkompetenz. Auf dieser Basis fordern die Ergebnisse Konsequenzen im Bereich politischen Handelns und politischer Entscheidungen heraus.

Heinz Ulrich Kohr/Rainer Krieger/Hans-Georg Räder (Hg.)
Reproduktion von Gesellschaft
Jugend - Partizipation - Politische Bildung. (Fortschritte der Politischen Psychologie, Band 5.) 1983. 280 Seiten. Broschiert DM 49,--
ISBN 3-407-58215-3

Die politische Partizipation Jugendlicher in ihren neuen Protest- und Aktionsformen stellt in zunehmendem Maße auch eine Herausforderung an die Politische Psychologie dar. Die Beiträge des vorliegenden Bandes bieten Ansätze zur Analyse dieses aktuellen Problems.
Sie gelten vor allem den spezifischen Sozialisationserfahrungen der Jugendlichen vor dem Hintergrund eines epochalen Wertwandels.
Politische Kognitionen in handlungstheoretischer Sicht und Probleme politischer Bildung sind weitere Schwerpunkte des Bandes.

Ulf Preuss-Lausitz u.a.
Kriegskinder, Konsumkinder, Krisenkinder
Zur Sozialisationsgeschichte seit dem Zweiten Weltkrieg. 1983. 222 Seiten. Broschiert DM 28,--
ISBN 3-407-57104-6

Die Geschichte der Kindheit seit 1945 ist nicht Aufklärung über graue Vergangenheit, sondern die Beschreibung und der Versuch einer Erklärung für die Verschiedenheit heute lebender Generationen. Kindheit ist ein individueller Entwicklungsprozeß, der aber in jeweils unterschiedlichen gesellschaftlichen Situationen verläuft. Einschneidende gesellschaftliche Veränderungen prägen die Entwicklung in der Kindheit. Als solche Marksteine zeichnen sich in der Nachkriegsgeschichte der Bundesrepublik die Nachkriegszeit, das Wirtschaftswunder und die Krisensituation der 70er Jahre ab. Welche generationsprägenden Kindheitserfahrungen lassen sich in diesen Phasen feststellen? Und: Erklären sie das fortbestehende distanzierte Verhältnis der Generationen zueinander? Warum sind Kinder heute anders? Spannende Fragen und erste Antworten.

Siegfried Preiser
Soziales Handeln im Kindes- und Jugendalter
Dokumentation von Forschungs- und Diagnoseinstrumenten. 1983. 192 Seiten. Broschiert DM 40,--
ISBN 3-407-58209-9

Aufgrund von mehreren Umfragen und Literaturanalysen im deutschsprachigen Raum wurden 144 diagnostische und sonstige Erhebungsverfahren aus dem Bereich sozialen Handelns und sozialer Beziehungen zusammengestellt. Insgesamt sind 220 Autoren und Bearbeiter beteiligt.
Die Palette der dokumentierten Verfahren reicht von Anregungen und Vorschlägen über erprobte Forschungsinstrumente, über ausgearbeitete und standardisierte diagnostische Verfahren bis hin zu einzelfallorientierten, beratungsbegleitenden Instrumenten. Jedes Verfahren wird anhand von 10 Kriterien beschrieben. Neben einer Einführung mit Benutzerhinweisen enthält die Dokumentation Verfahrenstyp-, Autoren- und Stichwortregister sowie ein Systematisches Register mit 51 Themen.

Beltz Verlag,
Postfach 1120, 6940 Weinheim